日本近代文书解读入门

吕顺长 编著

浙江工商大学出版社 · 杭州

图书在版编目（CIP）数据

日本近代文书解读入门 / 吕顺长编著. —杭州：浙江工商大学出版社，2020.2(2024.1 重印)

ISBN 978-7-5178-3674-2

Ⅰ. ①日… Ⅱ. ①吕… Ⅲ. ①日语—文书—研究—近代 Ⅳ. ①H36

中国版本图书馆 CIP 数据核字（2020）第 013822 号

日本近代文书解读入门

RIBEN JINDAI WENSHU JIEDU RUMEN

吕顺长 编著

责任编辑 姚 媛
封面设计 林朦朦
责任印制 包建辉
出版发行 浙江工商大学出版社
（杭州市教工路 198 号 邮政编码 310012）
（E-mail：zjgsupress@163.com）
（网址：http：//www.zjgsupress.com）
电话：0571-88904980，88831806（传真）
排 版 杭州朝曦图文设计有限公司
印 刷 浙江全能工艺美术印刷有限公司
开 本 787mm × 1092mm 1/16
印 张 18
字 数 259 千
版 印 次 2020 年 2 月第 1 版 2024 年 1 月第 3 次印刷
书 号 ISBN 978-7-5178-3674-2
定 价 59.00 元

凡例

一、日文例句等中的旧体汉字，原则上改为现代日语常用汉字。如：辨→弁、學→学。但日文例句等附有相应的图片时，则按原来的汉字照录，不做改变，以便所录汉字与图片汉字相对应。

二、日文中的汉字异体字原则上改为现代日语常用汉字正体字。如：仝→同、夛→多、貟→員、惣→総。

三、日文例句等中按旧假名使用法（日语称「歴史的仮名遣い」）书写的假名，原则上按现代日语假名使用法（日语称「現代仮名遣い」），改为现在惯用的假名。如：行ふ→行う、言へり→言えり、抛れは→抛れば、行つた→行った。但日文例句等附有相应的图片时，则在现代日语假名旁标注原来的旧假名，以便与图片相互对照。如：言へり→言え《へ》り、行ひ→行い《ひ》、能はず→能わ《は》ず、堪ふること→堪う《ふ》ること。原来的旧假名旁已标注变体假名时，则用其旧假名使用法。如：能は《者》ず、労は《者》る。旧假名使用法与现代假名使用法之间的关系，可参照附录三。

四、日文例句等中的片假名，除现代日语中通常也用片假名表示者，如表示人名、国名的固有名词等之外，原则上改为平假名。如：如キハ→如きは、徳ヲ樹ツルコト→徳を樹つること。

五、日文例句中的变体假名，原则上改为现代日语所使用的假名，并在假名旁注上变体假名。如：言者須→言は《者》ず《須》、直言春累奈り→直言す《春》る《累》な《奈》り。但部分形态上已经与现代假名极为相像的变体假名，则原则上不做标注。

六、日文例句等中出现的合体假名（合略假名），原则上改为现代日语所使用的假名，并在假名旁标注合体假名。如：

而メ↓而して《メ》、提出するヿ↓提出すること《ヿ》。一些因只有图片文字而无法直接标注的合体假名，则用括号注出。如：得べけれども（𪜈）。

七、部分难读词标注了读音假名。如：慥《たし》かに、名代《みょうだい》、可致候《いたすべくそうろう》。

八、日文例句中原未加标点者，为便于理解，原则上根据其内容加上标点。如：「梅見に御さそい下され候処用事これあり候に付お断申上候」↓「梅見に御さそい下され候処、用事これあり候に付、お断申上候。」

九、日文例句等中，用汉字表示的国名、地名、人名等固有名词，现代日语通常用片假名表示者，原则上在汉字旁标注片假名。如：白耳義《ベルギー》、晩香坡《バンクーバー》、沙翁《シェークスピア》。

十、日文例句、例文，原则上采用明治时代的作品，但根据需要也选用了部分其他时代的作品。此外，个别例句为便于读者理解而稍做了调整。为避免烦琐，不一一标注例句出处。主要参考文献，统一列于书末。

前言

自二〇一六年开始，浙江工商大学东方语言文化学院与日本二松学舍大学每年暑假在杭州等地举办面向全国高校教师的『日本汉学高级讲习班』，笔者不揣谫陋，至今连续四年担任了『候文解读』等有关日本近代文书解读课程的教学工作。在此期间，注意到目前国内尚未见有关日本近代文书解读的相关书籍，在部分学员的『怂恿』下，自二〇一八年开始，以『芹曝』之忱，着手编著此书。

本书主要面向已有一定日语基础的大学在校学生和普通读者，尤其适合有志于从事近代日本历史、语言、文化及近代中日关系史等领域研究，但又未有机会学习日文『文语体』文书解读法的在校研究生和相关研究人员。本书主要介绍日本明治时代用『文语体』撰写的各类文章的解读方法，包括文语体常见助动词和常见用语举例、候文解读、汉文训读体解读等内容。

日文的文章体，有『文语体』和『口语体』之分。『文语体』相当于中文所说的文言，为明治时代及其以前的古典文体，它不仅使用古典文法（或称文语文法），而且多用汉字词汇，所使用的假名也与现代日语有所不同，因此若未专门学习，往往难以读懂。而近代日文的『口语体』是明治时代中后期形成并逐渐被广泛使用的文体，是明治时代所兴起的言文一致运动的产物。日本的言文一致运动，类似中国的白话文运动，主张文章所使用的语言与日常口头使用的语言相一致。这一文体的特点是使用口语语法和现代日语假名，所使用的词汇也更接近日常生活，因而更容易为现代读者所接受。

明治时代的日文，其汉字和假名的使用发生了较大的变化。首先是日文假名，在一九〇〇年日本修订的『小学校令』规定统一日文平假名之前，每一个读音存在相应的多种用汉字各类书体表示的假名，而在统一成现代日语所用的平假名之后，其他假名被称为『变体假名』，这类假名此后虽然在教科书等正式场合被禁止使用，但在个人文章、书信、日记、商店名称等非正式场合仍被继续使用，这些近代日文中的变体假名，是现代读者阅读日本近代文书资料的难点之一。其次是日文汉字，在明治时代，众多日本专家学者认为要效仿西方先进的文化，就必须废除『落后于时代的』汉字。如日本近代邮政制度创始人前岛密的废除汉字仅用假名的『假名文字论』，日本启蒙思想家西周的废除汉字和假名而用表音字母罗马字的『罗马字文字论』，日本启蒙思想家福泽谕吉的逐步削减汉字数量的『汉字削减论』，甚至还有人提出废除日语直接改用英语的观点，如日本政治家、欧化主义者森有礼的采用通过改造后便于日本人学习的简易英语的所谓『简易英语论』。当然，也存在主张坚持使用汉字的『汉字不可废论』，如日本哲学家井上圆了等。最终，以福泽谕吉为代表的『汉字削减论』得到较普遍的支持，明治末开始日文中使用的汉字逐渐减少，一九〇〇年修订的『小学校令』还确定了小学所教的一千二百个汉字，规定小学所教汉字必须限定在此汉字范围之内。对已适应了汉字相对较少的现代日语的读者来说，明治时代日文中所使用的大量汉字词汇，包括一些假借字（当て字），也是阅读难点之一。

众所周知，日本近代通常指明治时代（一八六八—一九一二）、大正时代（一九一二—一九二五）和直至『二战』结束为止的昭和时代中前期（一九二六—一九四五）。本书所介绍的各类文书原则上限定于明治时代，但书名中仍然用了『近代』二字。因为明治时代出现的各类『文语体』，虽然在十九世纪末二十世纪初，即明治时代末逐渐被『言文一致体』，也就是前面所述的『口语体』所取代，尤其在小说等文学作品、中小学教科书等面向普通民众的文章中，『口语体』成为大正、昭和时代的主要文体。但是，在后来的时代，仍然能看到大量用文语体写成的文书和作品，如天皇诏书、各类公文、个人书信、学术著作及论文等，甚至面向普通民众的各类报纸，也是到大正末期才逐渐普及『言文一致体』。此外，在不少所谓用口语体写成的文章中，时常也包含一些明治时代所遗留的文语要素。学习明治时代的各类文语体，对阅读日本明治时代之后的文书仍有很大的帮助。

明治时代的日文文语体，按与汉文的关联度和出现的先后顺序排列，主要有候文、汉文训读体、和汉折衷体、明治普通文等类型。此外，汉文虽不能称作日文，但在明治时代仍是日本人尤其是汉学素养较高的文人学者所使用的文体之一，如日本人所撰写的汉文著作、汉文序跋、汉诗等，虽然与中国人撰写的纯粹的汉文相比有时会含有某些日文特有的要素，但也不妨将其视作普通意义上的汉文。不仅如此，以上各种文语体，无论从它们的形成过程还是文体特征看，与汉文均有密不可分的关系。因此，要阅读明治时代日文文语体的各类文书，汉文素养是必不可少的。鉴于本书所面向的中国读者大多具有较好的汉文基础，故不对此做专门介绍。

明治时代各时期所使用的文语体，在各个不同时期所占的比重各不相同。明治初中期，汉文训读体、和汉折衷体、候文和汉文几乎同时被使用，而在明治中后期，相对使用较多的是明治普通文和和汉折衷体，至明治末期则逐渐被言文一致体所取代。

以上所述明治时代的主要文语体和言文一致体，大致可用表一来表示。

表一　明治时代各时期的主要文体

明治初中期	明治中后期	明治末期
汉文训读体 和汉折衷体 候文 汉文（和式汉文）	明治普通文 和汉折衷体	明治普通文 言文一致体

应部分读者的要求，本书用第一章『古典日语知识』介绍了古典日语词汇分类、活用形名称、助词和助动词种类、主要敬语等古典日语的一些基础知识，以便未学习古典日语的读者能对此有初步的了解。本书第二章和第三章分别介绍了日文文语体常见助动词的用法和近代日文文书的常见用语，第四章和第五章分别介绍了候文和汉文训读体的解读方法。尤其是候文，由于其解读难度较大，所涉及的内容也较多，因此在本书中占了较大的篇幅。此外，对与汉文训读体密切相关的和汉折衷体和明治普通文，也在第五章中通过翻译举例等方式做了简单介绍。最后的附章为综合练习，读者可以此大致检验对本书所学内容的掌握程度。此外，在版面空白处，还穿插了部分汉字常用草书（引自小林正博『古文書解読力』）、常用汉字「くずし字」（引自林英夫監修『入門古文書小字典』）和部分含变体假名的明治初期教科书封面，以便于读者记住一些汉字的不同书体和变体假名。

目 录

第一章　古典日语知识

古典日语通常指日本平安时代至近代依据日语古典文法（也称文语文法）和古典词汇书写的日语，也称古代日语、文言体日语等，其所使用的语法以平安时代中期的语法为基础，与现代日语语法有显著不同。如古代汉语与现代汉语有诸多异同一样，古典日语与现代日语也存在不少异同点。古典日语与现代日语的不同，主要体现在语法、词汇和假名使用上，如助动词和助词的种类和用法的不同，动词等具有词尾变化的各类词的形态和变化的不同，假名使用方法的不同，等等。而现代日语是从古典日语演变而来的，这就决定了二者之间必然关系密切，这不仅表现在现代日语的许多文法、词汇与古典日语有关，也反映在现代日语中时常还会出现一些古典日语遗留的用法。试举数例：

现代日语中，形容词的词尾为「い」，如「高い」。古典日语中，这个词的原形为「高し」，连体形为「高き」，现代日语的词尾「い」就是古典日语的形容词连体形词尾「き」发生「イ音便」，即「き」变成了「い」后成了现代日语形容词的词尾。

现代日语中表示被动、尊敬、可能、自发的助动词「れる」「られる」，分别由古典日语中表示相同含义的「る」「らる」演变而来。

现代日语中，假名「は」「へ」除作为助词时读音为「わ」「え」外，其他均读作「は/ha」「へ/he」，而作为助词时的读音其实就是古典日语读音规则在现代日语中的体现。在古典日语假名读音规则中，「は、ひ、ふ、へ、ほ」这五个属于「ハ行」的假名，在一个词的第一个音节出现时，读音分别为「は/ha、ひ/hi、ふ/hu、へ/he、ほ/ho」，如「はづかし」「ひとり」等；在第二个音节以后和作为助词使用时，分别读作「わ、い、う、え、お」，如「あはれ」读作「あわれ」、「かひなし」读作「かいなし」、「たまふ」读作「たまう」、「うへ」读作「うえ」、「なほ」读作「なお」、「花は美し」读作「花わ美し」。「ハ行」假名读作「ワ行」的这一读音变化，在日语中称作「ハ行転呼」。

现代日语表示方向的格助词「へ」，源自日语汉字「方」的读音「へ」。现代日语中，虽还有「行方/ゆくへ→ゆくえ」等用例，但大多普通日语学习者已很少有人知道「方」字除「かた」「ほう」这两个读音外，还有「へ」这一读音。

现代日语词「妹/いもうと」「弟/おとうと」，分别由古典日语「妹人/いもひと」「弟人/おとひと」中的「ひ」发生「ウ音便」变成「う」后而成。现代日语的学习用书中，通常只介绍「促音便」「撥音便」「イ音便」，而很少介绍「ウ音便」这一现象。

现代的各种报刊书籍中，尤其是各类标题（或书名）中，时常可见古典日语遗留的语法现象。如「女性魔術師殺害さる」「眠れる獅子」等。「殺害さる」中的「さる」表示被动，相当于现代日语的「される」。「眠れる」中的「る」为表示完了或存续的助动词「り」的连体形，接在「眠る」的已然形「れ」后，相当于现代日语的「…ている」，所以不能把它看作「眠る」的可能态而译成『能睡的狮子』，否则会贻笑大方。

古典日语内容很多，系统学习将花费大量的时间，如要进行专门学习，目前国内也已有多种较为系统的古典日语教材。考虑到本书为侧重实践的文书解读入门类图书，本章中仅介绍『古典日语词汇分类及举例』『古典日语五十音图特殊行的假名及相关动词』『古典日语活用形的名称及主要用法』『古典日语助词的种类』『古典日语中的「ウ音便」和「イ音便」』『古典日语的敬语』等一些知识，供学习者参考。

一、古典日语词汇分类及举例

古典日语的单词，可分为动词、形容词、形容动词、名词、副词、连体词、接续词、感动词、助动词、助词十大类。其中，有词尾变化（或称为活用）的单词为动词、形容词、形容动词、助动词四类，其余六类均无此变化。另外，助动词和助词不能单独使用，这两类词只能接在其他词后使用。其中，助动词在与其他词结合在一起时，其形态还会根据其后的接续情况发生各种变化。

古典日语的动词可细分为四段动词、カ行变格动词、サ行变格动词、ナ行变格动词、ラ行变格动词、上一段动词、下一段动词、上二段动词、下二段动词九类；形容词可分为ク活用形容词和シク活用形容词两类；形容动词可分为ナリ活用和タリ活用两类。以上为具有活用形且能单独使用的词类。

名词可分为普通名词、固有名词、形式名词、代名词四类；副词可分为状态副词、程度副词、叙述副词三类；连体词通常不分类；接续词可分为顺接、逆接、并列、添加、选择、转换等种类；感动词可分为感动、呼唤、应答三类。以上为不具活用形但能单独使用的词类。

助动词共有二十八个，通常根据其功能分为表示被动、可能、自发、尊敬的助动词「る、らる」，表示使役的「す、さす、しむ」，表示否定的「ず」，表示否定推量的「まじ、じ」，表示过去的「き、けり」，表示完了的「つ、ぬ、たり、り」，表示推量的「む、むず、まし、けむ、らむ、らし、めり、べし」，表示断定的「なり、たり」，表示希望的「たし、まほし」，表示比况的「ごとし」，均为具有活用形但不能单独使用的词类。

助词可分为格助词、接续助词、系助词、副助词、终助词、间投助词六类，为不具有活用形且不能单独使用的词类。

现将各类词按是否具有活用形和是否可以单独使用，以表格的形式进行归类，并在其后列举部分单词，具体见表二。

表二　古典日语单词分类表

単語	自立語（単独で文節になり得る）	活用する	動詞（思ふ、落つ、捨つ、蹴る、見る、来《く》、おはす、はべり）
			形容詞（懐かし、無し、麗し、悪し、良し、濃し）
			形容動詞（愚かなり、哀れなり、悠々たり、堂々たり）
		活用しない	名詞（花、夜、大阪、一つ、こと、もの、それがし、こなた）
			副詞（かく、やがて、いと、いよいよ、げに、ただ、いまだ）
			連体詞（あらゆる、いわゆる、ある、さる、さしたる）
			接続詞（ならびに、しかも、かくて、しかるに、さらば）
			感動詞（あわれ、いな、いや、いざ）
	付属語（単独で文節になれず）	活用する	助動詞（る、さす、しむ、けり、つ、たり、む、まほし、なり）
		活用しない	助詞（が、の、ば、とも、ども、だに、のみ、こそ、なむ）

二、古典日语五十音图特殊行的假名及相关动词

古典日语五十音图中，ア行、ハ行、ヤ行、ワ行这四行的假名及其相关动词，与现代日语的五十音图相比有较大的不同。

先看ア行，其五个假名「あ、い、う、え、お」虽与现代日语相同，但与现代日语中有大量以「う」为词尾的动词不同，古典日语中以这一行的「う」为词尾的动词只有一个，即动词「得《う》」，而且这个动词与现代日语相比非常特殊，它只有一个音节。

ハ行的五个假名「は、ひ、ふ、へ、ほ」虽然也与现代日语相同，但如前所述，它具有两种读音，即在一个词的第一个音节出现时，读作「は /ha、ひ /hi、ふ /hu、へ /he、ほ /ho」，在第二个音节及以后或作为助词使用时，读作「わ /wa、い /i、う /u、え /e、お /o」。在现代日语中已无「ふ」作为词尾的动词，但在古典日语中存在大量以「ふ」为词尾的动词，如「経《ふ》」「憂ふ」「与ふ」「賜ふ」「争ふ」「漂ふ」「競ふ」，这些动词分别相当于现代日语的「経る」「憂える」「与える」「賜う」「争う」「漂う」「競う」。

ヤ行在现代日语中通常只有「や、ゆ、よ」三个假名，而且已不存在以「ゆ」为词尾的动词，但在古典日语中，这一行有完整的「や、い、ゆ、え、よ」五个假名，而且有不少以「ゆ」为词尾的动词，如上二段动词「老ゆ」「悔ゆ」「報ゆ」，下二段动词「絶ゆ」「見ゆ」，上一段动词「射《い》る」「鋳《い》る」，分别相当于现代日语的「老いる」「悔いる」「報いる」「絶える」「見える」「射る」「鋳る」。

ワ行在现代日语五十音图中通常只有「わ」一个假名，而且也不存在这一行的动词。在古典日语中，「ワ」

行有完整的五个假名「わ、ゐ、う、ゑ、を」，而且有以这一行的「う」为词尾的动词，它与ア行的以「う」结尾的动词变化不同。如这一行的下二段活用动词「植う」「飢う」「据う」（仅此三个），分别相当于现代日语的「植える」「飢える」「据える」，但它们的连用形分别为「植ゑ」「飢ゑ」「据ゑ」，即这几个动词的连用形都必须使用这一行的「e段」假名「ゑ」，而不能使用ア行的「e段」假名「え」。又如这一行的上一段活用动词「居《ゐ》る」「率《ゐ》る」（仅此两个），其词干假名均为「ゐ」，而不是ア行的「い」。

现将以上内容归纳如表三。

表三　古典日语五十音图特殊行的假名及相关动词一栏表

行	假名					相关动词举例	连用形	相应现代日语动词
ア行	あ	い	う	え	お	得《う》（仅此一词）	得《え》	得《え》る
ハ行	は	ひ	ふ	へ	ほ	経《ふ》、憂ふ、与ふ、賜ふ、争ふ、漂ふ、競ふ	経《へ》、憂《うれ》へ、与へ、賜ひ、争ひ、漂ひ、競ひ	経る、憂える、与える、賜う、争う、漂う、競う
ヤ行	や	い	ゆ	え	よ	老ゆ、悔ゆ、報ゆ、絶ゆ、見ゆ、射《い》る、鋳《い》る	老い、悔い、報い、絶え、見え、射《い》、鋳《い》	老いる、悔いる、報いる、絶える、見える
ワ行	わ	ゐ	う	ゑ	を	植う、飢う、据う、居《ゐ》る、率《ゐ》る（共五个词）	植ゑ、飢ゑ、据ゑ、居《ゐ》、率《ゐ》	植える、飢える、据える、居《い》る、率《い》る

三、古典日语活用形的名称及主要用法

古典日语的活用形通常有未然形、连用形、终止形、连体形、已然形、命令形，与现代日语通常分为未然形、连用形、终止形、连体形、假定性、命令形、推量形相比，二者之间既有联系，又有区别。如：

古典日语中表示推量的助动词比较多，除可接未然形后之外，还可接连用形和终止形，如推量助动词「む」接未然形，过去推量助动词「けむ」接连用形，较有把握的推量的助动词「べし」和现在推量助动词「らむ」接终止形，等等。而现代日语的推量助动词「う」接在五段动词后，「よう」接在一段动词、カ变动词、サ变动词后，其接续方式与古典日语有很大的不同，故派生出了推量形。

现代日语中，五段动词后接「テ」时其连用形都要发生「音便」，如「行って」；古典日语中大致相当于现代日语五段动词的四段动词，其后接「テ」时大多不发生「音便」，而是直接接在连用形后，如「行きて」。

现代日语除形容动词外，动词和形容词的连体形与终止形完全相同；在古典日语中，不仅形容词、形容动词的连体形与终止形不同，一部分动词的连体形与终止形也不相同。

古典日语的「已然形」和现代日语的「假定形」虽然形态大体相同，即大多情况下都变为「え」段假名，但古典日语表示假定的接续助词通常接在「未然形」后，而不是接在「已然形」后，「已然形」后则通常接表示完了的助动词「り」，以及表示确定条件的「ば、ども、ど」等。

现将古典日语各个活用形的主要用法和所接续的助动词、主要助词列表进行归纳，具体见表四。

表四　古典日语活用形的名称及主要用法一栏表

活用形	主要用法及用例	下接助动词	下接助词举例
未然形	○接否定助动词「ず」 例：われは海へ行かず。 ○接推量助动词「む」 例：われは行かむ。 ○接表示假定的接续助词「ば」 例：彼行かば、吾も行く。	る、らる、す、さす、しむ、ず、む、むず、まし、じ、まほし	ば（假定条件）、で（否定）、ばや（愿望）、なむ（希望）
连用形	○接用言 例：行き交う船どもあまたあり。 ○接「き」「けり」等助动词 例：二人して行きけり。 ○接「て」「つつ」等助词 例：東の方に行きて住み所求む	き、けり、つ、ぬ、たり（完了）、けむ、たし	て、つつ、ながら
终止形	○结束句子 例：花を見る。 ○接「べし」「らむ」等助动词 例：花を見るべし。	らむ、べし、らし、めり、まじ、なり（传闻）	と（逆接假定）、とも（逆接假定）、な（终助词）
连体形	○接体言 例：夏に海へ行く人多し。 ○前面有系助词「ぞ」「なむ」「や」「か」时结束句子 例：思ふにも涙ぞ落つる。	なり（断定）、ごとし	を、に、が、ものの、ものを、ものから、だに、すら、さへ
已然形	○后接接续助词「ば」「ど」「ども」表示确定条件 例：我行けども、彼行かず。 ○后接助动词「り」表示完了、存续 例：実に人の耳目を驚かすに足れり。 ○前面有系助词「こそ」时结束句子 例：我こそ行け。	り	ば（确定条件）、ど（逆接确定）、ども（逆接确定）

续表

活用形	主要用法及用例	下接助动词	下接助词举例
命令形	○表示命令 例：よく見よ。		

四、古典日语助词的种类

在学习古典日语时，除助动词是难点之一外，助词由于种类和数量多，而且许多助词在现代日语中几乎已不使用，因此也是难点。有关助动词的种类和使用法，将在第二章选取部分重要的助动词专门进行说明。助动词与助词虽然名称只有一字之差，且两者均不能单独使用，只能接在其他词后使用，但助动词有词尾变化，而助词则无任何词尾变化，这是它们的本质区别。

古典日语的助词，可分为格助词、接续助词、副助词、系助词、终助词、间投助词六类。

格助词是一类能赋予其前面的词一定的资格的助词，如主格助词「が、の」能赋予其前面的词主语资格，宾格助词「を」能赋予前面的词宾语资格。格助词主要有「が」「の」「を」「に」「へ」「と」「より」「から」「にて」「して」等。

接续助词可接在各类活用词后，表示与其后内容的关系，如条件、假定、并列、转折等，主要有「ば」「と」「とも」「ど」「ども」「が」「に」「を」「て」「して」「で」「つつ」「ながら」「ものの」「ものを」「ものから」「ものゆえ」等。另外，名称上与接续助词接近的词是接续词，接续词通常在两个句子间起连接作用，与接续助词的功能完全不同。

副助词可接在其他多种类型的词后，使其前面的词具有副词的性质，并对其后用言的含义加以部分限定。主要有「だに」「すら」「さへ」「のみ」「ばかり」「まで」「など」「し」等。

系助词接在各类词后，给其前面的词添加强调、疑问、感动、并列等含义，而且它还能影响其后出现的用言，使主语与谓语发生某种关系，因此当一个句子中出现系助词时，其后的用言词尾活用要发生相应的变化。这一变化名称的日语专用术语为「係り結び」，因比较复杂，在此不便展开说明。系助词主要有「は」「も」「こそ」「ぞ」「なむ」「や」「か」。

终助词为用于句末表示禁止、希望、疑问、咏叹、感动等含义的词，数量较多，主要有「な／禁止」「そ」「ばや」「なむ」「もが」「もがな」「てしが」「てしがな」「にしが」「にしがな」「な／咏叹」「か」「かな」「かし」。

间投助词是用于句子中间停顿处的一类助词，可起到加强或调整语气、增添余韵等作用，通常认为有「や」「よ」「を」三个。

现将助词的种类和主要用法通过列表整理，具体见表五。

表五　古典日语助词的种类一栏表

种类	助　词	用　例
格助词	が、の、を、に、へ、と、より、から、にて、して	が（主格）：鳥が歌ひ、蝶が舞ふ。 を（宾格）：君は民を憐れみ、民は君を敬ふ。
接续助词	ば、と、とも、ど、ども、が、に、を、て、して、で、つつ、ながら、ものの、ものを、もの、から、ものゆえ	とも（逆接假定）：人は打つとも、汝は打つな。 して（单纯接续）：鴛鴦の契り浅からずして、明し暮させ給ふ。 で（否定）：待つ人は来で、思わぬ人来たれり。 ものを（逆接确定）：若菜摘まむと来しものを道に惑ひぬ。
副助词	だに、すら、さへ、のみ、ばかり、まで、など、し	だに（类推）：風だにやまば、舟出せむ。 し（强调）：折しも雨風うちつづきて、心慌ただしく散りすぎぬ。

续表

种类	助词	用例
系助词	は、も、こそ、ぞ、なむ、や、か	か（疑问）：いずれの山か天に近き。 ぞ（强调）：十日余りの船路を送り、故郷へぞ着きにける。
终助词	な、そ、ばや、なむ、もが、もがな、てしが、てしがな、にしが、にしがな、な、か、かな、かし	ばや（愿望）：あけて見ばやと思ひ、見るこそくやしかりけれ。 なむ（希望）：心あらばいまひとたびの行幸待たなむ。 てしがな（愿望）：このかぐや姫を得てしがな、見てしがな。 かし（强调）：われに三十日の暇をたび候へかし。
间投助词	や、よ、を	や（咏叹）：古池や蛙飛び込む水の音。

五、古典日语中的「ウ音便」和「イ音便」

古典日语中，除现代日语中所学的「促音便」「撥音便」「イ音便」外，还有「ウ音便」。这是一种部分词的词尾或词中的「く」「ぐ」「ひ」「び」「み」变为「う」的现象。如：「思ひて」→「思うて」、「いみじく」→「いみじう」、「よくこそ」→「ようこそ」、「よろしく」→「よろしう」（→よろしゅう）、「ありがたく」→「ありがたう」（→ありがとう）（以上词尾），「いもひと」→「いもうと」、「おとひと」→「おとうと」（以上词中），等。

除「ウ音便」外，古典日语中的「イ音便」比现代日语所学的音变规则要复杂。古典日语中的「イ音便」通常是指词中或词尾的「き」「ぎ」「し」，或有极少数「り」「て」变为「い」的现象。形容词如「青き」→「青い」、「愛しき」→「愛しい」，动词如「書きて」→「書いて」、「渡して」→「渡いて」、「なさります」→「なさいます」、

「ござります」→「ございます」、「たてまつる」→「たいまつる」，名词如「月立《つきた》ち」→「ついたち」等。其实，现代日语形容词词尾「い」就是古典日语形容词连体形词尾「き」发生「イ音便」后演变而来的。又如，现代日语中表示否定推量的助动词「まい」，一般认为是古典日语的助动词「まじ」的连体形「まじき」发生「イ音便」后成为「まじい」，后来中间的「じ」脱落后而形成的。

例1：廿六文字を**習うて**覚えて仕舞うまでには三日も掛る。（ウ音便：習ひて→習うて）

例2：自分独り孤立するようになっても**苦しうない**。（ウ音便：苦しくない→苦しうない）

例3：方今わが国民に**於いて**もっとも憂うべきはその見識の賤しきことなり。（イ音便：於きて→於いて）

六、古典日语的敬语

敬语通常分为尊敬语、谦让语和礼貌语（日语称「丁寧語」）。尊敬语是对话题中人物的行为等表示尊敬的用语，也叫尊他语；谦让语是以谦让的态度叙述自己或自己一方的行为等的用语，通过谦让表示对对方的尊敬，通俗地说就是降低自己以抬高对方；礼貌语是说话者（作者）直接向听者（读者）表示礼貌的用语，也称郑重语。

古典日语中的敬语比现代日语的敬语更加复杂，这主要表现在古典日语中表示尊敬、谦让、礼貌的敬语动词、补助动词和助动词（注：有表示尊敬的助动词，但没有表示谦让和礼貌的助动词）比现代日语更多，而且变化也比较复杂。

表示尊敬的动词主要有：「あり」「行く」「来《く》」的尊敬语「おはします」「おはす」，「言ふ」的尊敬语「仰《おほ》す」「のたまふ」，「思ふ」的尊敬语「おぼしめす」、「おぼす」等。表示尊敬的助动词有：「る」「らる」「す」「さす」「しむ」。表示尊敬的补助动词主要有：「おはします」「おはす」「たまふ」等。另外，助动词和补助动词虽然都具有接在其他词（主要是动词）后增添某种语法意义的功能，但助动词不能单独使用，而补助动词则有同形普通动词，能作为普通实义动词单独使用，如以上所举的「おはします」「おはす」就既能用作表示尊敬的实义动词，又能用作补助动词。

表示谦让的动词主要有：「仕《つか》ふ」的谦让语「仕《つかまつ》る」「侍《はべ》り」，「行く」「来《く》」的谦让语「参る」，「言ふ」的谦让语「申す」等。表示谦让的补助动词主要有：「つかまつる」「たてまつる」等。

表示礼貌（丁寧）的动词有：「あり」「をり」的礼貌语「侍《はべ》り」「候《さぶら》ふ」。表示礼貌的补助动词有：「はべり」「さぶらふ」。另外，如「侍《はべ》り」「候《さぶら》ふ」等，一些在表示实义动词时用汉字书写的动词，作为补助动词使用时，原则上不写汉字。

现将古典日语表示尊敬、谦让和礼貌的各类词，以列表形式归类如下，见表六。

表六　古典日语主要敬语一栏表

词性	普通词	尊敬词	谦让词	礼貌词
动词	与ふ、授く	給（賜）ふ、たまはす、たぶ、たうぶ	奉る、参る、参らす	
	あり、居り	おはす、おはします、ます、います、いますがり	侍り、さぶらふ、候ふ	侍り、さぶらふ、候ふ
	行く、来	おはす、おはします、ます、います	参る、もうづ、まかる、まかづ	
	言ふ	仰す、のたまふ、のたまはす	聞こゆ、聞こえさす、申す、奏す、啓す	

词性	普通词	尊敬词	谦让词	礼貌词
动词	受く		たまはる	
	思ふ	おぼす、おもほす、おぼしめす、おもほしめす	存ず	
	聞く	聞こす、聞こしめす	うけたまはる	
	着る、乗る	召す、参る、奉る		
	食ふ、飲む	召す、参る、奉る、聞こしめす		
	知る、治む	しらしめす、しろしめす		
	す	あそばす	つかうまつる、つかまつる、参る、いたす	
	仕ふ		つかうまつる、つかまつる、侍り、さぶらふ	
	寝ぬ	大殿ごもる		
	見る	御覧ず		
	呼ぶ	召す		
补助动词		給（賜）ふ（四段）、おはす、召す、おはします、あそばす	給（賜）ふ（下二段）、申す、参らす、聞こゆ、聞えさす、奉る	侍り、さぶらふ、候ふ
助动词		る、らる、す、さす、しむ		
名词		陛下、みかど、行幸	おのれ、なにがし、それがし	

第二章　近代日文文语体常见助动词

日文文语体文法与现代日语语法有很大不同，主要表现在用言（动词、形容词、形容动词）词尾变化不同、助词种类和用法不同、助动词种类和用法不同等方面。其中，最大的难点当属助动词的使用。日文中助动词和助词一起被称为附属词，但助动词具有活用形。助动词不仅种类和数量多，而且其活用有时不太规则。以下通过用例对一些使用频率高且较重要的助动词的含义及用法进行说明。其他助动词可参照附录二『文语体助动词活用表』。

一、被动、尊敬、自发、可能助动词「る」

下二段动词型活用助动词。接四段动词、ナ行变格动词、ラ行变格动词未然形后，表示被动、尊敬、自发、可能。活用形见表七。

表七　助动词「る」活用表

基本形	未然形	连用形	终止形	连体形	已然形	命令形
る	れ	れ	る	るる	るれ	れよ

㈠飼犬に手を**噛まる**。

↓飼犬に手を噛まれる。

噛まる：四段动词「噛む」的未然形「噛ま」+助动词「る」的终止形「る」。表示被动，相当于现代日语的「噛まれる」。

㈡この改革論者はこれらの語が何の故に**誤らるる**かの理由を真面目に考えたりや否や。

↓この改革論者はこれらの語がなぜ誤られるかについて、その理由を真面目に考えたかどうか。

誤らるる：四段动词「誤る」的未然形「誤ら」+助动词「る」的连体形「るる」。表示被动，相当于现代日语的「誤られる」。与现代日语不同，文语体日文的动词、助动词、形容词、形容动词的连体形往往与终止形不同。此句子中，表示疑问的「か」必须接在用言连体形后。

㈢将軍はご観覧後に拍手を**送られたり**。

↓将軍はご観覧後に拍手を送られた。

送られたり：四段动词「送る」的未然形「送ら」+助动词「る」的连用形「れ」+完了助动词「たり」。表示尊敬，相当于现代日语的「送られた」。

㊃先生は左様には考えて**おられざりき**。
↓先生はそのようには考えておられなかった。

おられざりき：ラ行变格动词「おり（をり）」的未然形「おら」＋助动词「る」的未然形「れ」＋否定助动词「ず」的连用形「ざり」＋过去助动词「き」。表示尊敬，相当于现代日语的「おられなかった」。

㊄去りし日々は昨日のことの如く、鮮やかに、懐かしく**思い出《いだ》さる**。
↓過ぎ去った日々は昨日のことのように、鮮やかに、懐かしく思い出される。

思い出さる：四段动词「思い出す」的未然形「思い出さ」＋助动词「る」的终止形「る」。表示自发，相当于现代日语的「思い出される」。

㊅家の作りようは、夏をむねとすべし。冬は、いかなる所にも**住まる**。
↓家の作りかたは、夏を主に考えなければならない。冬は、いかなる所にも住むことができる。

住まる：四段动词「住む」的未然形「住ま」＋助动词「る」的终止形「る」。表示可能，相当于现代日语的「住むことができる」。

二、被动、尊敬、自发、可能助动词「らる」

下二段动词型活用助动词。接上一段动词、上二段动词、下一段动词、下二段动词、サ行变格动词、カ行变格动词未然形后，表示被动、尊敬、自发、可能。活用形见表八。

表八　助动词「らる」活用表

基本形	未然形	连用形	终止形	连体形	已然形	命令形
らる	られ	られ	らる	らるる	らるれ	られよ

㈠自国の力をも計らずしてみだりに外国人を追い払わんとし、かえってその夷狄に**窘《くる》しめらるる**などの始末は、実に国の分限を知らずと言うべし。

→自国の力をも計らないで、みだりに外国人を追い払おうとし、かえってその外国に苦しめられるなどの始末は、実に国の分限を知らないと言わなければならない。

窘しめらるる：下二段动词「窘しむ」的未然形「窘しめ」＋助动词「らる」的连体形「らるる」。表示被动，相当于现代日语的「苦しめられる」。「など」必须接在体言、用言连体形后。

㈡多年の苦心は、ついに**報いられたり**。

→長年の苦心は、ついに報いられた。

報いられたり：上二段动词「報ゆ」的未然形「報い」＋助动词「らる」的连用形「られ」＋完了助动词「たり」。表示被动，相当于现代日语的「報いられた」。

㊂始めて発するものは人を制し、後れて発するものは人に**制せらる**といえり。

→先手を取ることができれば相手を制圧でき、後手に回ってしまえば相手に制圧されると言われている。

制せらる：サ行变格动词「制す」的未然形「制せ」＋助动词「らる」的终止形「らる」。表示被动，相当于现代日语的「制される」。

㊃四方拝は元旦に天皇宮中にて天地四方を**拝せらるる**儀式なり。

→四方拝というのは元旦に天皇が宮中で天地四方を拝される儀式である。

拝せらるる：サ行变格动词「拝す」的未然形「拝せ」＋助动词「らる」的连体形「らるる」。表示尊敬，相当于现代日语的「拝される」。

㊄極て滑稽に**感ぜられたり**。

↓極めておかしいと自《おの》ずと感じられた。

感ぜられたり：サ行变格动词「感ず」的未然形「感ぜ」＋助动词「らる」的连用形「られ」＋完了助动词「たり」。表示自发，相当于现代日语的「自ずと感じられた」。

㈥何ぞ此くの如く高き処まで**上げられん**や。

↓どうしてこんなに高いところまで上げられようか。

上げられん：下二段动词「上ぐ」的未然形「上げ」＋助动词「らる」的未然形「られ」＋推量助动词「ん（む）」。表示可能，相当于现代日语的「上げられよう」。

三、过去助动词「き」

特殊型活用助动词。接动词、形容词的连用形后，表示『过去』，多用于直接亲身体验。活用形见表九。但在「カ变」动词和「サ变」动词后，当助动词「き」以连体形「し」或已然形「しか」出现时，也可接在未然形「こ」（カ变）和「せ」（サ变）后面。此外，表示过去的助动词还有「けり」，多用于传闻等间接体验和咏叹。

表九　助动词「き」活用表

基本形	未然形	连用形	终止形	连体形	已然形	命令形
き	せ	○	き	し	しか	○

㈠昔者、印度に瑜伽《ヨーガ》と稱する苦行の学徒**ありき**。彼等の為すところは実に今の人を戦慄せしむるに足るもの**なりき**。

↓むかし、インドにヨーガと称する苦しい修行をする学徒がいた。彼らがしていたことは実に今の人を戦慄させるほどのものであった。

ありき：ら行变格动词「あり」的连用形「あり」＋助动词「き」，相当于现代日语的「あった」。

なりき：断定助动词「なり」的连用形「なり」＋助动词「き」，相当于现代日语的「であった」。

㈡古より世にかかる人物**なかりせば**、わが輩今日に生まれて今の世界中にある文明の徳沢を蒙るを得ざるべし。

↓古代から世の中にこのような人物がなかったならば、私たちは今日に生まれて今の世界中にある文明の恩恵を受けることができないだろう。

なかりせば：形容词「なし」的连用形「なかり」＋助动词「き」的未然形「せ」＋表示假定的接续助词「ば」，相当于现代日语的「なかったならば」「なかったとすれば」。表示假定的「ば」通常须接在未然形后面。

㊂夢と**知りせば**覚め**ざらまし**を。

→夢だと知っていたならば、目覚めなかっただろうに。

知りせば： 动词「知る」的连用形「知り」+助动词「き」的未然形「せ」+表示假定条件的接续助词「ば」，相当于现代日语的「知っていたならば」。

ざらまし： 否定助动词「ず」的未然形「ざら」+表示与事实相反的想象的助动词「まし」，相当于现代日语的「(もし~だったら)~なかっただろうに」。句末的「を」为表示逆接确定条件的接续助词。

㊃譬えば某国の律に、「金十円を盗む者はその刑、笞《むち》一百、また足をもって人の面を蹴る者もその刑、笞一百」とあり。しかるにここに盗賊ありて、人の家に入り金十円を盗み得て出でんとするとき、主人に取り押えられ、すでに**縛られし**うえにて、その主人なおも怒りに乗じ足をもって賊の面を蹴ることあらん、しかるときその国の律をもってこれを論ずれば、賊は金十円を**盗みし**罪にて一百の笞を被り、主人も亦平人《ひらびと》の身をもって私に賊の罪を裁決し足をもってその面を蹴りたる罪により笞うたるること一百なるべし。

→たとえば某国の法律に、「金を十円盗んだ者はその刑が笞《むち》一百、また足で人の顔を蹴った者もその刑が笞一百」とある。ところが、ここに盗賊がいて、人の家に入り金十円を盗むことに成功して家を出ようとするとき、主人に取り押えられ、すでに縛られたうえで、その主人なおも怒りに乗じ足で賊の顔を蹴ったとする。こういうときは、その国の法律でこれを論じれば、賊は金十円を盗んだ罪で百の笞を受け、主人もまた普通の人という身分で勝手に賊の罪を裁決し足でその顔面を蹴ったという罪により笞を百打たれなければならない。

縛られし：动词「縛る」的被动态连用形「縛られ」+助动词「き」的连体形「し」，相当于现代日语的「縛られた」。

盗みし：动词「盗む」的连用形「盗み」+「き」的连体形「し」，相当于现代日语的「盗んだ」。

㊄今日に至るまで国の独立を**失わざりし**所以は、国民鎖国の風習に安《やす》んじ、治乱興廃、外国に関することと**なかりし**をもってなり。

→今日に至るまで国の独立を失わなかったのは、国民が鎖国の風習に安んじ、世の中が治まる時も乱れる時も、興る時も廃れる時も、外国に関係することがなかったからである。

失わざりし：动词「失う」的未然形+否定助动词「ず」的连用形「ざり」+助动词「き」的连体形「し」，相当于现代日语的「失わなかった」。

なかりし：形容词「なし」的连用形「なかり」+助动词「き」的连体形「し」，相当于现代日语的「なかった」。

㊅譬えば封建の世に三百の諸侯おのおの生殺の権**ありし**時は、政府の力もその割合にて**弱かりし**はずなり。

→たとえば封建の世に三百の諸侯がそれぞれ生殺の権を持った時は、政府の力もそれだけ弱かったはずだ。

ありし：动词「あり」的连用形「あり」+助动词「き」的连体形「し」，相当于现代日语的「あった」。

弱かりし：形容词「弱し」的连用形「弱かり」+助动词「き」的连体形「し」，相当于现代日语的「弱かった」。

㊆姑《しゅうとめ》もし嫁を窘《くる》しめんと欲せば、己がかつて嫁**たりし**時を想うべきなり。

↓姑がもし嫁を苦しめようとすれば、自分のかつて嫁だった時を想うべきである。

たりし：断定助动词「たり」的连用形「たり」+助动词「き」的连体形「し」，相当于现代日语的「であった」。

㊇木の実植え徐福はここに**棲みつきし**。

↓木の実を植え、徐福はここに棲みついた。

棲みつきし：动词「棲みつく」的连用形「棲みつき」+助动词「き」的连体形「し」，相当于现代日语的「棲みついた」。此句为特殊的连体形结句。日文文语体原则上要求终止形结句，但以下二种情况下，连体形可用于结句。一是句子前面出现表示强调的系助词「ぞ」「なむ」，或表示疑问的系助词「か」「や」；二是表示动作的余韵。此句中的连体形结句，为第二种情况，含有徐福居住此地后的活动这一余韵。

㊈このたび余輩の故郷中津に学校を開くにつき、学問の趣意を記して旧く交わりたる同郷の友人へ示さんがため一冊を**綴りしかば**、或る人これを見ていわく、「この冊子をひとり中津の人へのみ示さんより、広く世間に布告せばその益もまた広がるべし」との勧めにより、すなわち慶応義塾の活字版をもってこれを摺《す》り、同志の一覧に

供うるなり。

↓このたび私の故郷中津に学校を開くから、学問の趣意を記して旧く交際した同郷の友人へ示そうとするため一冊を綴ったら、ある人がこれを見て、「この冊子をただ中津の人にだけ示そうとするより、広く世間に公開すればその効果もまた広がるに違いない」と勧めてくれたので、それに従い慶応義塾の活字版で印刷して同志の一覧に供する。

綴りしかば：动词「綴る」的连用形「綴り」+助动词「き」的已然形「しか」+表示确定条件的「ば」，相当于现代日语的「綴ったら」。

⑩昔戦国の時、駿河《するが》の今川《いまがわ》義元《よしもと》、数万の兵を率いて織田信長を攻めんとせしとき、信長の策にて桶狭間《おけはざま》に伏勢《ふくぜい》を設け、今川の本陣に迫りて義元の首を**取りしかば**、駿河の軍勢は蜘蛛《くも》の子を散らすがごとく、戦いもせずして逃げ走り、当時名高き駿河の今川政府も一朝に亡びてその痕なし。

↓昔戦国の時、駿河の今川義元が数万の兵を率いて織田信長を攻めようとしたとき、信長の策で桶狭間に伏勢を設け、今川の本陣に迫って義元の首を取ると、駿河の軍勢は蜘蛛の子を散らすように、戦いもしないで逃げ走り、当時名高い駿河の今川政府もわずかな間に亡びてその痕がない。

取りしかば：动词「取る」的连用形「取り」+助动词「き」的已然形「しか」+表示确定条件的「ば」，相当于现代日语的「取ると」「取ったから」。

四、完了、存续助动词「り」

ラ行变格动词型活用助动词。接四段动词已然形（一说四段动词命令形）、サ行变格动词未然形后，表示完了、存续。终止形和连体形的用例较为多见。活用形见表十。

表十　助动词「り」活用表

基本形	未然形	连用形	终止形	连体形	已然形	命令形
り	ら	り	り	る	れ	れ

㈠『女大学』に婦人の七去とて、「淫乱なれば去る」と明らかにその裁判を**記せり**。

→『女大学』に婦人の七去といって、「淫乱だったら去る」と明らかにその裁判を記している。

記せり：动词「記す」的已然形「記せ」＋助动词「り」，相当于现代日语的「記している」。

㈡安心立命の地位を失い、これがためついには発狂する者あるに**至れり**。

→安心立命の地位を失い、そのためついには発狂する者が出るに至った。

至れり：动词「至る」的已然形「至れ」＋助动词「り」，相当于现代日语的「至った」。

㊂「天は人の上に人を造らず人の下に人を造らず」と**言えり**。
→「天は人の上に人を造らず人の下に人を造らず」と言われている。

言えり：动词「言う」的已然形「言え」＋助动词「り」，相当于现代日语的「言っている」。引用时常可翻译成「言われている」。

㊃文明の形は進むに似たれども、文明の精神たる人民の気力は日に退歩に**赴けり**。
→文明の形は進んでいるようであるが、文明の精神である人民の気力は日増しに退歩に向かっている。

赴けり：动词「赴く」的已然形「赴け」＋助动词「り」，相当于现代日语的「赴いている」。

㊄貧しきもあり、**富めるも**あり、貴人もあり、下人《げにん》もありて、その有様雲と泥との相違あるに似たるはなんぞや。
→貧しい者もあり、裕福な者もあり、貴人もあり、下人もあって、その有様は雲と泥との違いがあるようである。これはなぜだろうか。

富めるも：动词「富む」的已然形「富め」＋助动词「り」的连体形「る」＋助词「も」，相当于现代日语的「富んでいるものも」「裕福な者も」。连体形可作为体言，其后直接接系助词「も」。

㈥「生来今日に至るまでわが身は何事をなしたるや、今は何事をなせるや、今後は何事をなすべきや」と、みずからその身を点検せざるの罪なり。

→「生れてから今日に至るまで自分はどんなことをしていたのか、今はどんなことをしているのか、今後は何をすべきか」と、みずからその身を点検しないという罪である。

なせる：动词「なす」的已然形「なせ」+助动词「り」的连体形「る」，相当于现代日语的「なしている」。疑问词「や」接助动词「り」时，须接在连体形后。

㈦そもそも政府と人民との間柄は、前にも**言える**ごとく、ただ強弱の有様を異にするのみにて権利の異同あるの理なし。

→そもそも政府と人民との関係は、前にも言ったように、ただ強弱の有様を異にするだけで、権利の異同があるという理はない。

言える：动词「言う」的已然形「言え」+助动词「り」的连体形「る」，相当于现代日语的「言った」。助动词「ごとく」须接在用言连体形后。

五、完了、存续助动词「たり」

ラ行变格动词型活用助动词。接各类动词连用形后，表示完了、存续。接一段动词、二段动词、サ行变格动词后的用法较为多见。活用形见表一一。另外，「たり」与同样表示完了、存续的助动词「り」在含义上几乎相同。

表一一　助动词「たり」活用表

基本形	未然形	连用形	终止形	连体形	已然形	命令形
たり	たら	たり	たり	たる	たれ	たれ

㊀二編にある権理通義の四字を略して、ここにはただ権義と**記したり**。

→二編にある権理通義という四字を略して、ここにはただ権義と記した。

記したり：动词「記す」的连用形「記し」＋助动词「たり」的终止形，相当于现代日语的「記した」。

㊁スチュアルト・ミルは『婦人論』を著わして、万古一定動かすべからざるのこの習慣を破らんことを**試みたり**。

→スチュアルト・ミルは『婦人論』を著わして、万古変らない、動かしてならないこの習慣を破ろうと試みた。

試みたり：上二段动词「試む」的连用形「試み」＋助动词「たり」的终止形，相当于现代日语的「試みた」。

㊂私《ひそか》に案ずるに、今の学者あるいはその難を棄てて易きにつくの弊あるに**似たり**。

↓ひそかに考えるに、今の学者はあるいはその難しいことを棄てて易いことにつくという良くない習慣があるようである。

似たり：上一段动词「似る」的连用形「似」+助动词「たり」的终止形「たり」，相当于现代日语的「似ている」「～のようである」。

㊃今わが国内に**雇い入れたる**外国人は、わが学者未熟なるがゆえにしばらくその名代《みょうだい》を勤めしむるものなり。

↓今わが国内に雇い入れた外国人は、わが国の学者が未熟であるため、しばらくその代理を勤めさせるものである。

雇い入れたる：动词「雇い入《い》る」（此处「入る」为下二段动词）的连用形「雇い入れ」+助动词「たり」的连体形「たる」，相当于现代日语的「雇い入れた」。

㊄学者にも町人にもおのおの**定まりたる**職分あらざるはなし。

↓学者にも町人にもそれぞれ定まった職分がある。

定まりたる：动词「定まる」的连用形「定まり」+助动词「たり」的连体形「たる」，相当于现代日语的「定まった」。

㊅数年の辛苦を嘗め、数百の執行金《しゅぎょうきん》を費やして洋学は**成業したれども**、なおも一個私立の活計をなし得ざる者は、時勢の学問に疎《うと》き人なり。

→数年の辛苦を嘗め、数百の修業料を費やして洋学は成し遂げたが、なおも一つ自立の生計を立てることができない者は、時勢の学問に疎い人である。

成業したれども：动词「成業す」的连用形「成業し」+助动词「たり」的已然形「たれ」+表示逆接确定条件的接续助词「ども」，相当于现代日语的「成業したが」。

㊆この書の表題は『学問のすすめ』と**名づけたれども**、けっして字を読むことのみを勧むるにあらず。

→この本の表題は『学問のすすめ』と名付けたが、けっして字を読むことのみを勧めるものではない。

名づけたれども：下二段动词「名づく」的连用形「名づけ」+助动词「たり」的已然形「たれ」+表示逆接确定条件的接续助词「ども」，相当于现代日语的「名づけたが」。

六、完了助动词「ぬ」

ナ行变格动词型活用助动词。接动词连用形后，表示完了，多用于表示状态的发生、自然性的完了、间接的事实和状态。经常以未然形「な」＋「ば」的形式出现，表示完了假定，相当于「～たならば」「～ならば」「～てしまったならば」。「ぬ」后还经常接「べし」「む」「き」「けり」，多表示强调。活用形见表一二。此外，与「ぬ」相近的表示完了的助动词还有「つ」，常接在他动词后，表示主观意志性动作的完了、直接的事实和状态。

表一二　助动词「ぬ」活用表

基本形	未然形	连用形	终止形	连体形	已然形	命令形
ぬ	な	に	ぬ	ぬる	ぬれ	ね

㈠朝夕**慣れにし**学びの窓。

→朝夕慣れた校舎の窓。

慣れにし：下二段动词「慣《な》る」的连用形「慣れ」＋完了助动词「ぬ」的连用形「に」＋过去助动词「き」的连体形「し」，相当于现代日语的「慣れた」「慣れてしまった」。「ぬ」与过去助动词一起使用时，具有强调语气。

㈡地の極《はて》にまで到りて、多くの国々より多くの物を**奪い取りぬ**。

↓地の果てにまで行って、多くの国々から多くの物を奪い取った。

奪い取りぬ： 动词「奪い取る」的连用形「奪い取り」+完了助动词「ぬ」的终止形，相当于现代日语的「奪い取った」。

㊂これ和蘭翻訳書公に**なりぬる**はじめなり。

↓これはオランダ語からの翻訳書が公刊になったはじめである。

なりぬる： 动词「なる」的连用形「なり」+完了助动词「ぬ」的连体形「ぬる」，后接体言，相当于现代日语的「なった」。

㊃この言あるいは是《ぜ》なるがごとくなれども、人智発育の理を**考えなば**、その当たらざるを知るべし。

↓この言葉は正しいようであるが、人智発育の理を考えれば、それは当たらないということが分かるだろう。

考えなば： 下二段动词「考う」的连用形「考え」+完了助动词「ぬ」的未然形「な」+表示假定的接续助词「ば」，相当于现代日语的「考えれば」「考えたならば」。

㊄政府、人に乏し。有力の人物、政府を**離れなば**官務に差しつかえあるべし。

↓政府は人材に乏しい。有力な人物が政府を離れれば官務に差しつかえが出るに違いない。

離れなば：动词「離る」的连用形「離れ」+完了助动词「ぬ」的未然形「な」+表示假定的接续助词「ば」，相当于现代日语的「離れれば」「離れたならば」。

㈥日本にて歳入の高を全国の人口に**割り付けなば**、一人前に一円か二円なるべし。

↓日本で歳入高を全国の人口に割り付ければ、一人あたり一円か二円だろう。

割り付けなば：动词「割り付く」的连用形「割り付け」+完了助动词「ぬ」的未然形「な」+表示假定的接续助词「ば」，相当于现代日语的「割り付ければ」。

㈦世上の有様を見るに、普請《ふしん》に金を費やす者あり、美服美食に力を尽くす者あり、はなはだしきは酒色のために銭を棄てて身代《しんだい》を傾くる者もあり、これらの費《つい》えをもって運上の高に**比較しなば**、もとより同日の話にあらず。

↓世の中の有様を見ると、家の造営に金を費やす者があり、美服美食に力を尽くす者があり、ひどい場合は酒色のために銭を棄てて財産を傾ける者もいる。これらの費用をもって税の金額に比較すれば、もとより同日の話ではない。

比較しなば：动词「比較す」的连用形「比較し」+完了助动词「ぬ」的未然形「な」+表示假定的接续助词「ば」，相当于现代日语的「比較すれば」。

⑧もしそれはたして然らば、一婦をして衆夫を養わしめ、これを男妾《だんしょう》と名づけて家族第二親等の位に**あらしめなば**如何。

→もしそれがはたしてそうであれば、一人の女性に数人の夫を養わせ、これを男妾と名づけて家族第二親等の位に位置付けさせたら如何であろう。

あらしめなば：动词「あり」的未然形「あら」＋使役助动词「しむ」的连用形「しめ」＋完了助动词「ぬ」的未然形「な」＋表示假定的接续助词「ば」，相当于现代日语的「させれば」「位置付けさせれば」。

⑨一たび権勢ある要路者の反対を**受けなば**志士は寧ろ其志を挫かれ之を伸ばすの機なかるべし。

→一度権勢のある要人の反対を受けてしまえば、志士は寧ろその志を挫かれそれを伸ばす機会がないだろう。

受けなば：动词「受く」的连用形「受け」＋完了助动词「ぬ」的未然形「な」＋表示假定的接续助词「ば」，相当于现代日语的「受けてしまえば」。

七、推量助动词「む」

四段动词型活用助动词。接动词、助动词、形容词、形容动词的未然形后，表示推量、意志、劝诱、假定、委婉等。

常用其音变形「ん」。活用形见表一三。此外，表示推量的助动词主要还有「べし」「むず」「らむ」「けむ」「まし」。「むず」比「む」语气稍强。「らむ」表示现在推量，意为「今頃…ているだろう」。「けむ」表示过去推量，意为「…ただろう」「…だったろう」。「まし」表示与事实相反的假想，意为「…だったら…だろうに」。

表一三　助动词「む」活用表

基本形	未然形	连用形	终止形	连体形	已然形	命令形
む	○	○	む（ん）	む（ん）	め	○

㈠わが日本国人も今より学問に志し気力を慥《たし》かにして、まず一身の独立を謀り、したがって一国の富強を致すことあらば、なんぞ西洋人の力を恐るるに**足らん**。

↓私たち日本人も今より学問に志し気力を確かなものにして、まず一身の独立を謀り、したがって一国の富強を実現させることができれば、どうして西洋人の力を恐れることがあろうか。

足らん：动词「足る」的未然形「足ら」＋助动词「む」的终止形「ん」，相当于现代日语的「足りよう」。另外，「なんぞ~足らん」表示反问。

㈡仮りにここに人口百万人の国**あらん**。このうち千人は智者にして九十九万余の者は無智の小民**ならん**。

↓仮りにここに人口百万人の国があるとしよう。このうち千人は智者で、九十九万あまりの者は無智の小民であろう。

あらん：动词「あり」的未然形「あら」+助动词「む」的终止形「ん」，表示假定，相当于现代日语的「あるとしよう」。

ならん：断定助动词「なり」的未然形「なら」+助动词「む」的终止形「ん」，表示推量，相当于现代日语的「であろう」。

㊂今の世に生まれいやしくも愛国の意**あらん**者は、官私を問わずまず自己の独立を謀り、余力あらば他人の独立を助け成すべし。

→今の世に生まれ、もし愛国の思いがある者なら、官私を問わずまず自己の独立を謀り、余力があれば他人の独立を助成するべきである。

あらん：动词「あり」的未然形「あら」+助动词「む」的连体形「ん」，表示假定，相当于现代日语的「もし~があるなら」。

㊃すでにみずから学者と唱えて天下の事を患うる者、豈《あに》無芸の人物**あらんや**。

→すでにみずから学者と唱えて天下の事を患える者は、どうして無芸の人物がいようか。

あらんや：动词「あり」的未然形「あら」+助动词「む」的终止形「ん」+疑问助词「や」，表示反问，相当于现代日语的「あろうか」「いようか」。

㊄地理、歴史の初歩をも知らず、日用の手紙を書くこともむずかしくして、みだりに高尚の書を**読まん**とし、開巻五、六葉を見てまた他の書を求むるは、元手《もとで》なしに商売をはじめて日に業を変ずるがごとし。

→地理、歴史の初歩をも知らず、日用の手紙を書くこともむずかしいのに、みだりに高尚の書を読もうとし、開巻五、六ページを見てまた他の書を求めるのは、資本金なしに商売を始めて毎日仕事を変えることと同じようなものである。

読まん：动词「読む」的未然形「読ま」＋助动词「む」的终止形「ん」，表示意志，相当于现代日语的「読もう」。

㊅禁裏《きんり》さまは公方《くぼう》さまよりも貴きものなるゆえ、禁裏さまの心をもって公方さまの身を勝手次第に動かし、**行かん**とすれば「止まれ」と言い、**止まらん**とすれば「行け」と言い、寝るも起きるも飲むも食うもわが思いのままに行なわるることと**なからん**。公方さまはまた手下の大名を制し、自分の心をもって大名の身を自由自在に**取り扱わん**。大名はまた自分の心をもって家老の身を制し、家老は自分の心をもって用人《ようにん》の身を制し、用人は徒士《かち》を制し、徒士は足軽《あしがる》を制し、足軽は百姓を制する**ならん**。

→天皇は将軍よりも貴い身分であるので、天皇の心をもって将軍の身を勝手次第に動かし、行こうとすれば「止まれ」と言い、止まろうとすれば「行け」と言い、寝ることも起きることも飲むことも食うことも自分の思いのままに行なわれることはなかろう。将軍はまた手下の大名を制し、自分の心をもって大名の身を自由自在に取り扱おうとする。大名はまた自分の心をもって家老の身を制し、家老は自分の心をもって用人の身を制し、用人は下級の武士を制し、下級の武士は足軽を制し、足軽は百姓を制するだろう。

なからん：形容词「なし」的未然形「なから」＋助动词「む」的终止形「ん」，表示推量，相当于现代日语的「なかろう」。另外，「行かん」「止まらん」「取り扱わん」「ならん」分别为「行く」「止まる」「取り扱う」「なり」的未然形＋「ん」。

八、使役助动词「しむ」

下二段动词型活用助动词。接动词、助动词未然形后，表示使役，相当于现代日语的「せる」「させる」。有时也可表示尊敬、谦让。另外，表示使役的助动词还有「す」和「さす」，但在与汉文关系密切的候文、汉文训读体、和汉折衷体等中，通常用「しむ」。活用形见表一四。

表一四　助动词「しむ」活用表

基本形	未然形	连用形	终止形	连体形	已然形	命令形
しむ	しめ	しめ	しむ	しむる	しむれ	しめよ

㈠或る人またいわく、「妾《めかけ》を養うは後**あらしめん**がためなり、孟子の教えに不孝に三つあり、後なきを大なりとす」と。

→ある人はまた言う、「妾を養うのは跡継ぎを持たせようとするためである。孟子の教えに不孝に三つあり、後なきを大なりとす」と。

あらしめん：动词「あり」的未然形「あら」+助动词「しむ」的未然形「しめ」+表示意志的助动词「ん」，相当于现代日语的「持たせよう」。

㈡されども銭を好むは人の天性なれば、その天性に従いて十分にこれを**満足せしめん**とするもけっして咎《とが》むべきにあらず。

→だが、お金を好むのは人の天性であるから、その天性に従って十分にこれを満足させようとするのも決して責めるべきではない。

満足せしめん：动词「満足す」的未然形「満足せ」+助动词「しむ」的未然形「しめ」+表示意志的助动词「ん」，相当于现代日语的「満足させよう」。

㈢この人をしてなお三、五年の艱苦《かんく》を忍び真に実学を勉強して後に事に**つかしめなば**、大いに成すこともあらんと思うのみ。

→この人を、なお三、五年の艱難困苦を忍び真に実学を学んでから仕事に就かせれば、大いに成功することもあるだろうとただただ思う。

つかしめなば：动词「つく」的未然形「つか」＋助动词「しむ」的连用形「しめ」＋表示完了的助动词「ぬ」的未然形「な」＋接续助词「ば」，相当于现代日语的「つかせれば」。

㊃或る人いわく、「民はこれに**よらしむ**べし、これを**知らしむ**べからず、世の中は目くら千人目あき千人なれば、智者上にありて諸民を支配し上の意に**従わしめて**可《か》なり」と

↓ある人が言うには、「民衆は彼らを従わせるのがよいが、彼らに知識を持たせてはいけない。世の中は目くらの人（愚昧な人）と目あきの人（知識のある人）がそれぞれ半々（千人）であるので、智者は上にあって庶民を支配し君主の意に従わせてよい」と。

従わしめて：动词「従う」的未然形「従わ」＋助动词「しむ」的连用形「しめ」＋「て」，相当于现代日语的「従わせて」。另外，「よらしむ」和「知らしむ」，均为动词的未然形＋「しむ」的终止形「しむ」。

㊄人の生まるるは天の**然《しか》らしむる**ところにて人力にあらず。

↓人が生まれるのは天がそうさせるもので人の力によるものではない。

然らしむる：动词「然り」的未然形「然ら」＋助动词「しむ」的连体形「しむる」，相当于现代日语的「そうさせる」。

㊅人あるいはいわく、「政府はしばらくこの愚民を御するに一時の術策を用い、その智徳の進むを待ちて後にみずから文明の域に**入らしむる**なり」と。

↓人の中には、「政府はしばらくこの愚民を支配するに一時の術策を用い、その智徳が進むのを待って後にみずから文明の域に入らせるのだ」と言う人もいる。

入らしむる：动词「入る」的未然形「入ら」+助动词「しむ」的连体形「しむる」，相当于现代日语的「入らせる」。句末的断定助动词「なり」须接连体形后。

㊆ことさらに政府の事務を多端にし、有用の人を取りて無用の事を**なさしむる**は策の拙なるものと言うべし。

↓わざわざ政府の事務を多端にし、有用の人を採用して無用の事をさせることは策の拙いものと言うべきである。

なさしむる：动词「なす」的未然形「なさ」+助动词「しむ」的连体形「しむる」，相当于现代日语的「させる」。连体形具有体言功能，其后可直接接「は」「も」「を」等助词。

九、否定助动词「ず」

特殊型活用助动词。接动词、助动词、形容词的未然形后，表示否定。其变化形「ざり」为「ず」+动词「あり」的约音，未然形、连用形、连体形、已然形、命令形分别为「ざら」「ざり」「ざる」「ざれ」「ざれ」。活用形见表一五。

表一五　助动词「ず」活用表

基本形	未然形	连用形	终止形	连体形	已然形	命令形
ず	ざら	ず、ざり	ず	ぬ、ざる	ね、ざれ	ざれ

㈠学びて**思わざらば**則ち罔《くら》し。

→学ぶばかりで考えることをしないでいると、知識が身につかない。

思わざらば：动词「思う」的未然形「思わ」+助动词「ず」的未然形「ざら」+表示假定条件的接续助词「ば」，相当于现代日语的「思わなければ」。另外，此句子也常说成「学びて思わざれば則ち罔《くら》し」。

㈡政府もしわが説に**従わずんば**、かつ力を尽くしかつ堪忍して時節を待つべきなり。

→政府がもしわが説に従わなければ、力を尽くしながら堪忍して時機を待つべきである。

従わずんば：动词「従う」的未然形「従わ」＋助动词「ず」的连用形「ず」＋「んば」（通常被认为是插入语「ん」＋系助词「は」浊音化后的「ば」），相当于现代日语的「従わなければ」。

㊂上の人をして大いにその徳を蒙らしむるを**得ざりし**は遺憾と言うべきのみ。

→上の人に大いにその徳を蒙らせることができなかったことはただ遺憾と言うよりほかない。

得ざりし：动词「得《う》」的未然形「得《え》」＋助动词「ず」的连用形「ざり」＋过去助动词「き」的连体形「し」，相当于现代日语的「得なかったこと」。

㊃人の性に智愚強弱の別ありといえども、みずから禽獣《きんじゅう》の智恵にも叶《かな》わぬと思う者はある**べからず**。

→人の性に智愚強弱の違いはあるが、みずから禽獣の智恵にも敵わないと思う者はいるはずがない。

べからず：形容词型活用助动词「べし」的未然形「べから」＋助动词「ず」的终止形「ず」，相当于现代日语的「べきではない」「～はずがない」「きっと…ないだろう」。

㊄一切万事一挙一動悉《ことごと》く攘夷**ならざる**はなし。

→一切万事、一挙一動がすべて攘夷でないものはない。

ならざる：断定助动词「なり」的未然形「なら」+助动词「ず」的连体形「ざる」，具有体言功能，相当于现代日语的「でないこと」。

⑥是の如く観来れば、吾人は道徳其物の価値の、甚だ貧小なることを**思わざる**を得ず。

→このように見れば、私は道徳そのものの価値が甚だ貧弱で小さいと思わざるをえない。

思わざる：动词「思う」的未然形「思わ」+助动词「ず」的连体形「ざる」，具有体言功能，相当于现代日语的「思わないこと」。

⑦**然らざれば**身心共に衰弱して半死半生の片輪者《かたわ》になって仕舞《しま》うに違いない。

→そうでなければ、身心共に衰弱して半死半生の障碍者になってしまうに違いない。

然らざれば：动词「然り」的未然形「然ら」+助动词「ず」的已然形「ざれ」+接续助词「ば」，相当于现代日语的「そうでなければ」。

⑧人を人と**思わざれば**畏《おそ》るる所なし。

→人を人と思わなければ畏れるものはない。

思わざれば：动词「思う」的未然形「思わ」+助动词「ず」的已然形「ざれ」+接续助词「ば」，相当于现代日语的「思わなければ」。

十、否定推量（意志）助动词「まじ」

形容词型活用助动词。接动词终止形、ラ变动词连体形后，表示否定推量、否定意志、禁止、不可能、不适当等。活用形见表一六。此外，表示否定推量的助动词还有「じ」，接活用词的未然形后，语气比「まじ」弱。

表一六　助动词「まじ」活用表

基本形	未然形	连用形	终止形	连体形	已然形	命令形
まじ	まじく まじから	まじく まじかり	まじ	まじき まじかる	まじけれ	○

㊀新しき敵現われ候《そうろう》間《あいだ》、御油断**召さる間敷**《まじく》候《そうろう》。

→新しい敵が現われたので、油断なさってはいけない。

召さる間敷：动词「召す」的未然形「召さ」+表示尊敬的助动词「る」的终止形+助动词「まじ」的连用形「まじく」（「間敷《まじく》」为假借字，有时也作「間鋪」），表示禁止，相当于现代日语的「なさってはいけない」。

㈡かつかの忠臣義士にもそれほどの見込みは**あるまじ**。

↓且つあの忠臣義士にもそれほどの見込みはないだろう。

あるまじ：ラ変动词「あり」的连体形「ある」+助动词「まじ」的终止形「まじ」，表示否定推量，相当于现代日语的「ないだろう」。

㈢仮初《かりそめ》にも是《こ》れはどうも**有間敷**《あるまじき》事だなんと思ったことがない。

↓仮にもこれはどうもあってはならないことだなどと思ったことがない。

有間敷：动词「あり」的连体形「ある」+助动词「まじ」的连体形「まじき」，表示禁止，相当于现代日语的「あってはならない」。

㈣死ぬとも**離るまじき**勢で喰い下っている。

↓死んでも離れようとしない勢で喰い下っている。

離るまじき：动词「離る」的终止形「離る」+助动词「まじ」的连体形「まじき」，表示否定意志，相当于现代日语的「離れようとしない」。

㊄まず人は、生《いき》て有りし時の情《こころ》も、死で神霊と成りての情も、違う事は**有るまじければ**、生《いき》たる時の情もて、神靈となりての情を測るべし。

↓まず人は、生きていた時の情も、死んで神霊となってからの情も、違う事はないだろうから、生きていた時の情で、神霊となってからの情を測ってよい。

有るまじければ：动词「有り」的连体形「有る」＋助动词「まじ」的已然形「まじけれ」＋表示确定条件的接续助词「ば」，表示否定推量，相当于现代日语的「ないだろうから」。

常用汉字草书㈠

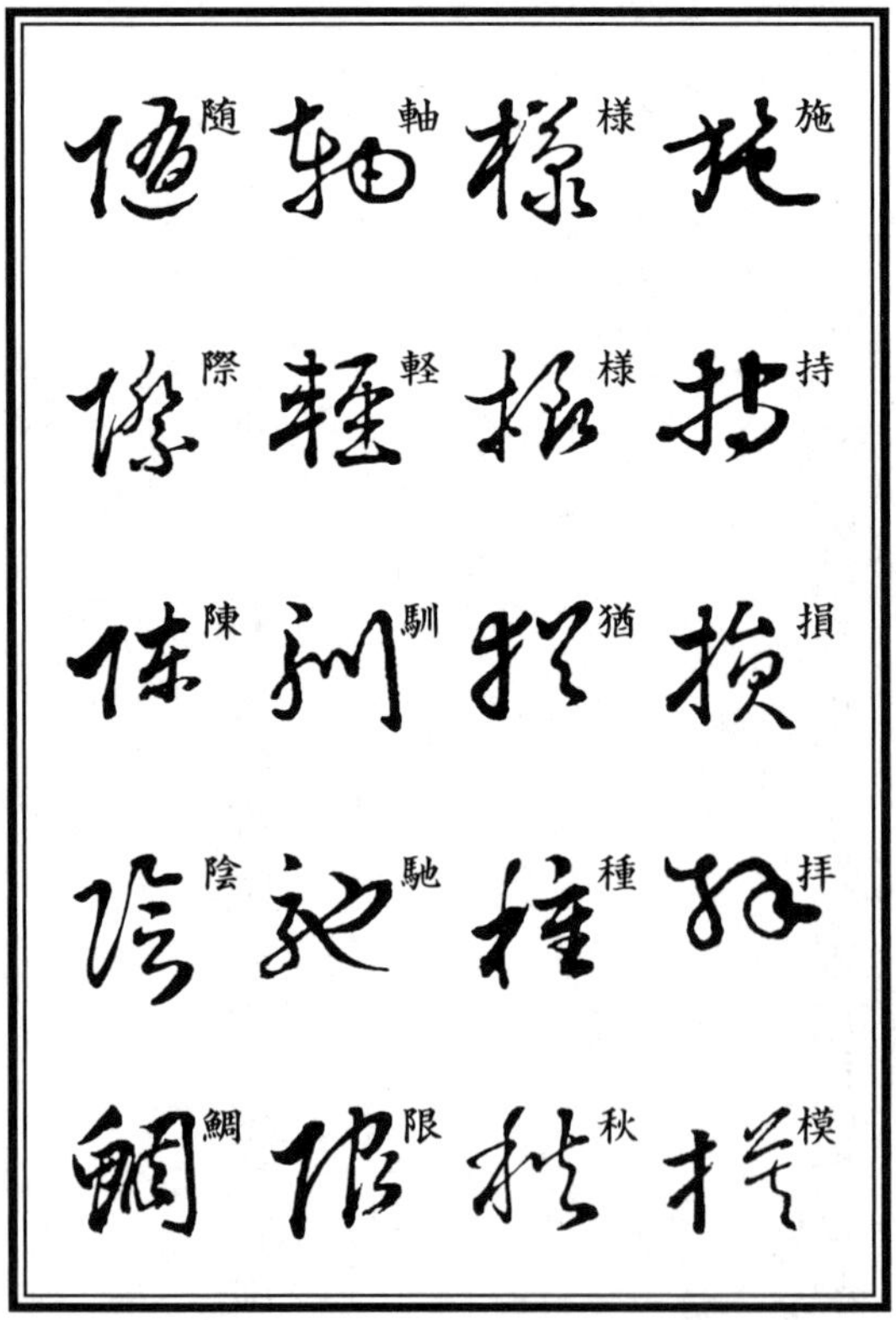

常用汉字草书㈡

第三章　近代日文文语体常见用语

近代日文文语体除多使用文言动词、文言助动词等文言词汇外，另一重要特征就是使用的汉字词汇远比现代日语多。这主要表现在以下几个方面：

一是近代日文文语体受汉文的影响较大，加之直至明治中后期，大多文人学者汉文素养较高，他们所写的文章、书籍具有较浓的『汉文味』，所用的汉字词汇自然较多。尤其是候文和汉文训读体，这一倾向更加明显。

二是近代日本人在翻译西方文章和书籍的过程中，对一些新词大多使用汉字词汇进行翻译，而不像现代日语中多直接使用外来语。如「民主主義」（デモクラシー）、「範疇」（カテゴリー）、「指針」（ガイドライン）、「象徴」（シンボル）、「閣龍」（コロンブス）等。

三是近代日文文语体中，还大量沿用与汉字的含义无关而只借用其读音，或与汉字的含义有部分关联的假借字，即日文所称的「当て字」。如「芽出度《めでたく》」「稠敷《きびしく》」「八釜間《やかま》し」「六ケ敷《むずかしく》」等，这些词中的汉字都仅表示读音。而如「硝子《ガラス》」「胡座《あぐら》」「盲目《めくら》」「麦酒《ビール》」等词，读音与汉字的含义相关。但也有些词，同一词中既有表示读音的汉字，也有与含义有关的汉字。如「留主《るす》」（→留守）、「是悲《ぜひ》」（→是非）、「相庭《そうば》」（→相場）、「百性《ひゃくしょう》」（→百姓）、「訴昭《そしょう》」（→訴訟）等，其中的「主」「悲」「庭」「性」「昭」字，均为仅借用其读音的借用字。

四是近代日文文语体中还大量沿用变体假名，即用汉字行草书体表示的假名，这一类汉字与汉字本身的含义无关。

如「地学能天保登起《のてほどき》」「仕う留古登《ること》」。

以下列举一些现代日语中不常见但在近代日文文语体中多见的用语，包括常用词、汉字国名、汉字地名和汉字人名。分常见用语举例和各类用语两大部分。

一、常见用语举例

（一）常见词举例

㈠不取敢→とりあえず

【例】右は上海領事館よりも御連絡有之《これあり》 候得共《そうらえども》、不取敢《とりあえず》 申上置候也《もうしあげおきそうろうなり》。

【译】以上の件については上海領事館よりもご連絡がありますが、とりあえず申し上げておきます。

㈡無覚束→おぼつかなし

【例】於彼地《かのちにおいて》 眼病 相 煩 居 候 趣《がんびょうあいわずらわしおりそうろうおもむき》に付、迚《とて》も滞在無覚束存候《おぼつかなくぞんじそうろう》。

【译】その地で眼病に煩わされているとのことなので、とても滞在はうまくいきそうもないと存じます。

㈢加之→しかのみならず

【例】当今内外御多難 加 之《しかのみならず》 朝敵未だ亡びず。

【译】いま内外においてご多難である。それのみならず朝敵は未だ亡んでいない。

㊃**而已**→のみ

【例】本書は単に瑣細の件而已《のみ》を蒐集したるものなり。

【译】本書は単に些細なことのみを収集したものである。

㊄**不啻**→ただに～のみにあらず、のみならず

【例】寛大の御処置被成下《なしくだされ》、天恩不啻奉感戴候《ただかんたいたてまつりそうろうのみにあらず》依之《これによりて》一同反省。

【译】寛大なご処置をして下さり、天子のご恩をありがたく頂戴致しますとともに、これによって一同は反省しております。

㊅**以為く**→おもえらく

【例】朕又《ま》た以為《おもえら》く事至重に属す。

【译】朕はまた事が至って重大であると思う。

㊆**可成丈**→なるべくだけ

【例】可成丈《なるべくだけ》疎漏の儀無之様《これなきよう》互に可申合事《もうしあわすべきこと》。

【译】できるだけ疎漏のことがないように互いに申し合わせるべきこと。

㈧**乍去**→さりながら

【例】乍去《さりながら》巡察旅費等の儀は臨時御用向の多少に依り候事にて予め取究《とりきめ》難申上候《もうしあげがたくそうろう》。

【译】しかしながら巡察旅費等のことは臨時ご用向の多少によるもので、予めお取り決めしにくいです。

㈨**八釜間し**→やかまし

【例】生活費の続騰《ぞくとう》八釜間《やかま》しく叫ばれたり。

【译】生活費が引き続いて高騰しているとやかましく叫ばれている。

㈩**怪敷**→あやしき、あやしく

【例】弁天島に於て怪敷《あやしき》人影を認《みと》め密かに追跡進行中。

【译】弁天島で怪しい人影を目にとめ、いま密かに追跡している。

⑪**五月蝿し**→うるさし

【例】カードを持ち来り何と読むかなど質問さるるには五月蝿《うるさ》くて閉口せり。

【译】カードを持ってきて、何と読むかなどと質問されるのには、煩くて閉口した。

⑫**屹度**→きっと

【例】成業の上は南北有用の場所に於て屹度《きっと》御用便に可相成《あいなるべし》と被存候《ぞんぜられそうろう》。

【译】学問を成し遂げてからは南北有用の場所においてきっとお仕事に携わることができると思われます。

㉓**扨**→さて

【例】扨《さて》塾長になったからと云て、元来の塾風で塾長に何も権力のあるではなし。

【译】さて塾長になったからといって、元来の塾風で塾長に権力があるということは全くない。

㉔**抔**→など

【例】我維新当時の事例抔《など》尋ねたり。

【译】我国の維新当時の事例などを尋ねた。

㉕**慥に**→たしかに

【例】抵当証文慥《たしか》に御渡《おわたし》申上《もうしあげ》候《そうろう》。

【译】抵当証文は確かにお渡しいたしました。

㉖**聢与**→しかと

【例】其辺聢与《しかと》取扱早々可被申《もうさるべく》候《そうろう》趣《おもむき》。

【译】その辺はしっかりと取り扱い、早くご報告なさいとのこと。

㉗**軈て**→やがて

【例】彼等は命令に服従せず、自己の兵隊を保全し軈《やが》て来るべき激戦に備えたり。

【译】彼等は命令に服従せず、自己の兵隊を保全し、やがて発生するだろうと思われる激戦に備えた。

㉘**斯様**→かよう

【例】必ず斯様《かよう》の行為は致さざるべくと信じ候。

【译】必ずこのような行為はしないに違いないと信じます。

㉙**如此・如斯**→かくのごとく

【例】如此《かくのごとく》尽力するも敢て我が依頼によりて為すものにあらず。

【译】このように尽力しているが、かならずしも我々の依頼によって行うものではない。

㉚**尤**→もっとも

【例】魯西亜《ロシア》の船難破にあらざれば、此港の外決して日本他港に至る事なし。尤《もっとも》難破船に付、諸費あらば右三港の内にて是を償うべし。

【译】ロシアの船は難破の状態でなければ、この港のほか決して日本の他の港に入ることはない。ただし難破船のために諸費が発生した場合は上記の三港の内でその費用を償わなければならない。

㈡砌→みぎり

【例】百事維新の砌《みぎり》、実に諸官同心協力 益《ますます》勉励無之《これなく》ては不相叶《あいかなわず》。

【译】百事維新の際、実に諸官が心を一つにして協力し、ますます勉励しなければ事業が実現できない。

㈢廉→かど

【例】年限取極候廉《かど》は判然證文面に記載致し置可申事《おきもうすべきこと》。

【译】年限を取り決めた理由ははっきりと証書の文面に記載しておくべきこと。

㈢徐→おもむろ

【例】陳は麦酒《ビール》を飲み干すと、徐《おもむろ》に大きな体を起して、帳場机《ちょうばつくえ》の前へ歩み寄った。

【译】陳はビールを飲み干すと、ゆっくりと大きな体を起して、勘定場の机の前へ歩み寄った。

㈣剰→あまつさえ

【例】米英両国は残存政権を支援して東亜の禍乱を助長し平和の美名に匿《かく》れて東洋制覇の非望を逞《たくまし》うせむとす。剰《あまつさ》え与国を誘い帝国の周辺に於て武備を増強して我に挑戦し…

【译】米英両国は残存政権を支援して東亜の禍乱を助長し、平和の美名に匿れて東洋制覇の非望を逞しくしようとしている。それぱかりか、与国を誘い帝国の周辺に於いて武備を増強して我に挑戦し…

㉕**徒**↓いたずら

【例】手を拱《こまぬ》いて徒《いたずら》に之を傍観す。

【译】腕組みしてただこれを傍観する。

㉖**弥（愈）**↓いよいよ

【例】我等今、精神的には弥《いよいよ》豊富にして、心地益《ますます》明朗を覚え、歓喜を禁ずる能わざるものあり。

【译】我らはいま、精神的にはいよいよ豊富にして、心地はますます明朗なものを感じ、歓喜を禁じ得ないものがある。

㉗**件**↓くだん、くだり

【例】後日の為め、保証人連署契約書件《くだん》の如し。

【译】今後異議がないために、保証人連署の契約書を上記の通り書き記しておく。

㉘**遊す**↓あそばす

【例】皆ここを御覧遊《あそ》ばせ。

【译】皆ここをご覧ください。

㉙**忝し**↓かたじけなし

【例】昨日清国人関係の草案を賜い芳志　忝《かたじけのうし》　奉多謝候《たしゃたてまつりそうろう》。

【译】昨日清国人関係の草案を賜り、親切なお心遣いをありがたくいただきました。

㉚故らに→ことさらに

【例】されども此書に於て函数の語を用いるの必要なきにより故《ことさ》らに之を避けたり。

【译】しかしこの本では函数の語を用いる必要がないので、意図的にそれを避けた。

（二）常见汉字国名举例

㈠和蘭《オランダ》国兼白耳義《ベルギー》国丁抹《デンマーク》国特命全権公使長岡護美先般元老院議官に転任相成候に付ては、前三ケ国へ対し解任状御寄贈相成候方可然存候。

㈡南亜米利加《アメリカ》　亜児然丁《アルゼンチン》共和国万国電信条約に加入す。

㈢本邦及加奈陀《カナダ》間公使交換の件、右謹で裁可を仰ぐ。

㈣万国郵便条約　独逸《ドイツ》及独逸保護国、亜米利加《アメリカ》合衆国及亜米利加合衆国属島、亜然的音《アルゼンチン》共和国、墺地利《オーストリア》、白耳義《ベルギー》、「ボリヴィー」、「ボスニー、ヘルゼゴヴィヌ」、伯西児《ブラジル》、勃爾瓦利《ブルガリア》、智利《チリ》、清帝国、古倫比亜《コロンビア》共和国、公果《コンゴ》独立国、韓帝国、古西多利加《コスタリカ》共和国、「クレート」、玖瑪《キュウバ》共和国、丁抹《デンマーク》及丁抹植民地、「ドミニカ」共和国、埃及《エジプト》、「エクアトール」、西班牙《スペイン》及西班牙植民地、「エチオピー」帝国、仏蘭西《フランス》、亜爾是利《アルジェリア》、印度支那《インドシナ》仏蘭西《フランス》殖民地及保護国、其の他ノ仏蘭西《フランス》植民地全体、大不列顛《グレートブリテン》及大不列顛諸殖民地、英領印度、濠太剌利《オーストラリア》連邦、加那太《カナダ》、新西蘭《ニュージーランド》、南亜弗利加《アフリカ》大不列顛殖民地、希臘《ギリシア》、「ガテマラ」、「ハイチ」共和国、「ホンヂュラス」共和国、洪曷利《ハンガリー》、伊太利《イタリア》及伊太利殖民地、日本、「リベリア」

共和国、歴山堡《ルクセンブルグ》、墨西哥《メキシコ》、満得涅各羅《モンテネグロ》、「ニカラガ」、那威《ノルウェー》、巴奈馬《パナマ》共和国、「パラゲー」、和蘭《オランダ》、和蘭植民地、白露《ベロルシア》、波斯《ペルシア》、葡萄牙《ポルトガール》及葡萄牙植民地、羅馬尼《ローマニア》、露西亜《ロシア》、「サルバドル」、塞爾維《セルビア》、暹羅《シャム》王国、瑞典《スウェーデン》、瑞西《スイス》、突尼斯《チュニジア》、土耳古《トルコ》、「ウルゲー」並「ベネズエラ」合衆国の間に締結せる万国郵便条約。

（三）常见汉字地名举例

㊀媽港《マカオ》の奉行より送れる八月五日付の公書を謹で閣下に呈す。

㊁在星 港《シンガポール》 泰《タイ》総領事、泰の日本との協同参加否定。

㊂仏蘭西《フランス》国巴里《パリ》府に於て両国の批准を交換せり。

㊃米国公使本国 桑 港《サンフランシスコ》より横浜長崎へ伝信架線を請う。

㊄ 聖 州《サンパウロシュウ》 及聖市《サンパウロ》施行に係る土木事業関係。

㊅英国航空会社は濠 洲《オーストラリア》 晩香坡《バンクーバー》間の航空路を計画せり。

㊆英国竜動《ロンドン》に於て博覧会開設に付出品願出方并規則。

㊇暹羅《シャム》国盤谷《バンコク》と郵便為替を交換す。

㊈新嘉坡《シンガポール》駐在帝国領事をして 蘭 領《オランダ》爪哇《ジャワ》地方を兼轄せしむ。

㊉米国市俄古《シカゴ》万国博覧会参同に関する件を定む。

㊁東海散士一日、費 府《フィラデルフィア》の獨立閣に登る。

㊂自分は昔に変らない一介の貧書生、女はと見れば野暮臭い娘時代の俤《おもかげ》はなく、巴里《パリ》の生活、紐育《ニューヨーク》の贅沢に馴れたハイカラな婦人。

（四）常见汉字人名举例

㊀閣龍《コロンブス》世界博覧会附属として執行の米国海軍観兵式に参列す。

㊁那波列翁《ナポレオン》加農砲二門附属品共肯求す。

㊂明の嘉靖年間普魯士《プロイセン》の歌白尼《コペルニクス》始て地周と相説、地日月星の遠近大小を推計候。

㊃本邦に於て刊行の沙翁《シェークスピア》文献に関する件。

㊄一九〇七年米国前大統領羅斯福《ルーズベルト》氏は第二次万国平和会議を海牙《ハーグ》に開催することを唱導せり。

㊅李仙得《ルジャンドル》より在厦門《アモイ》米領事の糾問を受けし旨大隈殿へ電報。

㊆グラントの自著『克蘭徳《グラント》一代記』は『南北戦争記』とも称される。

㊇勅令を奉し総税務司赫徳《ハート》をして郵便制度を処理せしむ。

㊈駐清英国公使威妥瑪《ウエード》氏より来朝并回答書上申。

㊉施福多《シーボルト》先生文献聚影（書名）。

二、常见汉字词汇

あ行

あい【相】動詞につく接頭語で、語調を整えたり語勢を強めたりする。「相渡《あいわたす》」「相従《あいしたがう》」などと用いる。

あさましき【浅間敷・淺間鋪】いい加減な気持ち、いやしい。

あざな【字】実名以外につけた名。
あしきもの【悪敷物】悪い者。
あそばす【遊】「する」「おこなう」の尊敬語。なさる、なられる。
あそん【朝臣】姓（かばね）の一つ、一番上の「真人」に次ぐもの。
あたう【能】できる、可能である。
あながち【強】強引に、一概に。
あまた【数多・余多】多数、たくさん。
あまつさえ【剰】そればかりか、その上に。
あまねく【普】広く、隅々まで、漏れなく。
あやしく【怪敷・恠敷】疑わしく。
あやつり【操】操り人形のこと。うまく扱うこと。
ありかた【有形】従来の形、ありさま。
ありきたり【有来・在来】もとからあるもの、ありふれていること。
ありつく【有付・在付】定住する、就職する、慣れる。
ありてい【有体・有躰】ありのまま、ありきたり。
いえども【雖】～といえども、～けれども。
いかがわしく【如何敷】疑わしい、怪しい、よろしくない。
いかよう【如何様・何様】どのよう。

いくばく【幾許】少し、どれほど、万一。
いけん【異見】異論、意見、忠告。
いざいざ【去来去来】「いざ」を強調した言い方、さあさあ。
いささか【聊】少し、わずか、いくらか。
いたずらごと【徒事】役に立たないこと、みだらなこと。
いたずらに【徒】むだに、ただに、むなしく、悪ふざけで。
いたずらもの【徒者】ならずもの、役に立たぬもの。
いたましき【痛敷】心が痛む、つらい。
いたわしく【労敷】かわいそう、気の毒。
いついつ【逸々】いちいち、一つ一つ。
いまもって【今以】いまだに、いまになっても。
いみな【諱】生前の実名。
いやしき【居屋敷】今住んでいる屋敷。
いやまし【弥増】いよいよ、ますます、一層。
いよいよ【愈・弥】ますます、いっそう、まさしく。
いわく【云く・曰く】~に言うには、~して言うには。
いわゆる【所謂】俗にいう、いわゆる。
いわんや【況】なおさら、まして。

いらい【已来】「以来」と同じ。
うさん【胡散】怪しい、疑わしい。
うち【打】強調を示す接頭語。「打渡《うちわたす》」「打払《うちはらう》」「打過《うちすぐ》」などと用いる。
うるさし【五月蝿し・蒼蝿し】うるさい、やかましい。
おいおい【追々】だんだんと、順々に。
おおす【仰】「言う」の尊敬語。
おおせつけ【仰付】命令、申し付け。
おこたり【怠里】怠ること、怠惰。
おちど【越度】「おっと」とも。落度、あやまち、過失、失敗。
おっこう【億劫】「おっくう」とも。煩わしい、面倒なこと。
おびただしく【夥敷】甚だしい、ものすごい。
おぼつかなし【無覚束】はっきりしない、気がかりな、疑わしい。
おもいのほか【慮外】意外、案外。
おもえらく【以為】思っていることには、思うに。
おもむろ【徐】動き方がゆっくりしているさま。

か行

か【歟】疑問・反語の係助詞。

かくのごとく【如此】このように。
かせぐ【挊】稼ぐ。
かたじけなし【忝し・辱し】ありがたい、はずかしい、もったいない。
かつて【曽而】以前、ある時、全然、一度も。
かつまた【且又・且亦】さらにまた、そのうえ。
かど【廉】事項、理由。
かねて【兼而】前もって、以前に、かつて。
かよう【斯様・加様】ことのとおり、このよう。
かりそめ【仮初】一時のこと、かりにも。
かれこれ【左右・彼是】とにかく、あれやこれや。
ぎす【擬】しようとする、仮定する。
きっと【屹度・急度・吃度】きっと、厳重に、厳しく、必ず。
きびしく【稠敷】厳しく。
きりしたん【吉利支丹】キリスト教徒。
きんす【金子】金貨、金銭。
くたびれ【草臥】疲労、疲弊。
くだん【件】前述のこと。
くだんのごとし【如件】上述の通り。

くわし【精し・委し】詳しい。
くわしく【委敷】詳しく、詳細に。
けいじつ【頃日】日ごろ、先日。
けだし【蓋】思うに、確かに、まさしく、おそらく。
けっく【結句】結局、かえって。
けっして【決而】どうしても、絶対に。
こう【請・乞】請う、願う。
こうむる【蒙、被】受ける。
ここに【茲に・爰に・此処に】ある時点・場所をさす、ここに。
ここもと【爰元・爰許】ここに、ここ、拙者。
こころえちがい【心得違い】考え違い。
こしめ【小〆】小計。
こしらえ【拵】工夫、作り、用意、扮装。
ことさらに【故らに】故意、わざと、わざわざ。
とのほか【殊之外】思いのほか。
ごはっと【御法度】禁止、禁制、定め。
ころ【比・来】「頃」の当て字。
ころびきりしたん【転切支丹】仏教に改宗したキリスト教の信徒。

さ行

さしおく【擱】放っておく、ひとまず措く。
さすが【流石・遉】そうはいっても、世間の評判通り、ほかと違って。
さぞ【嘸】そのように、さぞかし。
さた【沙汰】命令、裁定、たより、評判、うわさ。
さて【偖・扨】ところで。
さてまた【扨又・扨亦】ところでまた。
さっそく【早束】「早速」の当て字。
さりとて【去迚】そうかといって。
さりながら【乍去】とにかく、しかしながら。
しいて【強而】むりをおして、無理強いして。
しおき【仕置】支配、処置、処罰。
しかし【然・併】けれども。
しかしながら【乍然・乍併】そうではあるが、しかし、そっくりそのまま。
しかと【聢・聢与】たしかに、しっかりと。
じかに【直】直接に。
しかのみならず【加之】そのうえに、そればかりでなく。

しからば【然者】それならば。
しかるところ【然処】ところが。
しかるべし【可然】もっともである、それでよい。
しかれども【然共】しかしながら、そうであるが。
しかれば【然れば】それだから、それゆえに。
しきたり【仕来】以前からのならわし、慣例、慣習。
しきり【頻】しばしば、しげく、頻繁に。
じこん【自今】これから、今後。
したためる【認】整理する、整える、書き整える、書き記す。
しむ【令】使役の助動詞、~させる。
しゅったつ【出立】出発すること、旅に出ること。
しんだい【身代】全財産、身上、なりわい。
しんてい【心底・心庭】本心、気持ち。
すき【数寄】(「好き」の当て字)風流の道、特に茶の湯などを好むこと。
すきと【透与】すっきりと、さっぱりと。
すぐれ【勝連】優れ。
ずつ【宛・充】同じ分量・程度を表す。
すなわち【則・即・乃・輒】とりもなおさず、そこで、そして、そういう時には。

すべからく【須・応】当然。
すべて【都然】すべて、全部。
せいばい【成敗】処罰すること、裁決すること。
せがれ【倅・世悴・悴・躮・悴子】息子、自分の子。
せしむ【令】「しむ」と同じ。
ぜひ【是悲】是非の当て字。善悪、良否。
せんだって【先達而】さきごろ。
そうじて【総而】概して、一般に、すべて、全部で。
そうば【相庭】相場の当て字。
そうらえども【候得共】～けれども。
そうらえば【候得者】～ますので、～したら、～したところ。
そうらわば【候者ば】～ならば。
そうらわん【候半】～であろう。
そうろうあいだ【候間】～ので。
そこもと【其許・其元】そこ、そなた。
そなた【其方】「そのほう」とも。おまえ、そちら、あなた。
そもそも【抑・抑々】物事の始め、さて、だいたい。
それ【其・夫】空間的・時間的または心理的に、相手の近くにあるものを指し示す語。

それぞれ【夫々】一つ一つ、めいめい。

た行

たがわず【不違】不一致がない、まさにその通りである。
たぐいなし【無比】他に比較するものがない。
たしかに【慥に】確かに。
ただいま【祗今】只今。
たっし【達】通知、通知状。
たって【達而】しいて、無理に、ぜひ。
たてまつる【奉】献上する、差し上げる。
たてまつる【上】献上する。
たとい【仮令・縦令】仮にある事柄を想定しながら、結果はそれに影響されないこと。
ちかごろ【近比】近頃に同じ。最近、この頃。
ちなみに【因】関連して。
ちょっと【鳥渡・鳥与・鳥兎・鳥度】ほんの少し、わずか、しばらく。
ついで【序・次】順序、機会。
ついに【竟・終】とうとう、最後まで。
つかまつる【仕】し申し上げる、して差し上げる。

つかわす【遣】遣わす、送る。
つく【付】文書などを与える、配る、届ける。
つつがなし【無恙】異常がない、ぬかりがない。
つぶさに【具・備・悉】詳細に、完全に。
つまびらか【詳・審】詳しいこと。
ていたらく【為体・為躰】ありさま、すがた、様子。
ときに【于時】その時。
とくと【得与・篤与・疾与】よくよく、念をいれて。
とて【迚】～といって。
とても【迚】とうてい～ない、はなはだ～ない、非常に。
とりあえず【不取敢】さしあたって、すぐに。
とりざた【取沙汰・執沙汰】取り扱い、うわさ、風評。

な行

なおまた【尚又・尚亦・猶亦・尚又】さらに、やはりまた。
なかよく【中能・仲能】仲良く。
なかんずく【就中】とりわけ、特に。
なげかわしく【歎敷・歎ヶ敷】嘆かわしい、なさけない。

なす【為】する、~をする、~とする。
など【抔】「等」に同じ。
ななめならず【不斜】ひとかたならず、たいへん。
なにかと【何角】あれこれと、いろいろ。
なにぶん【何分】どうか、なにとぞ。
なにへん【何篇】どれほど。
ならびに【並】対等の関係にある事柄を列挙する場合に用いる。
なりゆき【形行】成り行き。
なるだけ【成丈】できるかぎり、なるべく。
なるべくだけ【可成丈】なるべく、できるだけ。
にぎにぎしく【賑々敷】にぎやかなさま。
ぬきんず【抜・抽】他より秀でる。
ねだん【直段】値段に同じ。
ねんごろ【念頃・懇頃】「懇」に同じ。親しいさま、親切。
ねんをいれ【入念】一所懸命、配慮して。
のみ【而已】~だけ、~ばかり。
のりと【祝詞】祭の儀式で唱える祝福の言葉。

は行

はかない【果無い・果敢無い・儚い】これといった内容がない、あっけなくむなしい。

はかばかしく【捗々敷】順調に。

ばかり【計・斗】～ぐらい、～ほど。

はかる【斗】量る。

はたと【礚与】突然に、しっかりと。

はたまた【将又・将亦】それとも、あるいはまた。

はなし【噺・咄】「話」に同じ。

はなはだ【太・甚】非常に。

はばかりながら【乍憚】恐れながら。

はやばや【逸々】早々。

ひごろ【日比・日来】「日頃」の当て字。

ひしと【必死与】必ずや。

ひそかに【密に・窃に・私に】人に知られないように物事をするさま、密かに、こっそり。

ひたすら【一向・只管・只顧】いちずに、まったく。

ひとえに【偏】いちずに、もっぱら、ひたすら。

ひとかど【一廉】「一角」とも。一面、部分、一か条、相応な、なみすぐれた。

ぶしつけ【不躾】無作法、無礼。

ふして【伏而】謹んで。

ふす【付】文書などを与える、配る、届ける。

ふつつか【不束】気のきかないさま、行きとどかないさま。

ふと【不図・不与・風与・与風・風度】即座に、たちまち、はからずも。

ふれ【触】通達、命令。

べっして【別而】ことに、特別に、とりわけ。

ほご【反古・反故】書き損なったりして不要になった紙。

ほしいままにす【恣・擅・縦】ほしいままにする、自分の思うとおりにふるまう。

ほす【補】任命する。

ま行

まいらす【進】進上する、献上する。

まかり【罷】動詞につく接頭語で、軽い謙虚を示す。「罷帰《まかりかえる》」「罷上《まかりのぼる》」「罷出《まかりいづ》」などと用いる。

まぎらわしく【紛敷】間違えやすく。

まことにもって【誠以・寔以】本当に、まったく。

まさに【将・当・方】ちょうど今、まさに、まさしく、まさに~すべきである。

まじく【間敷・間鋪・間布】~してはいけない。~できない、~ないつもりである、~すべきでない。

またぞろ【又候・亦候】再び、またしても。

まちまち【区々】さまざま。
まったく。【末度】全く、すべて。
まみえる【見える】お目にかかる、謁見する。
みぎり【砌】～する時、そのころ、おり、時節。
みだりがましく【猥ケ間敷】無秩序な、分別がなく。
みちのり【道法】道程、行程、距離。
むづかしく【六ヶ敷・六ヶ鋪・六借・六づか敷】難しい。
むつまじく【睦敷・睦間敷】親しく、なかよく。
もうし【申】接頭語。謙虚・婉曲等を示す。
もうす【申】「言う」の謙譲語。
もくろく【目六】目録。
もったいなし【無勿体】もったいない、恐れ多い、不都合な。
もっとも【尤】なおまた、ただし、当然である。

や行

やがて【軈】まもなく、すぐさま、そのうちに。
やがて【頓而】まもなく、すぐさま、そのうちに。
やかまし【八釜し】口かずが多くてうるさい、喧しい。

やむなく【已無・止無】仕方なく、やむを得ず。

やむをえず【不得已】しかたなく、やむなく。

やや【稍・稍々】徐々に、少々。

ゆかしく【床敷】知りたい、聞きたい、なんとなく慕わしい、すぐれている。

ゆすりがましく【揺ケ間敷】いかにもゆするようである。

ゆめゆめ【努・努々・努力努力】決して（～してはいけない）。

ようだい【様体・様躰・容体・容躰】容体のこと、様子、病状。

よく【能】よく。

よくよく【能々】念をいれて。

よけい【余慶】祖先の功徳の報いとして子孫に来る吉事、おかげ。余計のこと、余ること。

よしみ【好身】交誼、因縁。

よって【仍而・依而】そのようなわけで。

よろしく【宜敷・宜鋪・宜布】結構である、適当に。

よんどころなし【無拠】そうするよりしかたがない、やむを得ない。

ら行

るす【留主】「留守」の当て字。

ろくす【録】文字に書く、文字に記す。

ろくに【陸に・碌に】確かに、十分に、満足に。

わ行

わざわざ【態々】特別に、故意に。
わずかに【纔かに】すこし、やっと。
わたくしがましく【私ケ間敷】自分勝手な。
わびごと【詫言・侘言】弁明、嘆願、謝罪。

三、常见汉字国名

アイスランド　氷州、氷島、氷洲、愛斯蘭　↓冰岛（中文名，下同）
アイルランド　愛蘭、愛倫、愛蘭士、愛耳蘭、愛爾蘭　↓爱尔兰
アフガニスタン　亜加業坦、亜弗掩坦、亜富汗斯坦　↓阿富汗
アメリカ　亜米利加、亜米利加合衆国、米国、亜美利加、亜美理加　↓美国
アルゼンチン　亜爾然丁、阿根廷、亜然的音、亜児然丁、阿爾然丁　↓阿根廷
イギリス　英吉利、英国、英吉利斯、英吉利西　↓英国
イスラエル　以色列、伊色列、以斯来　↓以色列
イタリア　伊太利、伊太利亜、伊太里、伊多里、以太利　↓意大利

イラク　伊拉克、伊拉久　→伊拉克
イラン　伊朗、伊郎、伊蘭、義蘭　→伊朗
インド　印度、応帝亜、印第亜　→印度
インドネシア　印度尼西亜　→印度尼西亚
エジプト　埃及、埃及多　→埃及
オーストラリア　濠太剌利、濠太剌利亜、濠斯剌利、濠斯剌利亜、濠太利亜　→澳大利亚
オーストリア　墺太利、墺地利、墺士利、墺多利　→奥地利
オランダ　和蘭、阿蘭陀、和蘭陀、荷蘭　→荷兰
カナダ　加奈陀、加拿太、加拿大、加拿陀、加拿佗　→加拿大
カンボジア　柬埔寨、柬蒲塞、柬埔塞、柬蒲寨、柬坡塞、漢浦塞　→柬埔寨
キューバ　玖馬、玖瑪、古巴　→古巴
ギリシア　希臘、厄勒祭亜　→希腊
ケニア　肯尼亜、革尼亜　→肯尼亚
コロンビア　哥倫比亜、哥倫比、可倫比亜　→哥伦比亚
ジャマイカ　牙買加、牙埋加、牙売加　→牙买加
シリア　叙利亜、叙里亜、西利牙、西里亜　→叙利亚
シンガポール　新嘉坡、新嘉波、新加坡、新賀保爾、星嘉波　→新加坡
スイス　瑞西、瑞士、瑞士蘭　→瑞士

スウェーデン　瑞典、雪際亜、瑞丁、瑞国　↓瑞典
スペイン　西班牙、西班呀、西班、西班尼　↓西班牙
スーダン　蘇丹、蘇旦、宗段　↓苏丹
スリランカ　斯里蘭、錫蘭、錫狼、錫崙　↓斯里兰卡
チリ　智利、智里、知里　↓智利
デンマーク　丁抹、嗹馬、嗹国　↓丹麦
ドイツ　独逸、独乙、徳意志　↓德国
トルコ　土耳古、土耳其、土耳格　↓土耳其
ニュージーランド　新西蘭、牛西蘭、新西蘭土、新設蘭杜　↓新西兰
ネパール　尼波羅、尼泊爾、尼婆羅、泥婆羅　↓尼泊尔
ノルウェー　諾威、那威、挪威　↓挪威
ハイチ　海地、亥智、平智　↓海地
パナマ　巴奈馬、巴拿馬、巴那馬、巴那瑪、巴奈麻　↓巴拿马
パレスチナ　巴勒斯旦、巴勒斯且、巴列斯丁、巴力斯坦　↓巴勒斯坦
ハンガリー　洪牙利、匈牙利、匈加里　↓匈牙利
フィリピン　比律賓、比利賓、非立賓、比国　↓菲律宾
フィンランド　芬蘭、芬蘭土　↓芬兰
ブラジル　伯剌西爾、巴西、伯西児、伯西爾　↓巴西

フランス　仏蘭西、法蘭西、払郎察、仏郎機、仏朗西　↓法国
ブルネイ　文莱、芠莱　↓文莱
ベトナム　越南　↓越南
ペルー　秘露、秘魯、孛露、白露　↓秘鲁
ベルギー　白耳義、比利時、比耳時、比耳義、白耳牛　↓比利时
ポーランド　波蘭、波蘭土　↓波兰
ボリビア　玻里非、玻利非亜、玻利維亜、玻里比亜　↓玻利维亚
ポルトガル　葡萄牙、葡萄呀、葡萄耳、葡萄　↓葡萄牙
マレーシア　馬来西亜、瑪雷西亜　↓马来西亚
南アフリカ　南非、南阿弗利加　↓南非
ミャンマ　緬甸、尾留満　↓缅甸
メキシコ　墨西哥、墨是哥、墨是可、墨期矢哥、墨其西哥　↓墨西哥
モンゴル　蒙古、蒙兀、莫臥児　↓蒙古
ヨルダン　約旦、約但　↓约旦
レバノン　黎巴嫩、列巴濃　↓黎巴嫩
ロシア　露西亜、露国、魯西亜、魯斯亜　↓俄罗斯

四、常见汉字地名

アテネ　雅典　↓雅典（希腊）（中文名，下同）
アデン　亜丁　↓亚丁（埃及）
アレキサンドリア　歴山港、阿歴散大　↓亚历山大（埃及）
アントワープ　安府、安土府　↓安特卫普（比利时）
イスタンブール　君士坦丁堡　↓伊斯坦布尔（土耳其）
ウイーン　維也納、維納　↓维也纳（奥地利）
ウェリントン　威林頓　↓惠灵顿（新西兰）
エルサレム　耶路撒令　↓耶路撒冷（以色列、巴勒斯坦）
オークランド　奥克蘭　↓奥克兰（新西兰）
オタワ　倭塔牙、倭塔瓦　↓渥太华（加拿大）
オックスフォード　牛津、阿斯福　↓牛津（英国）
オデッサ　小露西亜、淤鉄沙　↓敖德萨（乌克兰）
カイロ　喀愛羅、改羅　↓开罗（埃及）
カブール　加布爾　↓喀布尔（阿富汗）
カラカス　加拉架　↓加拉加斯（委内瑞拉）
グリニッジ　緑成、格林威治　↓格林威治（英国）

ケンブリッジ　剣橋　→剑桥（英国）
ゴア　臥亜　→果阿邦（印度）
コペンハーゲン　哥木哈牙、骨片波辺、哥木哈干　→哥本哈根（丹麦）
サイゴン　西貢、柴棍　→西贡（越南）
サンクトペテルブルグ　聖彼得堡、彼得堡　→圣彼得堡（俄罗斯）
サンパウロ　聖市　→圣保罗（巴西）
サンフランシスコ　桑港、桑万西斯哥、桑法斯西格　→圣弗朗西斯科（美国）
シアトル　舎路、沙市　→西雅图（美国）
ジェノバ　熱那、日諾亜　→热那亚（意大利）
シカゴ　市俄古、芝加哥、市克哥、高俄　→芝加哥（美国）
シドニー　雪程府、悉都尼、雪特尼、悉尼、西士尼　→悉尼（澳大利亚）
ジブラルタル　日巴拉太　→直布罗陀（归属问题未解决）
ジャカルタ　薩瓦多　→雅加达（印度尼西亚）
ジャワ　爪哇、闍婆　→爪哇（印度尼西亚）
ジュネーブ　寿府、惹涅和、日内瓦　→日内瓦（瑞士）
シンガポール　星港　→新加坡（新加坡）
スエズ　蘇士、蘇西、蘇素　→苏伊士（埃及）
ストックホルム　士篤恒、須徳保留武　→斯德哥尔摩（瑞典）

セントルイス　聖路易　↓圣路易斯（美国）
ソルトレイク　塩湖　↓盐湖城（美国）
ダブリン　都伯林、怠武林　↓都柏林（爱尔兰）
テヘラン　丁蘭、等希蘭　↓德黑兰（伊朗）
トロント　多倫多、篤倫的　↓多伦多（加拿大）
ニューヨーク　紐育、紐約克、新約克、紐約　↓纽约（美国）
ハーグ　海牙、海克　↓海牙（荷兰）
バーミンガム　北明幹、北明翰　↓伯明翰（英国）
バクダッド　巴拿達、巴格達　↓巴格达（伊拉克）
ハノイ　河内　↓河内（越南）
ハバナ　巴波那、哈巴那　↓哈瓦那（古巴）
パリ　巴里、巴黎、巴理　↓巴黎（法国）
ハリウッド　聖林　↓好莱坞（美国）
バンクーバー　晩香坡、温古華　↓温哥华（加拿大）
バンコク　盤谷、邦哥　↓曼谷（泰国）
ハンブルグ　漢堡　↓汉堡（德国）
フィラデルフィア　費府、費刺特費府、費刺費府　↓费城（美国）
ブタペスト　布達佩斯　↓布达佩斯（匈牙利）

プノンペン　南旺府、南日府　↓金边（柬埔寨）
フランクフルト　仏蘭克仏　↓法兰克福（德国）
ブリュッセル　比律悉　↓布鲁塞尔（比利时）
ブレーメン　不来梅　↓不来梅（德国）
ベニス　白爾尼、威内斯、威尼斯　↓威尼斯（意大利）
ベルリン　伯林、白霊、伯隣、比耳林　↓柏林（德国）
ベルン　抔恩　↓伯尔尼（瑞士）
ボゴタ　波哥達　↓波哥大（哥伦比亚）
ボストン　波士敦、波士頓、波府　↓波士顿（美国）
ホノルル　美港、和諾児、火奴魯魯、花瑠瑠　↓檀香山（美国）
ボンベイ　孟買　↓孟买（印度）
マカオ　澳門、阿媽、媽港　↓澳门（中国）
マドリッド　馬徳里士、麻戸立都　↓马德里（西班牙）
マニラ　馬尼剌　↓马尼拉（菲律宾）
マルセーユ　馬耳塞、馬塞里、馬耳星　↓马赛（法国）
マンチェスター　曼識特、漫識特、曼府　↓曼彻斯特（英国）
ミュンヘン　閔行　↓慕尼黑（德国）
ミラノ　未蘭　↓米兰（意大利）

メッカ　黙伽、麥加　→麦加（沙特阿拉伯）
メルボルン　女留保論、麦普尼　→墨尔本（澳大利亚）
モスクワ　莫斯科、莫斯果、馬斯高　→莫斯科（俄罗斯）
モントリオール　門士里留　→蒙特利尔（加拿大）
ライプチッヒ　莱府　→莱比锡（德国）
ラングーン　蘭貢　→仰光（缅甸）
リオデジャネイロ　里痾徳蘭徳　→里约热内卢（巴西）
リスボン　里斯本、力斯本　→里斯本（葡萄牙）
リバプール　巴扶、利物浦　→利物浦（英国）
リマ　里馬、利馬　→利马（秘鲁）
リヨン　里昂、理温　→里昂（法国）
レニングラード　利寧格勒　→圣彼得堡（旧称『列宁格勒』）（俄罗斯）
ローマ　羅馬　→罗马（意大利）
ロサンゼルス　羅府、天使城　→洛杉矶（美国）
ロッテルダム　鹿特坦、路照　→鹿特丹（荷兰）
ロンドン　倫敦、竜動、龍動、論頓、英京、英府　→伦敦（英国）
ワシントン　華盛頓、和華頓、和新頓、華聖頓、華府、華城　→华盛顿（美国）
ワルシャワ　瓦瑣　→华沙（波兰）

五、常见汉字人名

アインシュタイン　愛因斯坦　↓爱因斯坦（中文名，下同）

アダム　亜當、阿段　↓亚当

アリストテレス　亜理斯多列氏、亜立斯度徳、亜利士達　↓亚里士多德

アレキサンダー　亜歴山、亜歴山大、亜歴山徳、歴山　↓亚历山大

アンソン・バーリンゲーム　蒲安臣　↓蒲安臣

イエス　耶蘇　↓耶稣

イソップ　伊蘇布、伊蘇普　↓伊索

イプセン　易卜生　↓易卜生

ウィリアム・アダムス　三浦按針　↓三浦按针、威廉・亚当斯

エジソン　愛迪生　↓爱迪生

エリザベス　易利薩伯、以利沙伯、耶利撒白多　↓伊丽莎白

カスティリオーネ　郎世寧　↓郎世宁

ガリレオ　加利列窩、加里労、傑里烈遠　↓伽利略

カント　坎徳、韓図、康徳　↓康德

キュリー　居里、居礼　↓居里

グラント　克蘭徳、哥蘭的　↓格兰特
ゲーテ　瓜得　↓歌徳
ゴードン　戈登　↓戈登
コペルニクス　可白爾、歌白尼、歌白泥　↓哥白尼
コロンブス　閣龍、可倫　↓哥伦布
サミュエル・ウィリアムズ　衛三畏、衛廉士　↓卫三畏、卫廉士
シーボルト　施福多　↓西博尔徳
シェークスピア　沙翁、西基斯比亜　↓莎士比亚
ジェームズ・レッグ　理雅各　↓理雅各
シューベルト　叔伯特　↓舒伯特
ショパン　蕭邦、勺旁、夕旁　↓肖邦
ジョン・アレン・ヤング　林楽知　↓林乐知
ジョン・ロック　洛克、老科　↓约翰・洛克
ジンギスカン　成吉思汗　↓成吉思汗
スターリン　斯達林、史大林　↓斯大林
スタイン　史汀　↓斯坦因
ソクラテス　瑣子、瑣克底、瑣格刺底　↓苏格拉底
ソロモン　所羅門、速爾門　↓所罗门

ダ・ビンチ　達芬奇　↓达・芬奇
ダーウィン　達爾文、大因、達因　↓达尔文
ダンテ　丹第、但丁　↓但丁
チャイコフスキー　茶猪子　↓柴可夫斯基
チャップリン　卓別麟　↓卓别林
ツルゲーネフ　屠格涅夫　↓屠格涅夫
ティモシー・リチャード　李提摩太　↓李提摩太
デットリング　徳璀琳　↓德璀琳
デュマ　杜馬　↓大仲马
トーマ・ウェード　威妥瑪　↓威妥玛
トルストイ　杜翁、托爾斯泰　↓托尔斯泰
ナポレオン　奈破翁、奈翁、那破崙、拿破崙、拿勃翁　↓拿破仑
ニュートン　牛董、牛童、奈端、尼通　↓牛顿
ハート　赫徳　↓赫德
ハイドン　海頓　↓海顿
バッハ　巴哈　↓巴赫
ハリー・パークス　巴夏礼　↓巴夏礼
ハリス　海黎斯、赫黎斯　↓哈里斯

ビンガム　賓含、平安　↓平安
フビライ　忽比烈　↓忽必烈
フライヤー　傅蘭雅　↓傅兰雅
プラトン　伯拉多、布拉多、布拉達　↓柏拉图
フランクリン　弗蘭哥林、弗朗克林　↓富兰克林
フランシスコ・ザビエル　沙勿略、雑未耶　↓沙勿略
ヘーゲル　希傑爾、俾歇児、歇傑爾　↓黑格尔
ベーコン　倍根　↓培根
ベートーベン　貝多芬　↓贝多芬
ヘボン　平文　↓黑本
ペリー　伯理、彼理　↓佩里
ボードイン　抱独因、抱度印、抱桃因、勃篤印　↓博杜恩
ポール・ペリオ　伯希和　↓伯希和
マーガリー　馬嘉理、馬加里　↓马嘉理
マーティン　丁韙良　↓丁韪良
マックゴワン　瑪高温　↓玛高温
マテオリッチ　利瑪竇　↓利玛窦
マルクス　馬克斯　↓马克思

マルコポーロ　馬可波羅　↓马可・波罗
メンデル　門得尔　↓孟德尔
モーゼ　孟西、摩西、美瑟　↓摩西
モーツァルト　莫差特　↓莫扎特
モネ　莫奈　↓莫奈
モリソン　莫理遜　↓莫理循
モンテスキュー　孟氏、孟德斯鳩、孟的斯鳩、孟得士爪　↓孟德斯鸠
ヤン・ヨーステン　耶楊子　↓耶杨子
ヨセフ　約色弗　↓约瑟
ヨハネ　約翰　↓约翰
リンカーン　林根、林肯、林格倫　↓林肯
ルーズベルト　羅斯福　↓罗斯福
ルジャンドル　李仙得、李善得　↓李仙得
ルソー　盧梭　↓卢梭
ワイリー　偉烈亜力　↓伟烈亚力
ワシントン　華盛頓、華聖東、話聖東　↓华盛顿
ワット　瓦的、瓦徳　↓瓦特

第四章　候文解读

候文是一种在汉文的基础上形成的与汉文关系最密切的日文文体，因此有人也将它称为『变体汉文』。这一文体起源于日本平安时代末期，在中世镰仓时代已成为一种正式的文语文体，至近世江户时代则进一步普及，被广泛应用于公文、书信等实用文书中。进入明治时代后，这一文体继续被广泛采用，尤其是官方往来公文、外交文书、个人书信等文书中最为多见。明治时代中后期，随着明治普通文的逐渐普及，以及言文一致运动的兴起，候文才逐渐减少。

候文因在日文句子末尾常出现补助动词「候（そうろう）」一字而得名。「候」字原有『伺候』的含义，古文中可作为实义动词读作「候《さぶら》ふ」「候《さもら》ふ」等。在候文中，「候」字作为实义动词的功能消失，转变成补助动词，主要作为日文广义敬语（「尊敬語」「謙譲語」「丁寧語」）之一的「丁寧語」使用，表示郑重，类似于现代日语的「です」「ます」。试举一例：

原文：目今人種競争之折柄に付《つき》、清国滅亡は本邦之安危に関繋最も切に御座候《ござそうろう》。今日清国扶植候事《そうろうこと》は独り清国扶植のみに無之《これなく》、即ち本邦自衛之道に可有之《これあるべし》と被存候《ぞんぜられそうろう》。就而《ついて》は当局者朋党之観念一切排除、偏《ひとえ》に外事に御留神、至誠《しせいに》処事《ことにしょし》、希望之至御座候《のいたりにござそうろう》。語多不遜、万《ことばはおおくふそんにしてよろず》御鑑亮奉祈候《いのりたてまつりそうろう》。

译文： 如今正值人种竞争之时，清国灭亡于本邦之安危关系最切。今日扶植清国，不独关系清国之扶植，亦即本邦自卫之道。故此万望当局者抛弃一切朋党之观念，留心外事，至诚处事。语多不逊，万望鉴谅。

此为日本汉学家山本宪于一八九八年十月致日本政治家大隈重信的书札中的一段，原文为手写体，标点和部分汉字读音为笔者所加。解读方法留待后面专门讨论。从这段书信中也不难看出，候文中汉字占大多数，且在句末等处频繁出现「候」字，而日文假名相对较少。

要阅读候文，不仅必须具备理解汉文及汉文训读、日文及其古典文法的能力，还必须对汉字的行书和草书体、日文的合体假名和变体假名具有相当高的认读能力。汉文、日文及汉字行书和草书体的认读能力，绝非一朝一夕所能熟练掌握，而是需要长期的学习和训练。

本章在对日文的合体假名、变体假名的认读，以及候文中经常出现的惯用句型进行举例介绍的基础上，着重对一些候文文书的解读进行举例说明。例句或例文均附上原始资料的图片，以期对提高读者的手写体文字认读能力有所帮助。

一、合体假名的认读

合体假名，日文称「合略仮名」（ごうりゃくがな），也称「仮名合字」（かなごうじ），为日文合体字的一种。所谓合体字，就是由两个或两个以上的单字组成的字符，包括中国的汉字在内的许多国家的文字都存在这一特殊字符。如中国的汉字孬（nāo）、甭（béng）、甮（fèng）、嫑（biáo）、尠（xiǎn）、嘦（jiào）、覅（fiào）等，其实均为合体字。日文汉字中，在现代日语中仍常使用的合体汉字有「麿」（麻呂，音「まろ」）、「杢」（木工，音「もく」）、「粂」

（久米，音「くめ」）、「浬」（海里，音「かいり」）、「粁」（千米，音「キロメートル」）等。

日文的合体假名，在现代日语中虽已很少见到，但在近代及其之前的文书中则较为常见，认识它对阅读近代文书很有帮助。

近代文书中较常见的合体假名主要有：ヿ（コト）、𪜈（トモ）、𪜊（トキ）、〆（して）、ゟ（より）、と（こと）、ど（ごと）、トテ（トテ）、伝（という）、様（さま）等。以下试举几个实际用例：

㈠ヿ→コト

形勢ノ如何ニ拘ハラズ継續セシムルヿ望マシキニ付左様

【例】形勢の如何に拘わ《は》らず継續せしむること《ヿ》望ましきに付、左様…

【译】形勢の如何に拘わらず継続させることが望ましいので、以下の通り…

㈡𪜈→トモ

書中ニアルヿ外囲ノ事情ニ拘ハラズトイフ句ハ極端ノ意味ニモ解シ得ベケレ𪜈或ル場合ニハ實際營業

【例】書中にある「外囲の事情に拘わ《は》らず」という《ふ》句は極端の意味にも解し得べけれども（𪜈）、（或る場合には實際営業）

【译】書中にある「外囲の事情に拘わらず」という句は極端の意味にも理解できますが…

㊂𪜈→トキ

外車ヲ用ユル𪜈ハ尤モ適當ナラン

【例】外車を用ゆるとき（𪜈）は尤も適当ならん。

【译】外車を用いるときはもっとも適当であろう。

㊃メ→して

レリ而メ之ハ瀛船ニ依リテ税関新設後ニ初メテ運搬セラレタル貨物
ニシテ〔従来瀛船ノ往復ニ貨物ノ積載ヲ許可セサリシ〕此他旧来ノ慣法

【例】（れり）而して《メ》之は瀛船に依りて税関新設後に初めて運搬せられたる貨物にして（〔従来瀛船の往復に貨物の積載を許可せざりし。〕此他旧来の慣法）

【译】しかしこれは汽船によって税関新設後に初めて運搬された貨物で…

㊄ゟ→より

別紙之通在上海総領事品川忠道より申越候間右写書供電覧候此段上申候也

【例】別紙の通在上海総領事品川忠道より《ゟ》申越候間《もうしこしそうろうあいだ》、右写書供電覧候《でんらんにきょうしそうろう》。此段《このだん》上申候也《じょうしんそうろうなり》。

【译】別紙の通り、在上海総領事品川忠道より連絡がありましたので、その書き写した文書をご高覧に供いたしたく、ご連絡申し上げます。

㊅ヿ→こと

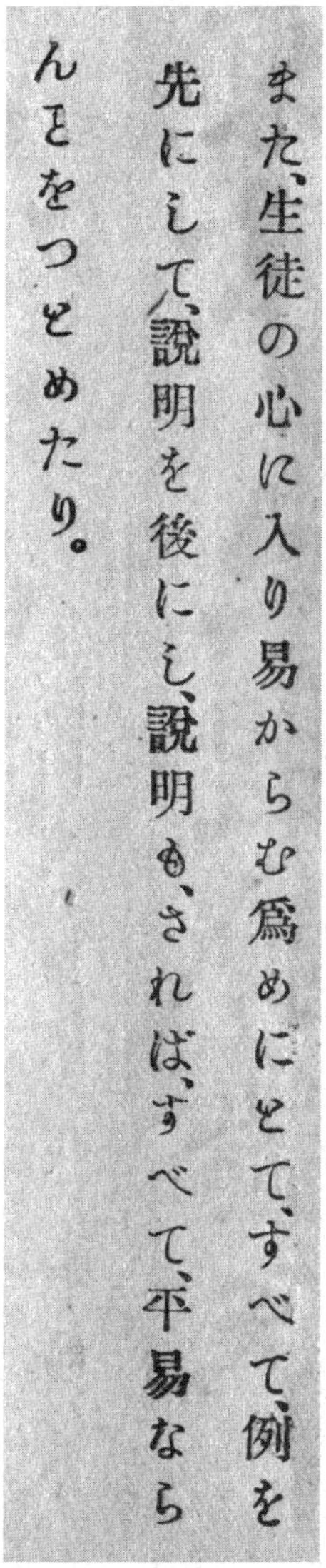
また、生徒の心に入り易からむ爲めにとて、すべて、例を先にして、說明を後にし、說明も、されば、すべて、平易ならんヿをつとめたり。

【例】また生徒の心に入り易からむ為めにとて、すべて例を先にして、説明を後にし、説明も、さればすべて平易ならんこと（ヿ）をつとめたり。

【译】また生徒の心に入り易いように、すべて例を先にして、説明を後にし、説明もまた同じわけで、すべて平易になるように努めた。

二、变体假名的认读

众所周知，日文的平假名和片假名起源于中国的汉字。而日文的假名除日本人在汉字的基础上发明的平假名和片假名外，还有一种被称为『万叶假名』的直接用汉字表示发音的假名，日本人在发明平假名和片假名之后，仍长期同时使用这一类汉字假名。

现代日语五十音图的原型，约成立于十三世纪之后，但当时各个读音远未统一成现代日语所使用的假名，而是多用相应的一个或多个汉字（草书体、行书体甚至楷书体）来表示。现代日语中完全用现代平假名表示的五十音图，形成于明治时代。明治维新后，日本为推进近代学校教育，将相同读音的平假名进行整理。一九〇〇年（明治三十三年），日本修订『小学校令』，其施行规则中将每一个音统一用一个假名表示，并规定学校教育必须使用统一后的假名，而当时没有被采用的一些用汉字的各种书体表示的平假名，后来被称为变体假名。

平安时代后期出现的「いろは歌」通常也用后来被称为变体假名的汉字草书体书写。它由相互不重复的四十七个假名组成：「いろはにほへとちりぬるをわかよたれそつねならむうゐのおくやまけふこえてあさきゆめみしゑひもせす（色は匂へど、散りぬるを、我が世誰ぞ、常ならむ、有為の奥山、今日越えて、浅き夢見じ、酔ひもせず。）现代日语大致可翻译为：花の色は鮮やかに映えるけれども、いつかは散ってしまうものだから、我々の生きているこの世でも、誰が生き続けられようか。万物で満たされたこの世を、今日もまた一日生きるような人生だから、はかない夢を追い求めたり、夢に酔いしれたりすることはもうするまい。」

『小学入門図解』(小林铁次郎编，一八八三年)中的平假名图

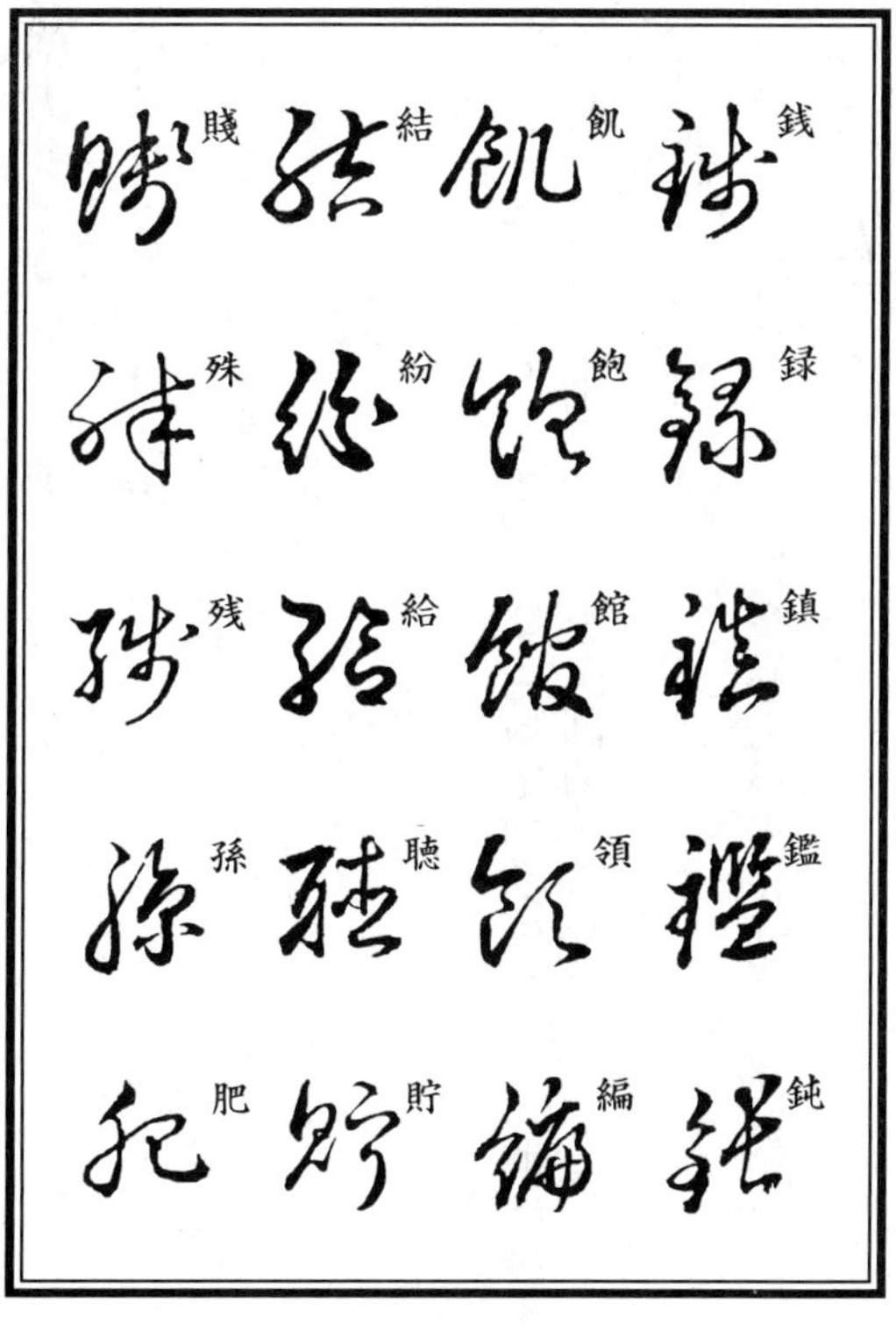

常用汉字草书㊂

直至一九〇〇年，后来被称为变体假名的汉字体假名，大量使用于学校教育、各类公文及日常生活中。一九〇〇年以后直至战前，变体假名仍常见于日记、书信等日常文书及部分公文书中。甚至现在，在日本大街小巷中，还经常能看到一些店名、路标名、标语名是用变体假名表示的。

以下选取明治时代所编的教科书『小学読本』(田中义廉编，一八八三年)、『修身初訓』(宫本茂任编，一八八二年)的部分文章，以及大阪府的『小学生徒心得書』(一八七二年)和近现代日本文学家佐藤春夫于明治时代末至昭和年间创作的作品，对其中的变体假名进行认读。其中，前面两部分相对比较容易认读，而第三、四部分则比较难。相应假名边上所标的汉字为原来的变体假名汉字。另外，其他常用变体假名可参见本书附录四。

（一）田中义廉编『小学読本』（节选，一八八三年）

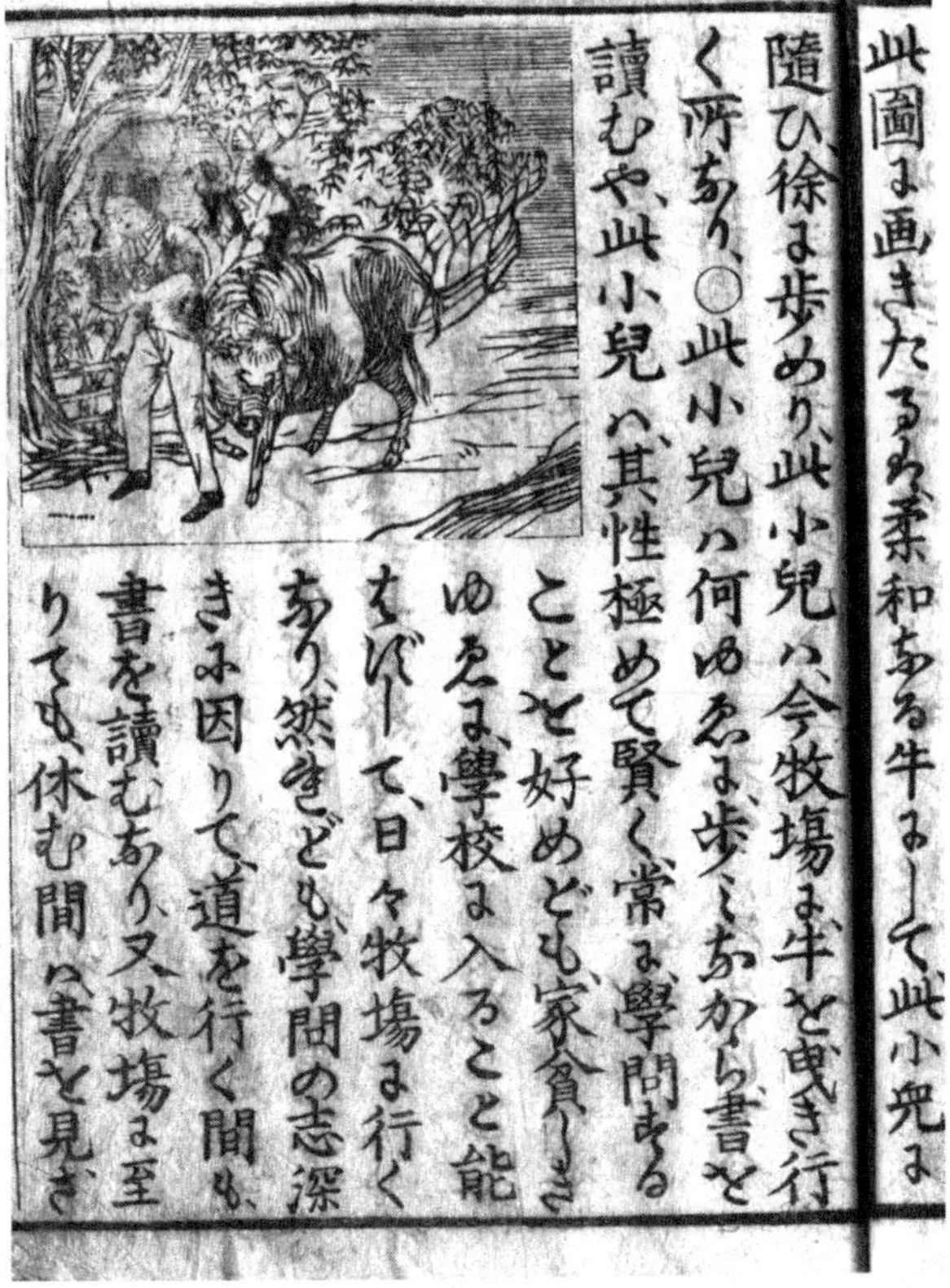
此圖に画きたるは柔和なる牛にして此小兒に随ひ徐に歩めり此小兒は今牧場に牛を曳き行く所なり○此小兒は何ゆゑに歩みながら書を讀むや此小兒は其性極めて賢く常に學問することを好めども家貧しきゆゑに學校に入ること能はずして日々牧場に行くなり然れども學問の志深きに因りて道を行く間も書を讀むなり又牧場に至りても休む間は書を見ざ

明治初期教科书㈠　かながき　せいとのこころえ

此圖に《尔》画きたるは《盤》、柔和なる《奈》牛にして《尔》〔一〕、此小兒に《尔》随い《ひ》、徐《おもむろ》に《尔》歩めり〔二〕。此小兒は《八》今牧場に《尔》牛を曳き行く所なり《奈》。○此小兒は《八》何ゆえに《恵尔》、歩みながら《三奈》書を讀むや。此小兒は《八》其性極めて賢く、常に《尔》學問する《春》ことを好めども〔三〕、家貧しきゆえに《恵尔》、學校に《尔》入ること能《あた》はずして《者須》、日々牧場に《尔》行くなり《奈》〔四〕。然れ《連》ども、學問の志深きに《尔》因りて道を行く間も書を讀むなり《奈》。又牧場に《尔》至りても、休む間は《八》書を見ざ

〔一〕にして：～であって。「に」为断定助动词「なり」的连用形，「して」为接续助词，表示上下间的单纯接续。
〔二〕歩めり：歩んでいる。
〔三〕ども：接续动词，表示逆接确定条件，接用言已然形后。
〔四〕なり：表示传闻。→～という。

明治初期教科书㈡　神代道しるべ

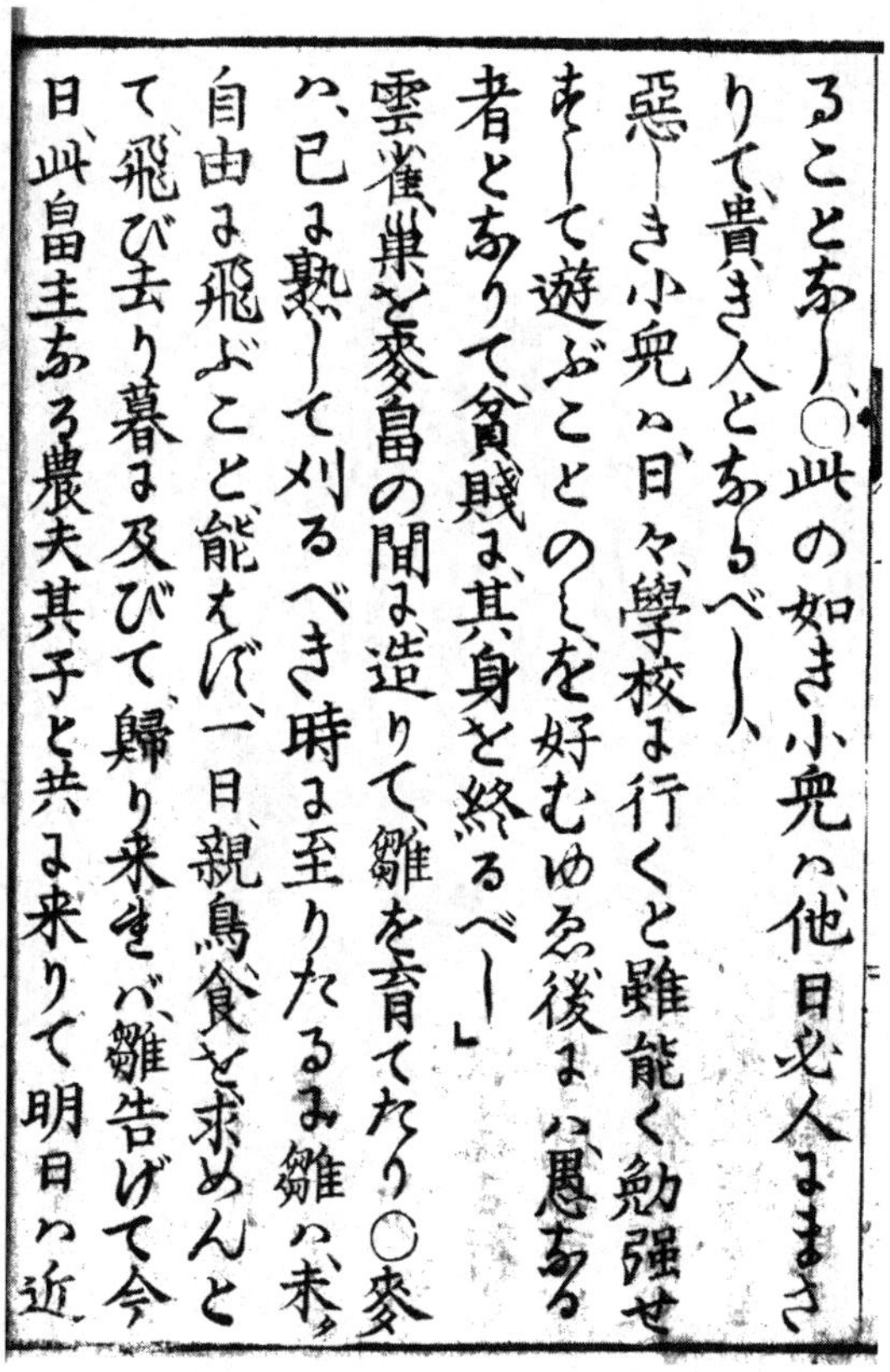

ることな《奈》し。〇此《かく》の如き小兒は《八》、他日必人に《尓》まさりて、貴き人となる《奈》べし〔一〕。悪《あ》しき小兒は《八》日々學校に《尓》行くと雖《いえども》、能く勉強せず《春》して遊ぶことのみ《三》を好むゆえ《恵》、後に《尓》は《八》愚なる《奈》者となり《奈》て、貧賤に《尓》其身を終るべし。

雲雀《ひばり》、巣を麥畠の間に《尓》造りて雛を育てたり〔二〕。〇麥は《八》已に《尓》熟して刈るべき時に《尓》至りたるに《尓》、雛は《八》未だ自由に《尓》飛ぶこと能はず《者須》〔三〕。一日、親鳥、食を求めんとて飛び去り、暮に《尓》及びて歸り来れば《連》〔四〕、雛告げて今日此畠主なる《奈》農夫其子と共に《尓》来りて明日は《八》近

〔一〕べし：表示较有把握的推量。→~だろう。

〔二〕育てたり：育てている。

〔三〕能はず：表示可能的动词「能ふ」的否定形，接动词连体形或连体形＋「こと」后。

〔四〕帰り来れば：帰ってきたら。

隣の人を雇ひて此麥を刈り取らんとて歸れり
と云ふ親鳥聞きて彼近隣の人を雇はんとなら
バ未急にハ刈取るべから
ず明日ハ此處にありとも
恐るゝに足らずといひ其
翌日も亦食を求めんとて
飛び去りたり
かくて日の暮るゝ比親鳥
歸り来れバ雛又告げて今
日も農夫其子と共に来りしが近隣の人も同じ

明治初期教科书㊂　ちえのいとぐち

隣の人を雇い《ひ》て此麦を刈り取らんとて帰れ《連》り〔一〕と云う《ふ》。親鳥聞きて、彼れ近隣の人を雇は《者》んとな《奈》らば、未だ急には《尔八》刈取るべか《可》らず《須》、明日は《八》此処にあ《尔阿》りとも〔二〕恐るるに《尔》足らず《須》とい《ひ》い、其翌日も亦食を求めんとて飛び去りたり。

かくて日の暮るる比《ころ》、親鳥帰り来れ《連》ば、雛又告げて、今日も農夫其子と共に《尔》来りしが《可》〔三〕、近隣の人も同じ

〔一〕帰れり：帰った。

〔二〕ありとも：いても。「とも」为表示逆接假定条件的接续助词。

〔三〕来りしが：来たが。

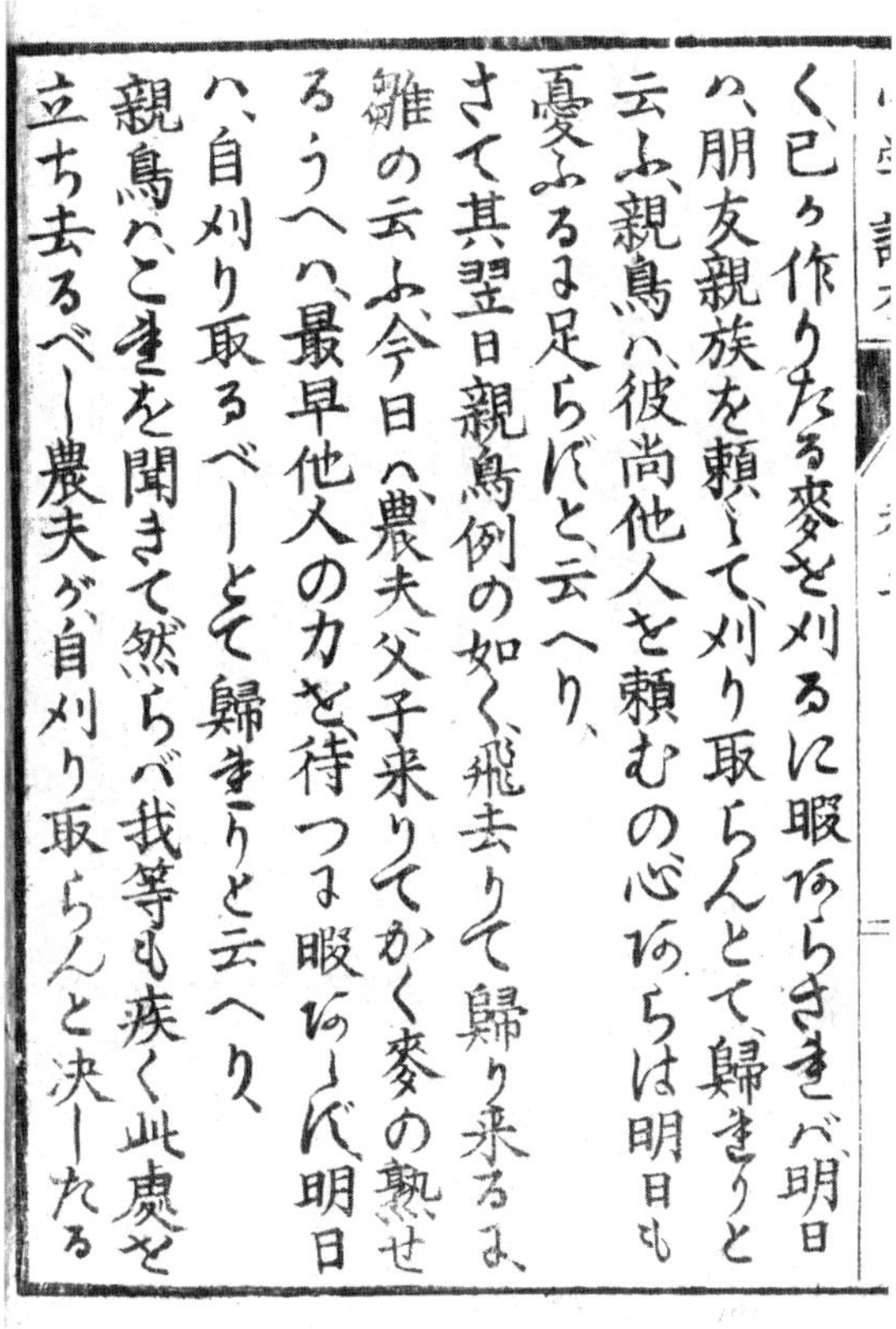
く已ヵ作りたる麦を刈るに暇あらざれバ明日
ハ朋友親族を頼ミて刈り取らんとて帰れりと
云ふ親鳥ハ彼尚他人を頼むの心あらば明日も
憂ふるに足らずと云へり
さて其翌日親鳥例の如く飛去りて帰り来るに
雛の云ふ今日ハ農夫父子来りてかく麦の熟せ
るうへハ最早他人の力を待つに暇なしバ明日
ハ自刈り取るべしとて帰れりと云へり
親鳥ハこれを聞きて然らバ我等も疾く此處を
立ち去るべし農夫が自刈り取らんと決したる

く、己が《可》作りたる麦を刈るに暇あ《阿》らざれ《連》ば《八》〔一〕、明日は《八》朋友親族を頼み《三》て刈り取らんとて、帰れ《連》りと云う《ふ》。親鳥は《八》、彼尚他人を頼むの心あ《阿》らば明日も憂う《ふ》るに《尔》足らず《須》と云え《へ》り。

さて其翌日親鳥例の如く飛去りて帰り来るに《尔》、雛の〔二〕云う《ふ》、今日は《八》農夫父子来りてかく〔三〕麦の熟せるうえ《へ》は《八》、最早《もはや》他人の力を待つに《尔》暇あ《阿》らず《須》、明日は《八》自《みずから》刈り取るべしとて帰れ《連》りと云え《へ》り〔四〕。親鳥は《八》これ《連》を聞きて、然らば《八》我等も疾く《と》〔五〕此處を立ち去るべし。農夫が《可》自刈り取らんと決したる

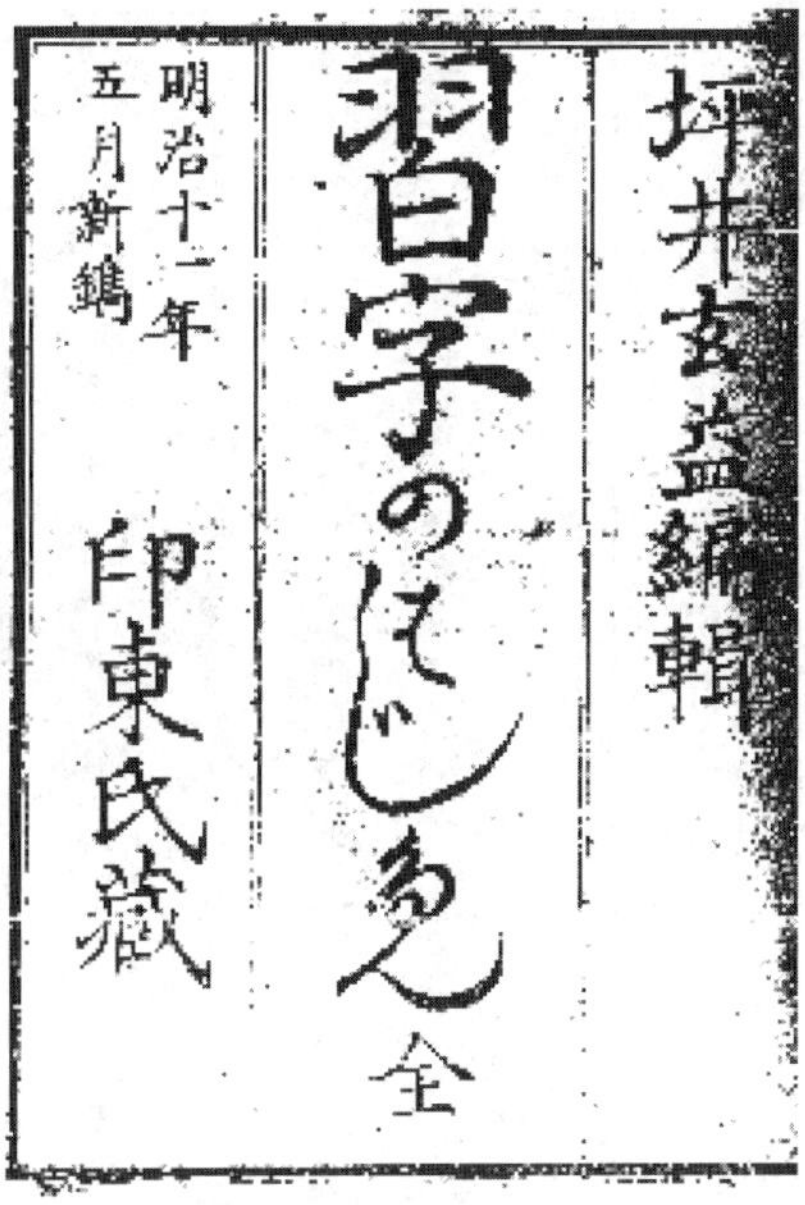
坪井玄益編輯
習字のはじめ　全
明治十一年五月新鐫
印東氏藏

明治初期教科书㊃　習字のはじめ

〔一〕あらざれば：ないので。「ば」为表示确定条件的接续助词。
〔二〕の：此处的「の」为主格助词。
〔三〕かく：このように。
〔四〕云えり：言った。
〔五〕疾く：形容词「疾し」的连用形。→すぐに、急いで。

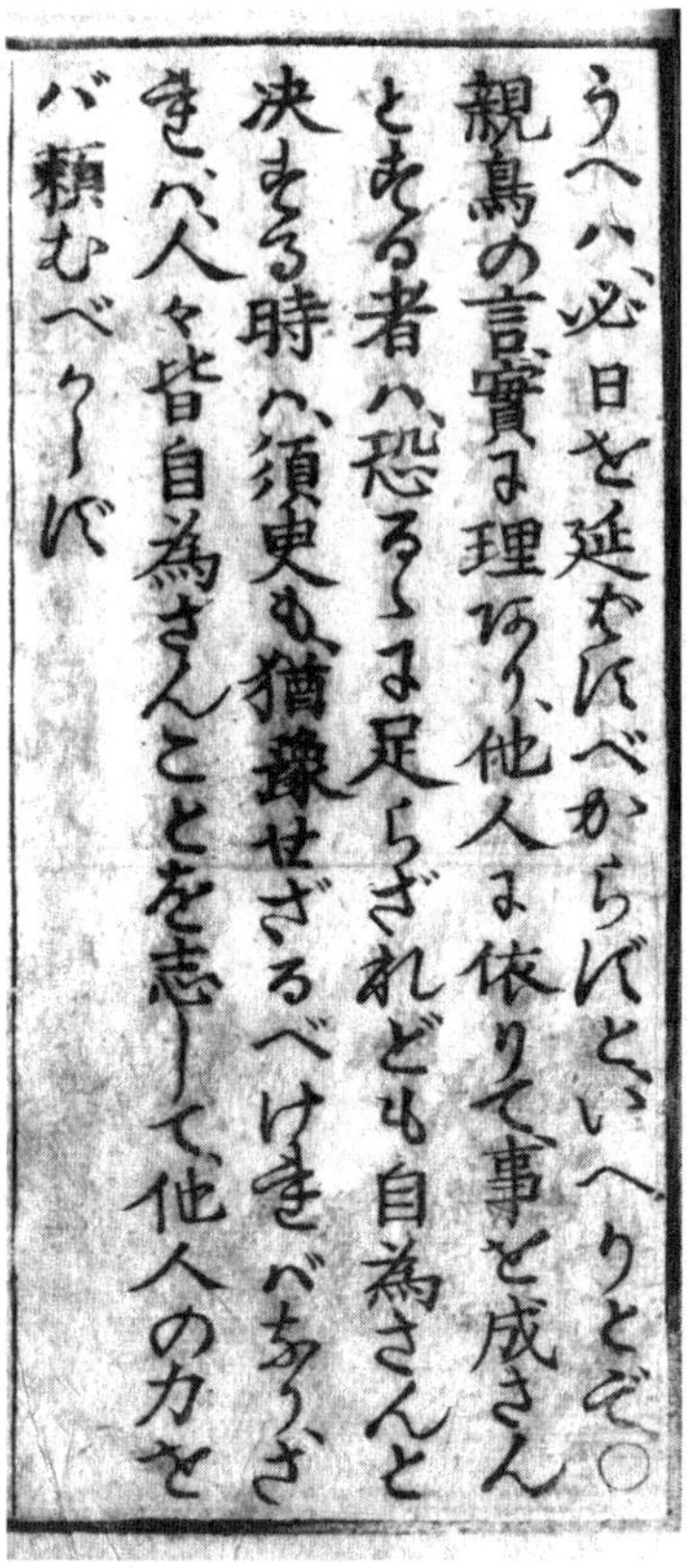

明治初期教科书㊄　両童知恵くらべ

うえは、必《かならず》日を延ばすべからずといえりとぞ〔一〕。親鳥の言、實に理あり。他人に依りて事を成さんとする者は恐るるに足らざれども、自《みずから》為さんと決する時は、須臾《しゅゆ》も猶豫せざるべければなり〔二〕。されば〔三〕、人々皆自為さんこと〔四〕を志して、他人の力をば〔五〕頼むべからず。

〔一〕とぞ：表示引用的格助词「と」＋系助词「ぞ」。「ぞ」表示强调。另外，「と」后出现系助词时，其后的动词「言う」「思う」「聞く」等通常被省略，这一现象称作「結びの省略」。

〔二〕猶豫せざるべければなり：猶予しないべきだからです。

〔三〕されば：だから。「ば」为表示确定条件的接续助词。

〔四〕自為さんこと：自らしようとすること。

〔五〕をば：表示动作、作用对象的「を」的强调形。

（二）宫本茂任编『修身初训』（节选，一八八二年）

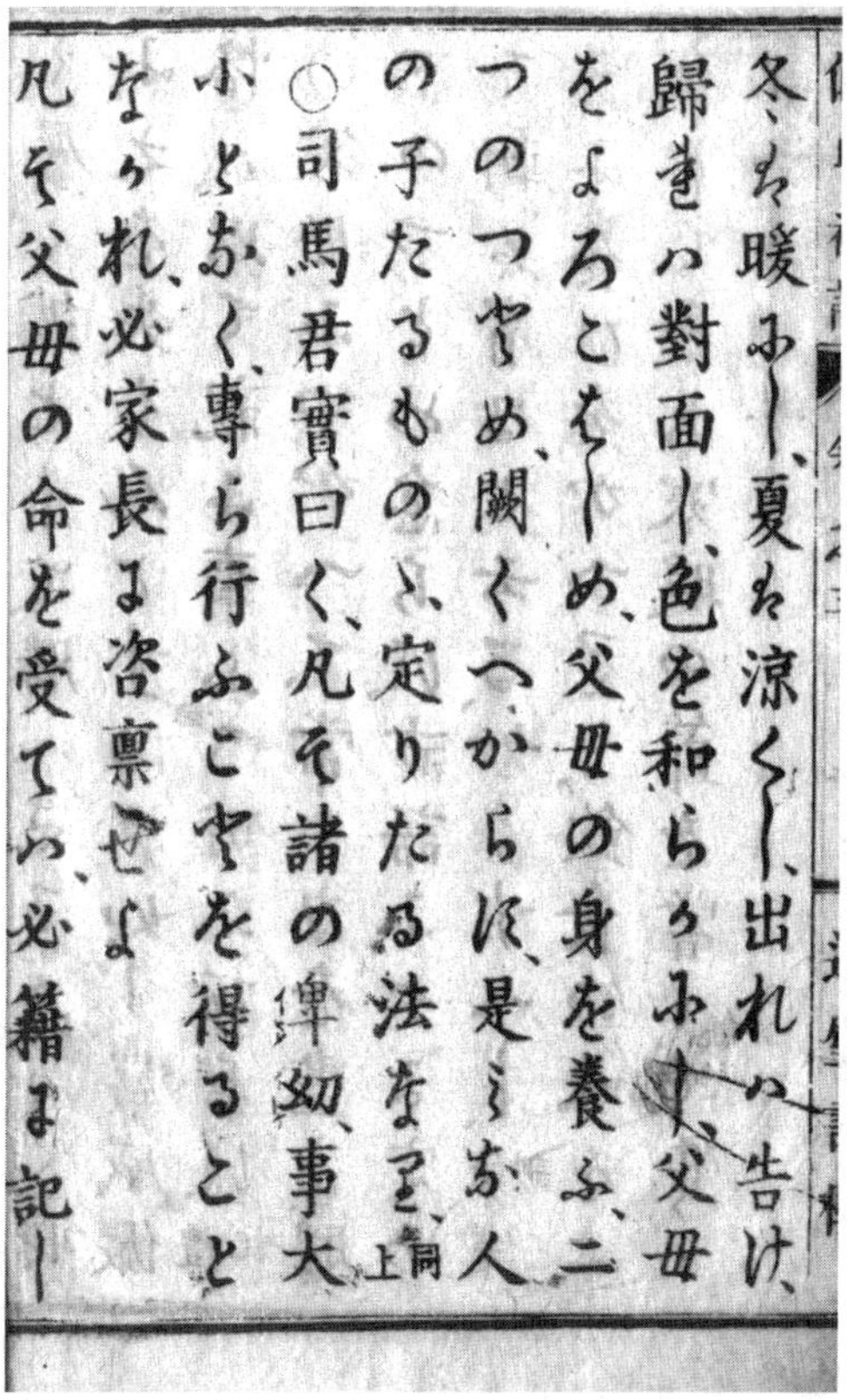

冬は《盤》暖に《尓》し、夏は《盤》涼くし、出《いづ》れば《八》告げ、
歸れ《連》ば《八》対面し、色を和らか《可》に《尓》し、父母
をよろこば《者》しめ、父母の身を養う《ふ》。二
つのつと《登》め、闕くべからず《須》、是み《三》な《奈》人
の子たるものの定りたる法なり《里》。（同上）
○司馬君實〔一〕曰く、凡そ《曽》諸の卑幼、事大
小とな《奈》く〔二〕、専ら行う《ふ》〔三〕こと《登》を得ること
なか《可》れ。必家長に《尓》咨稟せよ。
凡そ《曽》父母の命を受ては《八》必籍に《尓》記し

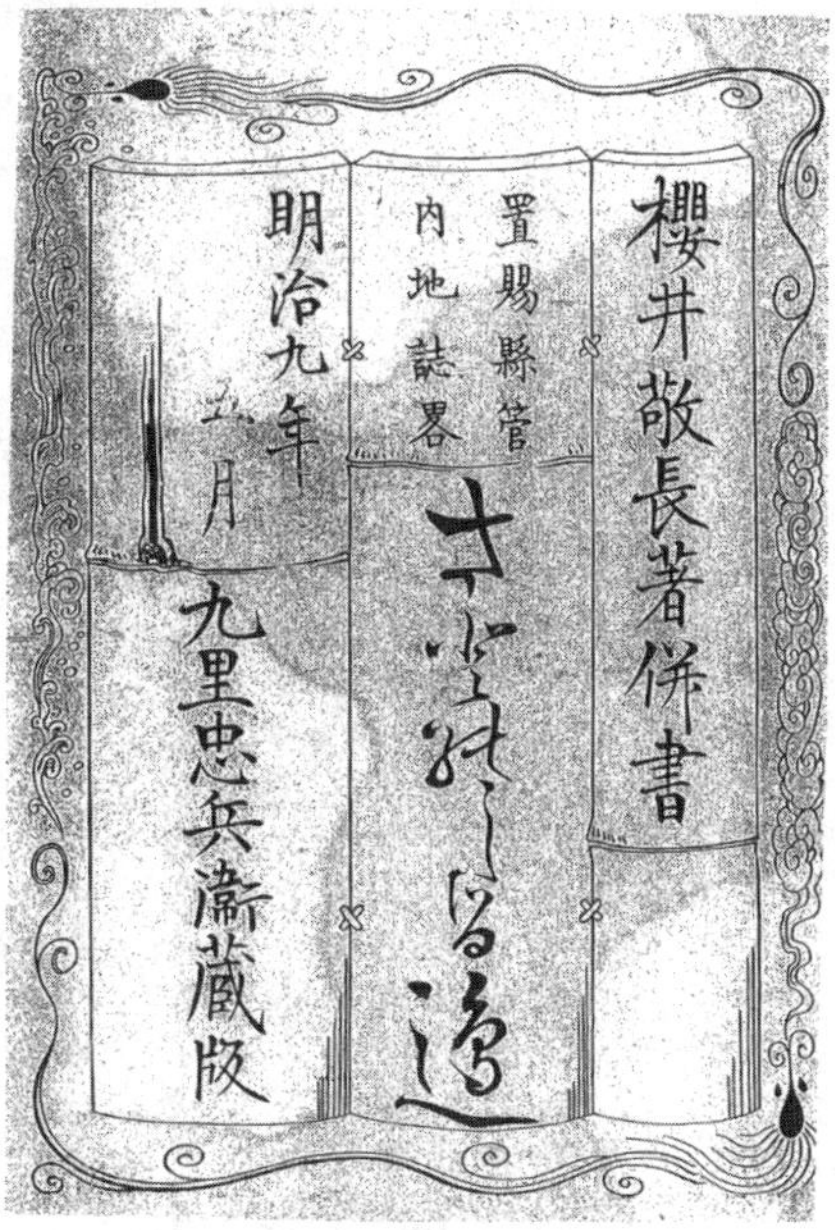

明治初期教科书㈥　さとのしるべ

〔一〕司馬君實：中国北宋时期的文学家司马光，字君实。
〔二〕事大小となく：事は大小にかかわらず。事は大きかれ、小さかれ。
〔三〕専ら行う：自分一人だけの判断で勝手に行う。

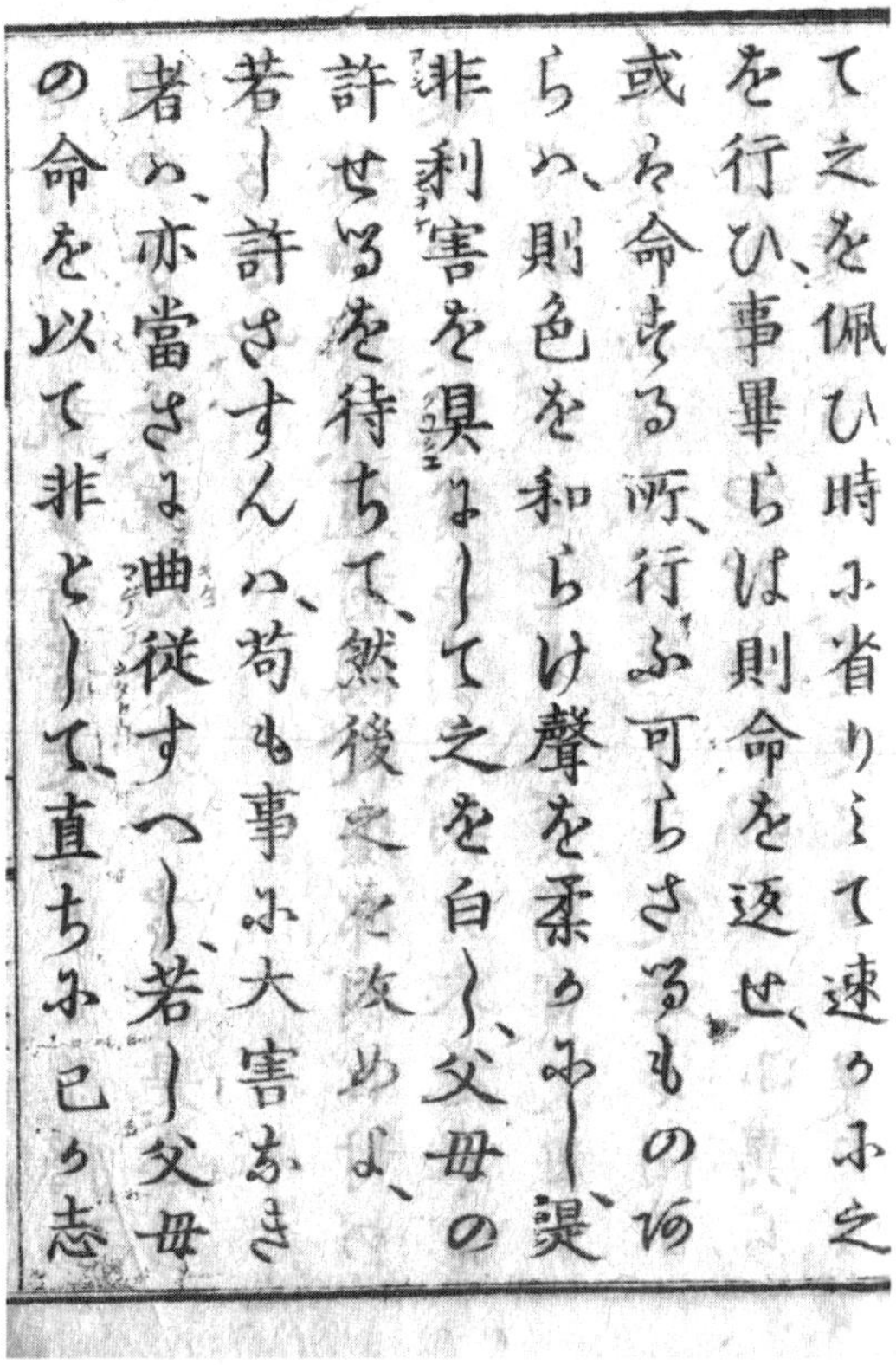

て之を佩び、時に《尔》省りみ《三》て速か《可》に《尔》之
を行い《ひ》、事畢らば則命を返せ。
或は《盤》命ず《春》る所、行う《ふ》可らざる《留》もの《阿》あ
らば《八》、則色を和らげ聲を柔か《可》に《尔》し、是
非利害を具《つぶさ》に《尔》して之を白《もう》し、父母の
許せる《留》を待ちて、然後之を改めよ。
若し許さずんば《八》〔一〕、苟《いやしく》も〔二〕事に《尔》大害な《奈》き
者は《八》、亦當さに曲従すべし。若し父母
の命を以て非として直ちに《尔》己が《可》志〔三〕

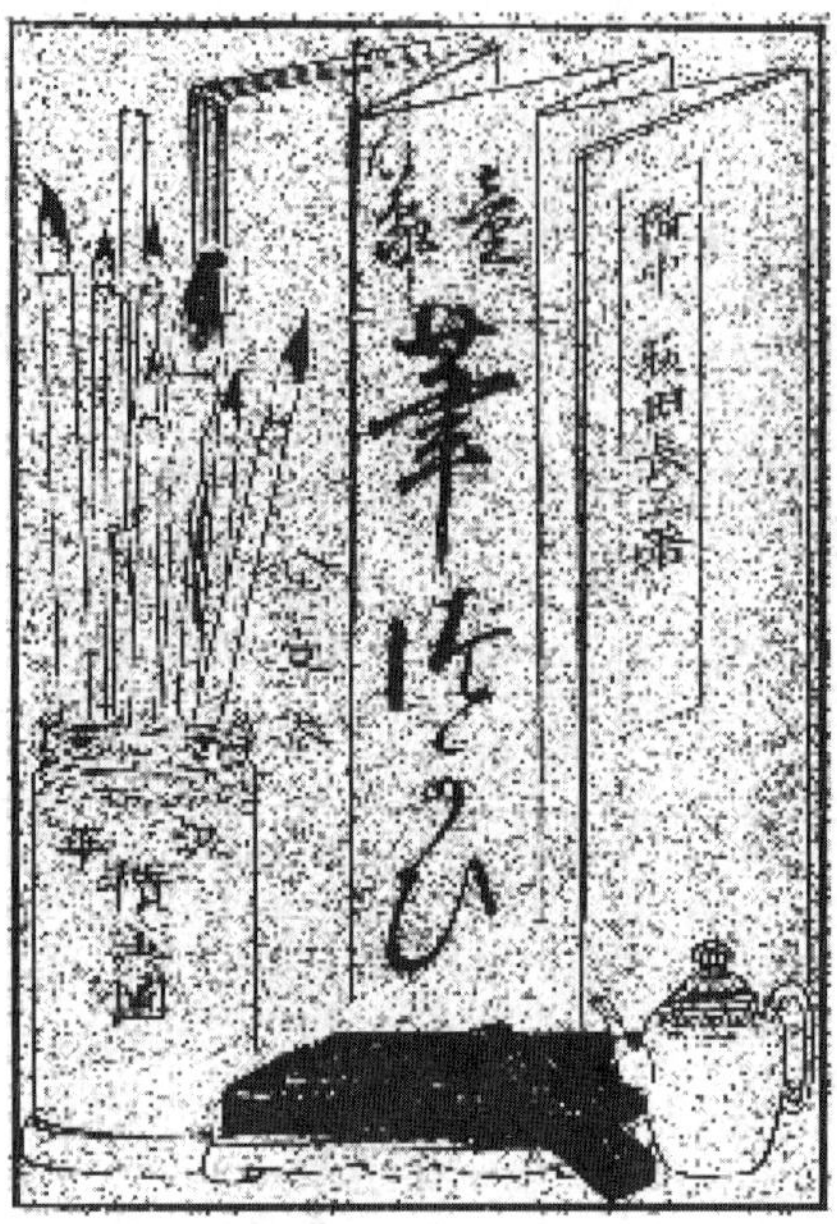

明治初期教科书⑦　童蒙筆づかひ

〔一〕許さずんば：許さなければ。

〔二〕苟も：もし…

〔三〕己が志：己の志。「が」为表示『连体修饰』的格助词。

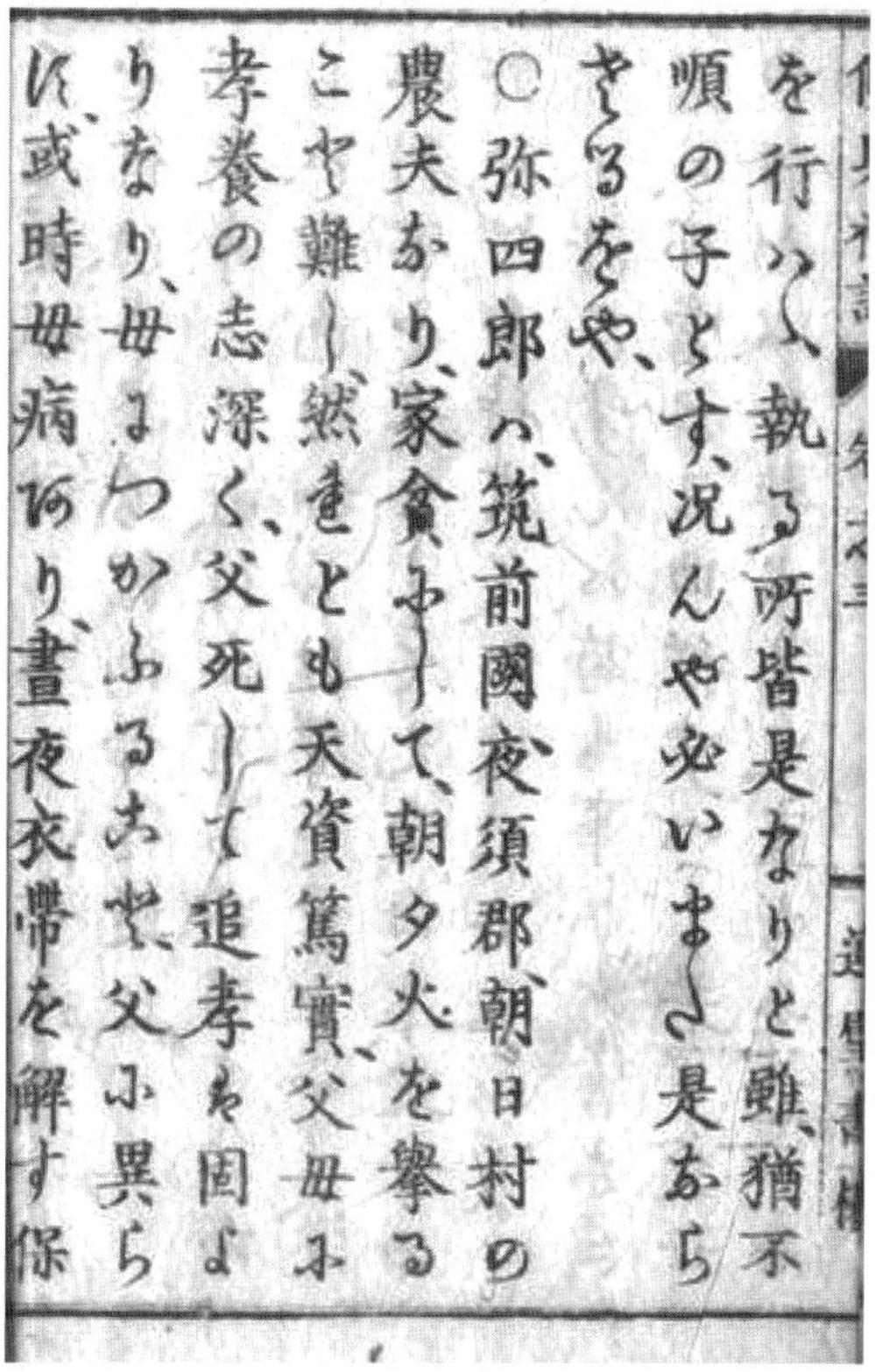

明治初期教科书㈧　畫学ういまなび

を行わ《は》ば執る所皆是《ぜ》なりと雖、猶不順の子とす。況んや必いま《末》だ《多》是《ぜ》な《奈》らざ《左》る《留》をや〔一〕。

○弥四郎は《八》、筑前國〔二〕夜須郡朝日村の農夫な《奈》り。家貧に《尔》して朝夕火を擧ること《登》難し。然れ《連》ども天資篤實、父母に《尔》孝養の志深く、父死して追孝は《盤》固よりなり。母に《尔》つかう《ふ》る《留》こ《古》と《登》、父に《尔》異らず《須》。或時母病あ《阿》り、晝夜衣帯を解《とか》ず保

〔一〕况や…をや：～は言う必要があろうか。

〔二〕筑前國（ちくぜんのくに）：旧国名，现九州福冈县西北部。

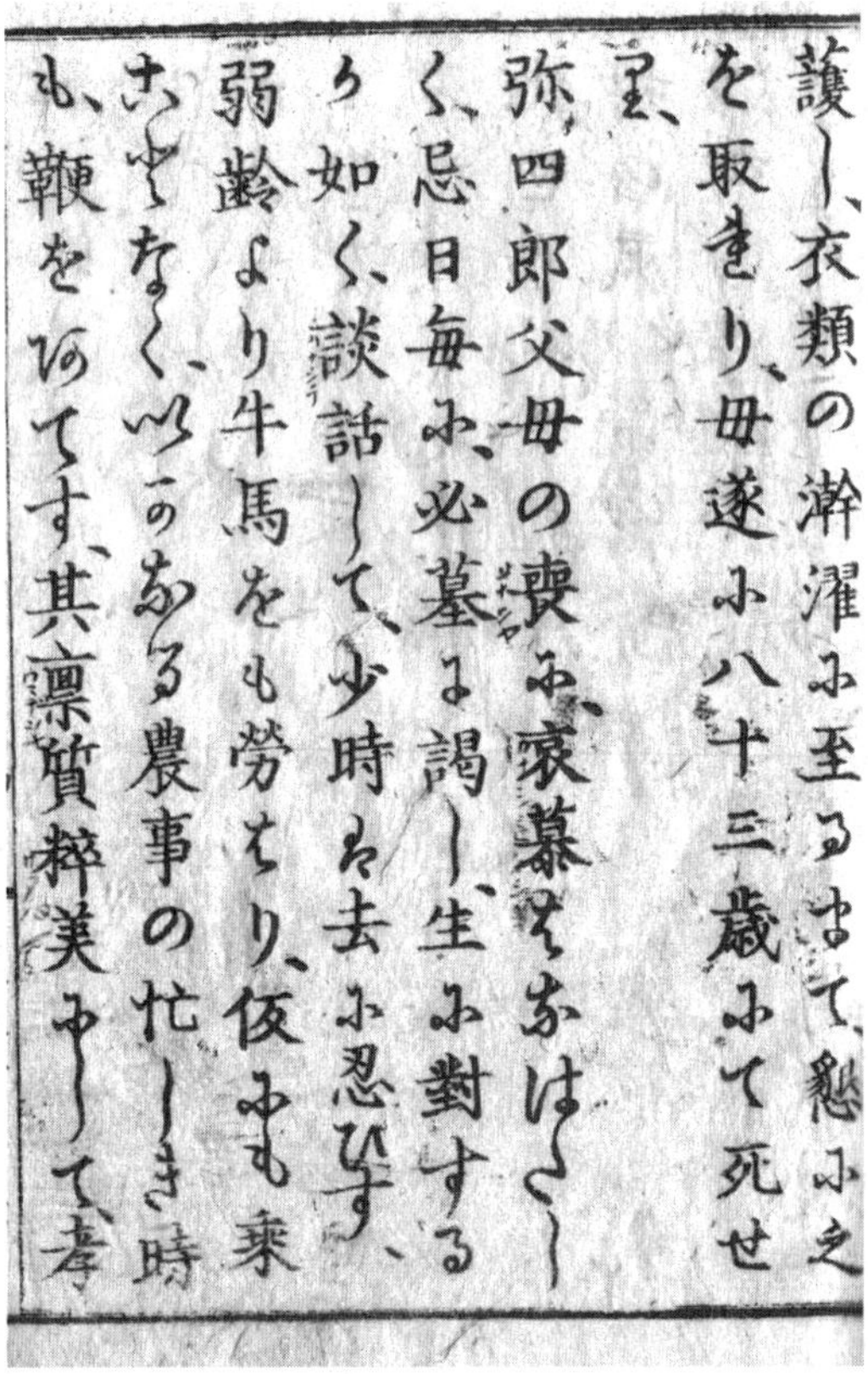
護し、衣類の澣濯ニ至るまて、懇ニ之を取れり、母遂ニ八十三歳ニて死せり、
弥四郎父母の喪ニ哀慕はなはだしく、忌日毎ニ必墓ニ謁し、生ニ對するか如く談話して、少時も去ニ忍びず、
弱齢より牛馬をも労はり、仮ニも乗ことなく、以可なる農事の忙しき時も、鞭をあてず、其稟質粋美ニして、孝

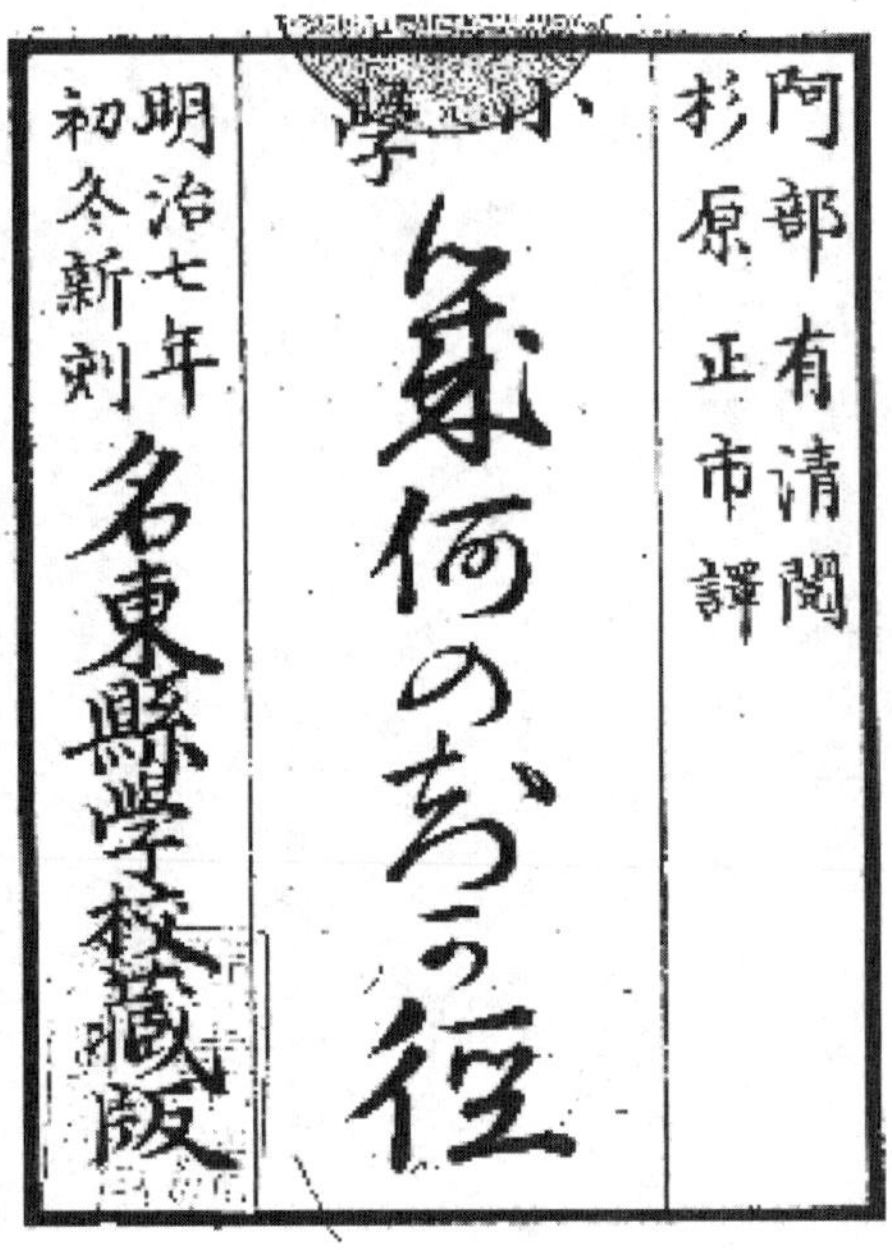
阿部有清閲
杉原正市譯
小學幾何のちか径
明治七年初冬新刻
名東縣學校藏版

明治初期教科书㊈　小学幾何のちか径

護し、衣類の澣濯に《尓》至る《留》ま《末》で《天》、懇《ねんごろ》に《尓》之を取れ《連》り。母遂に《尓》八十三歳に《尓》て《天》死せり《里》〔一〕。

弥四郎父母の喪に《尓》哀慕は《者》な《奈》はだ《多》しく、忌日毎に《尓》必墓に《尓》謁し、生に《尓》對するが《可》如く談話して、少時は《盤》去に《尓》忍びず〔二〕。弱齢より牛馬をも労は《者》り、仮に《尓》も乗こと《古登》なく、いか《以可》なる《奈留》農事の忙しき時も、鞭をあて《阿天》ず。其稟質粋美に《尓》して、孝

〔一〕死せり：死んだ。「り」为表示完了的助动词。

〔二〕去に忍びず：離れるに忍びない。此处的「忍びず」为习惯短语，多用作「～に忍びず」，意为『不忍……』。

明治初期教科书⑩　女のさとし

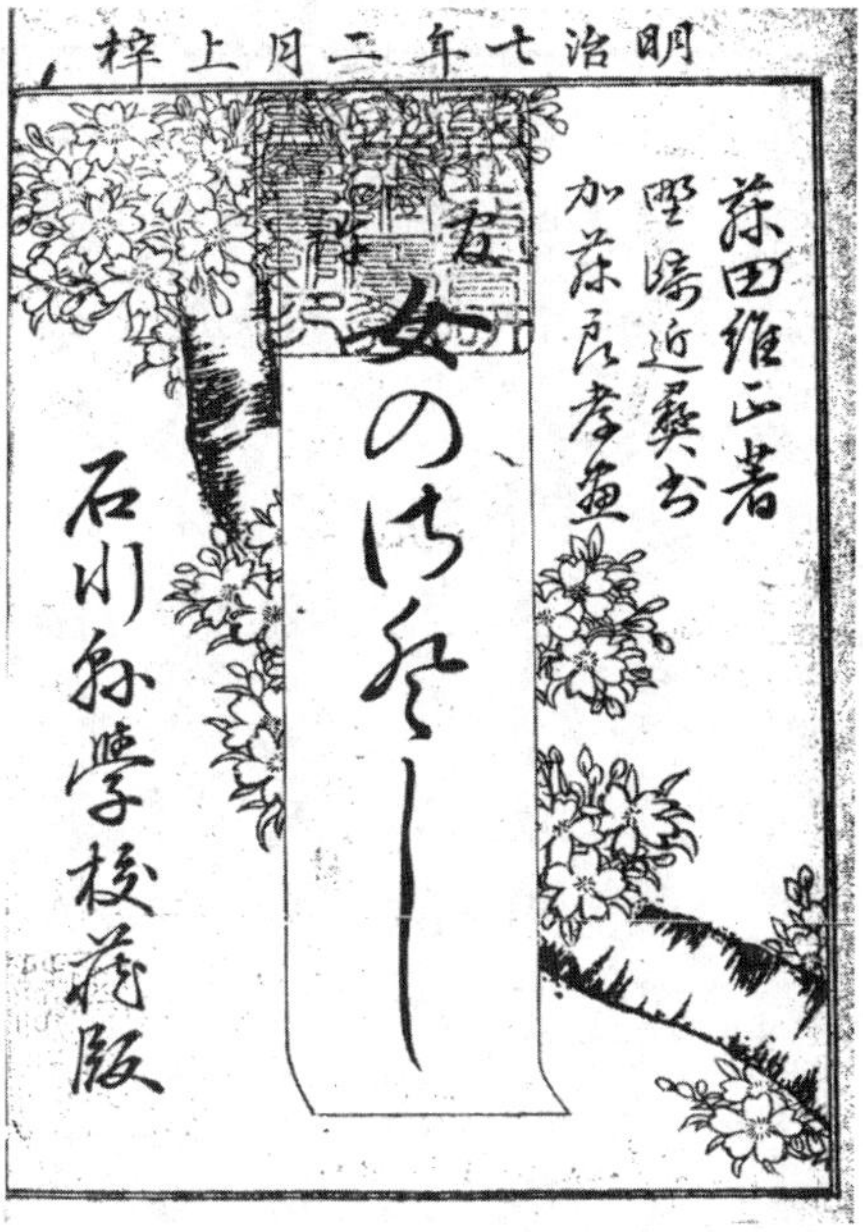

心ふかく、上を敬い《ひ》、人をあ《阿》わ《王》れみ、一族は《盘》固より《里》なり、諸人に《尔》も睦じ。是に《尔》化せられて〔一〕、一村の風俗おのづから〔二〕淳厚に《尔》なりたり《里》〔三〕。

〔一〕化せられて：感化されて。
〔二〕おのづから：自然に、ひとりでに。
〔三〕なりたり：なった。

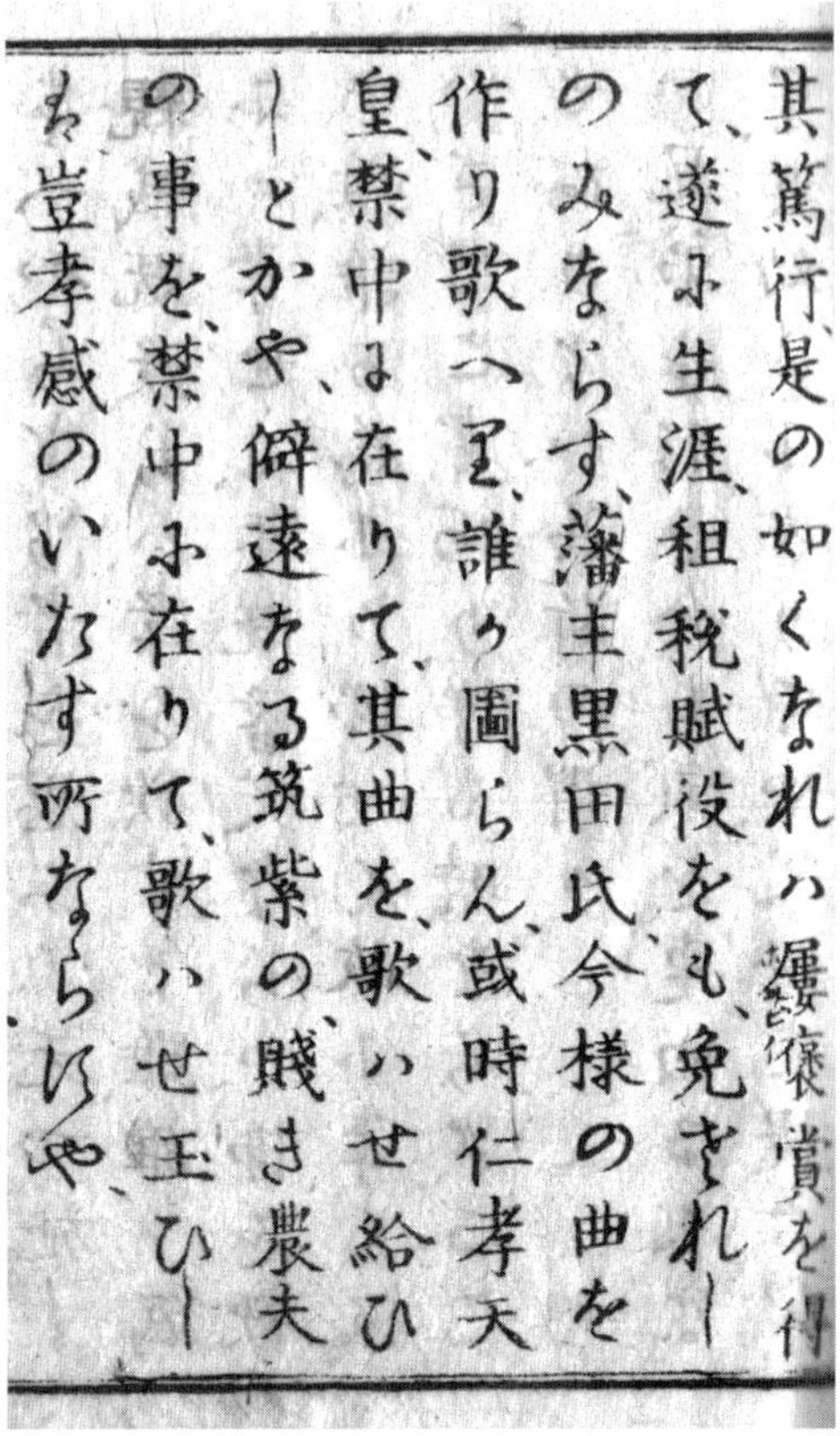

其篤行、是の如くなれば《八》〔一〕屡褒賞を得て、遂に《尔》生涯租税賦役をも免さ《左》れしのみならず、藩主黒田氏、今様《いまよう》の曲〔二〕を作り歌え《へ》り《里》。誰か《可》圖らん、或時仁孝天皇禁中に《尔》在りて其曲を歌わ《は》せ給い《ひ》しとかや。僻遠なる筑紫の賎き農夫の事を禁中に《尔》在りて歌わ《は》せた《玉》まい《ひ》し〔三〕は《盤》豈孝感のいたす所ならず《須》や〔四〕。

〔一〕なれば：であるから。「ば」为表示确定条件的接续助词。

〔二〕今様の曲：平安中期から鎌倉時代にかけて流行した、多く七・五調四句からなる新しい様式の歌謡。

〔三〕歌わせたまいし：お歌わせになったこと。「たまい」为表示尊敬的补助动词。

〔四〕豈…ずや：どうして…ではないだろうか。

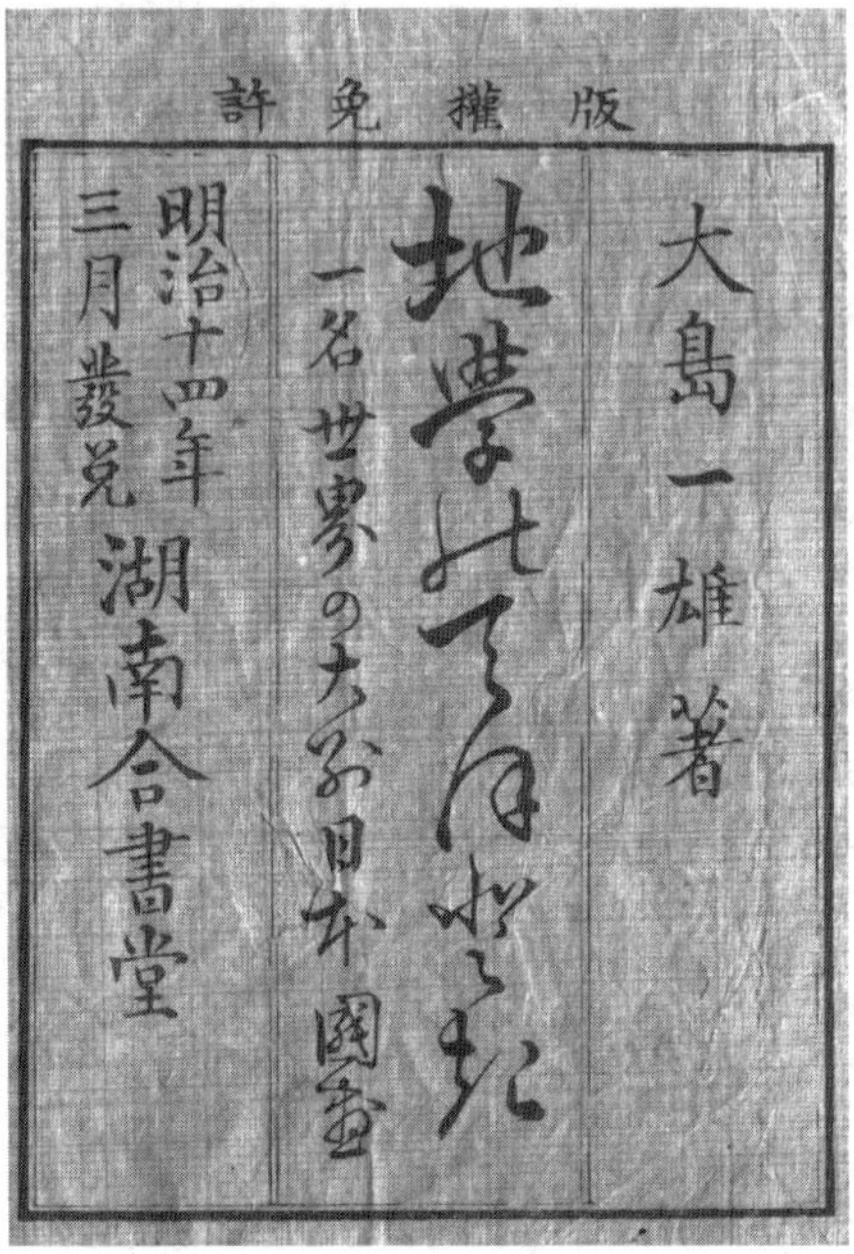
版權免許
大島一雄著
地學のてほどき
明治十四年三月發兌 湖南合書堂

明治初期教科书㈡　地学のてほどき

（三）『小學生徒心得書』（一八七二年）

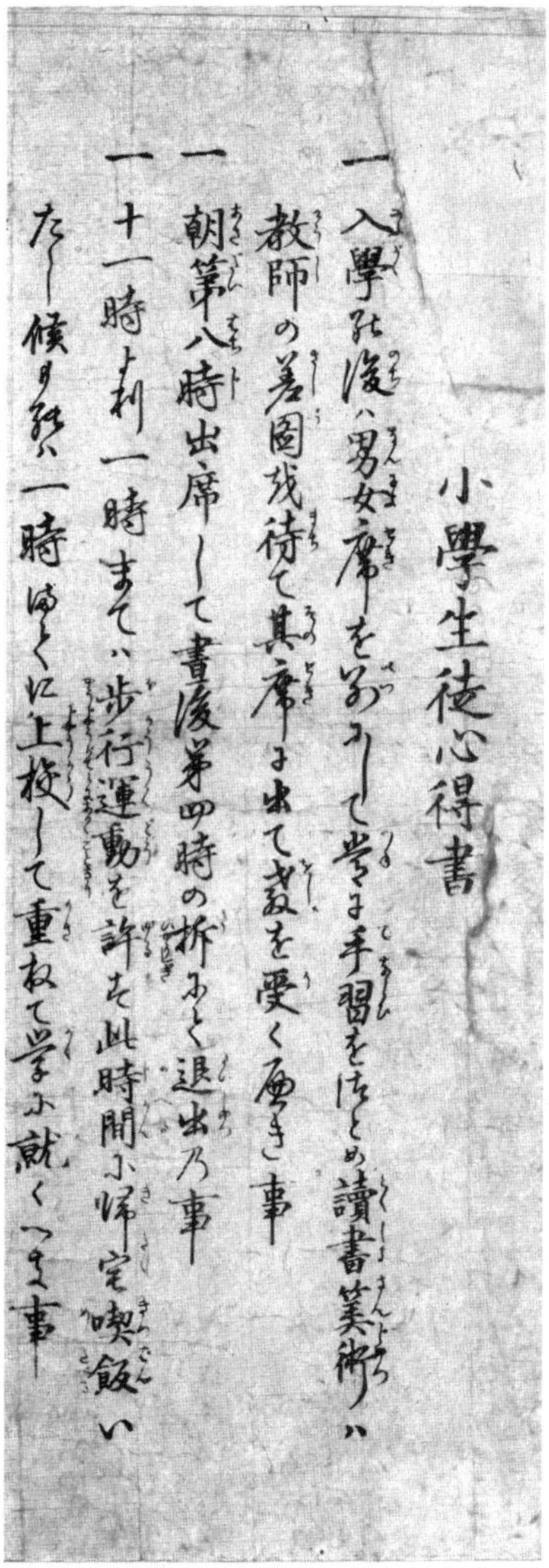

小學生徒心得書《こころえがき》

一　入學の《能》後は男女席を別に《尔》して常に《尔》手習をつ《徒》とめ讀書筭（算）術は教師の差図を《越》待て其席に《尔》出《いで》て教を受くべ《遍》き事。

一　朝第八時出席して晝後第四時の柝《たく》〔一〕に《尔》て《天》退出の《乃》事。

一　十一時より《利》一時までは歩行運動を許す《春》。此時間に《尔》帰宅喫飯いたし候もの《毛能》は一時まで《満天》に《尔》上校して重ねて学に就くべ《支》き事。

〔一〕柝：堅い木で作った二本の四角い棒状の音具、拍子木。

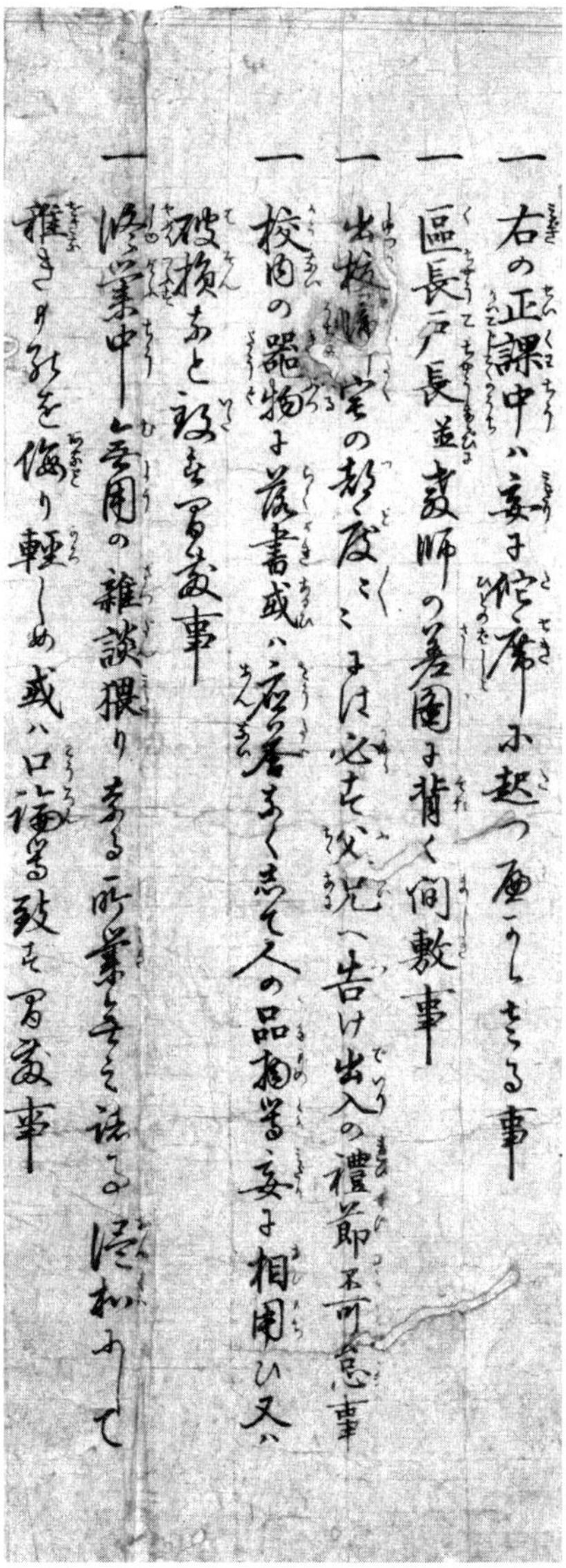

一　右の正課中は妄に《尔》佗席〔一〕に起《た》つべ《遍》か《可》らざ《左》る事。

一　區長戸長並教師の差図に《尔》背く間敷事《まじきこと》〔二〕。

一　出校帰宅の都度《つど》都度に《尔》は必ず《春》父兄へ告げ、出入の禮節不可怠《おこたるべからざる》事。

一　校内の器物に《尔》落書或は応答な《奈》くし《志》て人の品物等妄に《尔》相用い《ひ》又は
破損な《奈》ど致す《春》間敷事。

一　修業中無用の雑談猥りな《奈》る所業《しょぎょう》無之、諸事温和に《尔》して
稚きもの《毛能》を侮り軽しめ或は口論等致す《春》間敷事。

〔一〕佗席：ほかの席、自分の席以外の席。

〔二〕間敷事：～してはいけないこと。

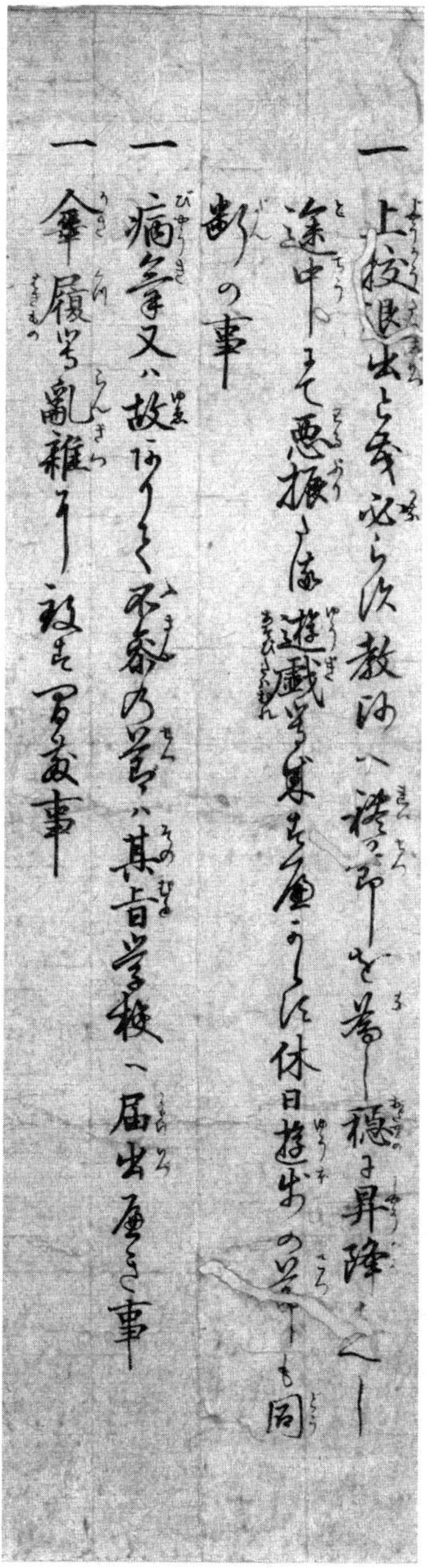

一　上校退出と《止》も《茂》必らず《須》教師へ禮節を為し穏に《尓》昇降す〔一〕べし。

一　途中に《尓》て悪振《わるぶり》た《多》る《流》遊戯等成す《春》べ《遍》か《可》らず《須》。休日遊歩の節も同断〔二〕の事。

一　病気又は故あ《阿》りて《天》不参の《乃》節〔三〕は其旨学校へ届出《とどけいづ》べ《遍》き事。

一　傘履《かさくつ》等亂雜に《耳》致す《春》間敷事。

〔一〕昇降す：登下校する。
〔二〕同断：ほかのものと同じであること。
〔三〕不参の節：登校しない時。

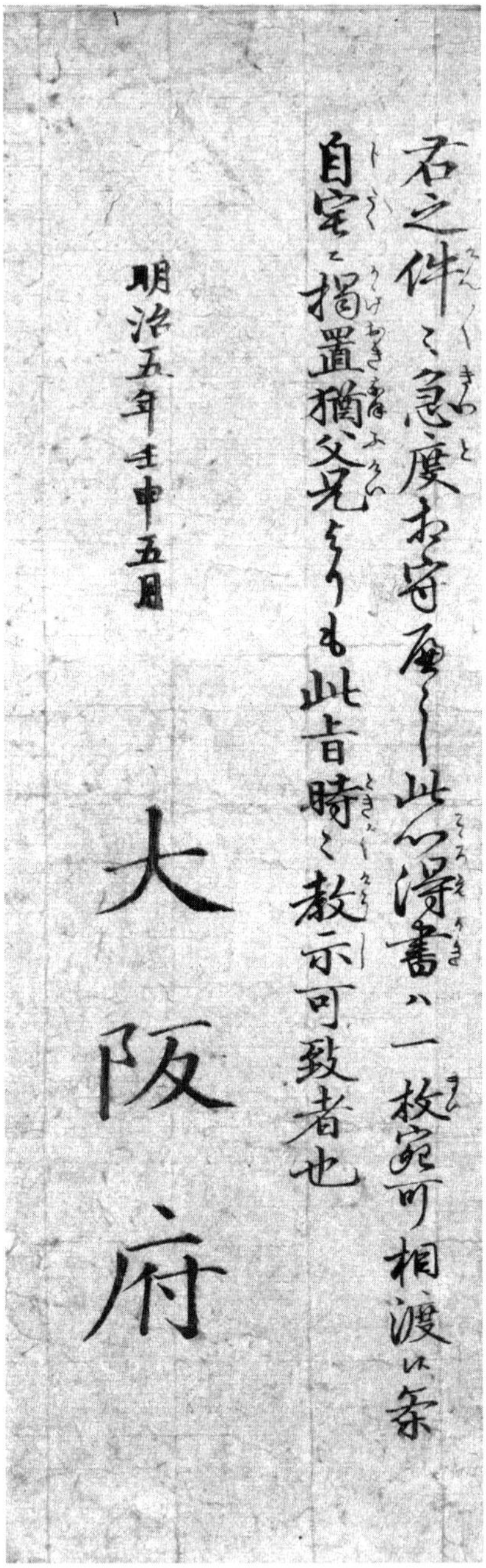
右之件ゝ急度相守遍し此心得書ハ一枚宛可相渡候条
自宅ニ掲置猶父兄よりも此旨時ゝ教示可致者也
明治五年壬申五月
大阪府

右之件件急度《きっと》〔一〕相守《あいまもる》べ《遍》し。此心得書は一枚宛《ずつ》可相渡候条《あいわたすべくそうろうじょう》〔二〕、
自宅に掲置《かかげおき》猶父兄よりも此旨時々教示可致者也。
明治五年壬申五月　大阪府

〔一〕急度：かならず。
〔二〕可相渡候条：渡すことになっているので。

（四）佐藤春夫作品（明治末至大正时代）

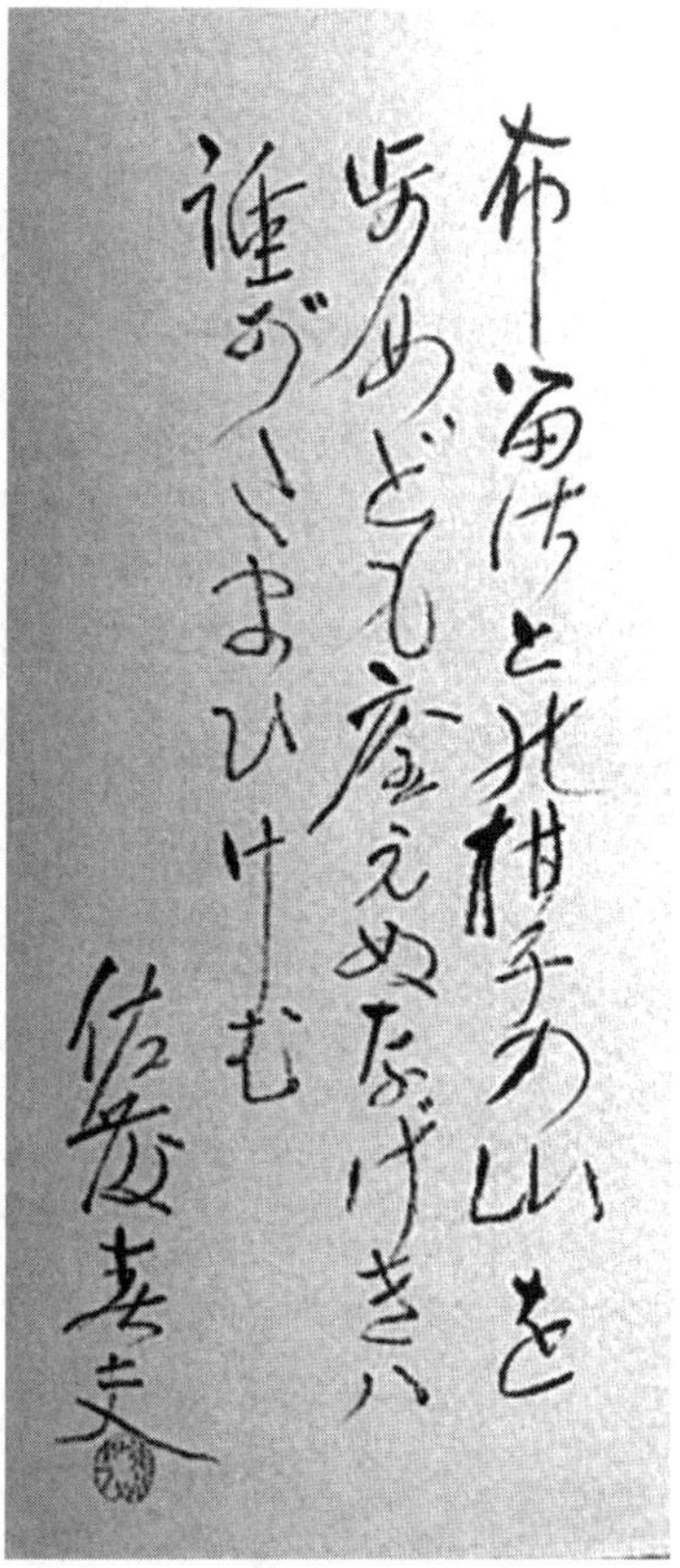

ふ《布》る《留》さ《佐》との《能》　柑子《こうじ》の山を
歩めども　癒えぬなげきは
誰が《可》た《多》ま《末》い《ひ》けむ〔一〕
佐藤春夫

〔一〕たまいけむ：「けむ」为过去推量助动词。→くれただろう。

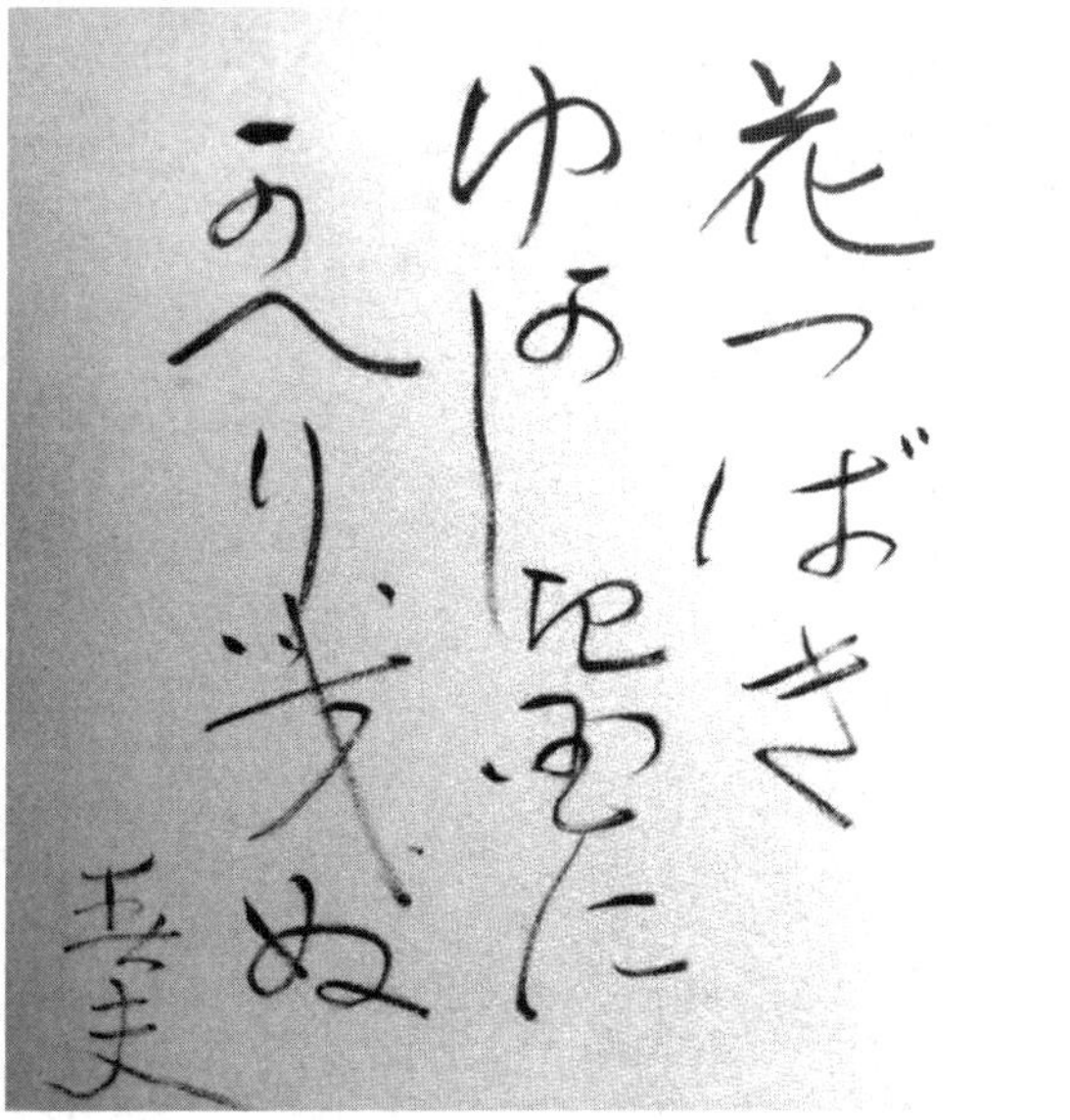

花つばき
ゆか《可》し《起》き国〔二〕に
かえ《可へ》り《幾》きぬ〔三〕
春夫

〔二〕ゆかしき国：心のひかれる故郷。
〔三〕かえりきぬ：「き」为动词「来《く》」的连用形，「ぬ」为完了助动词。→帰ってきた。

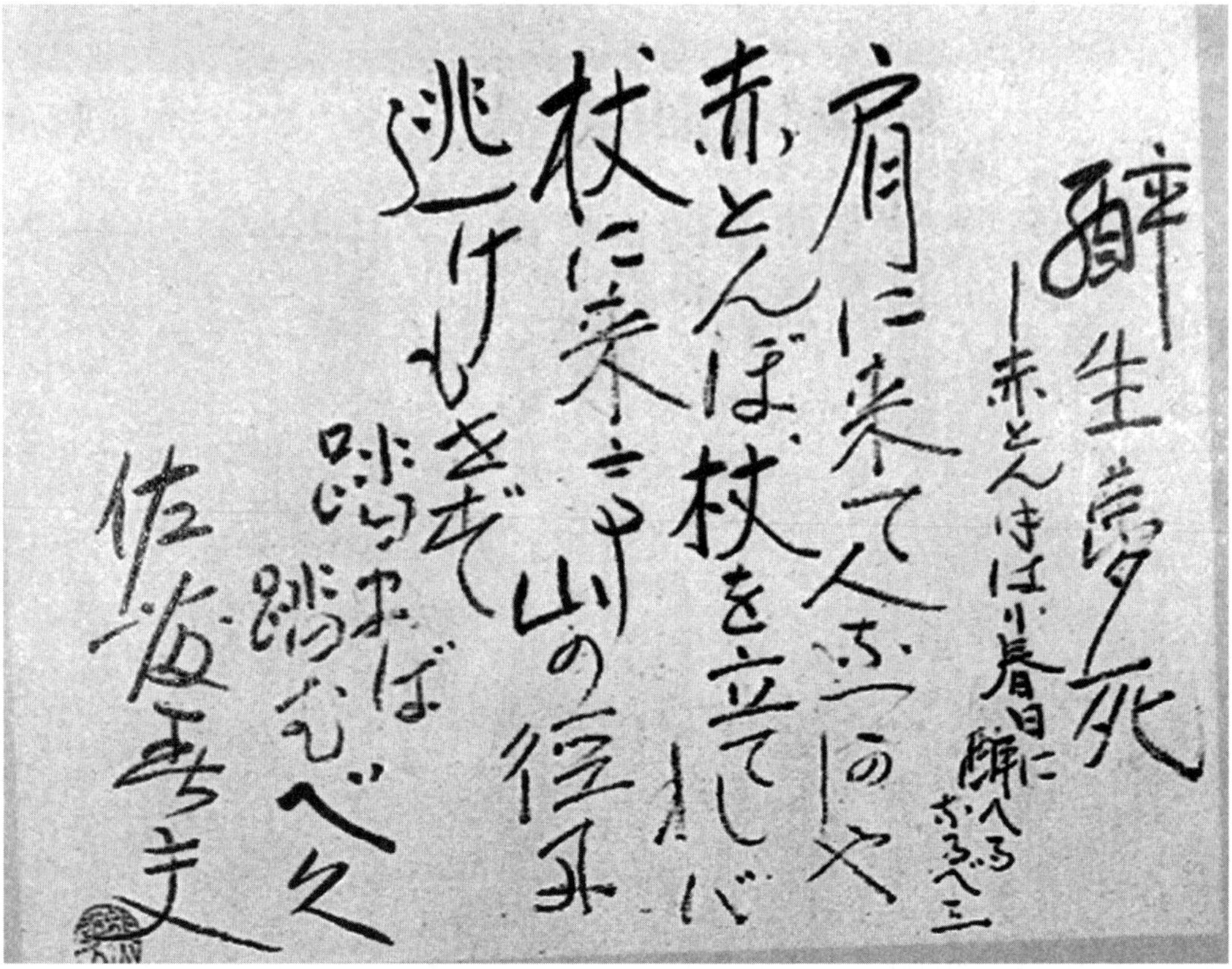

醉生夢死

——赤とんぼは小春日に醉え《へ》るな《奈》るべし《志》〔一〕

肩に来て人な《奈》つか《可》しや

赤とんぼ杖を立てれば〔二〕

杖に来《》て《亭》山の徑に《丹》

逃げもせ《世》ず《春》

踏ま《末》ば〔三〕踏むべく《久》

佐藤春夫

〔一〕酔えるなるべし：「べし」为表示推量的助动词，语气比同样表示推量的「む」更有把握。→酔っているだろう、うっとりしているだろう。

〔二〕立てれば：「ば」表示确定条件。→立てたら。

〔三〕踏まば：「ば」表示假定条件。→踏めば。

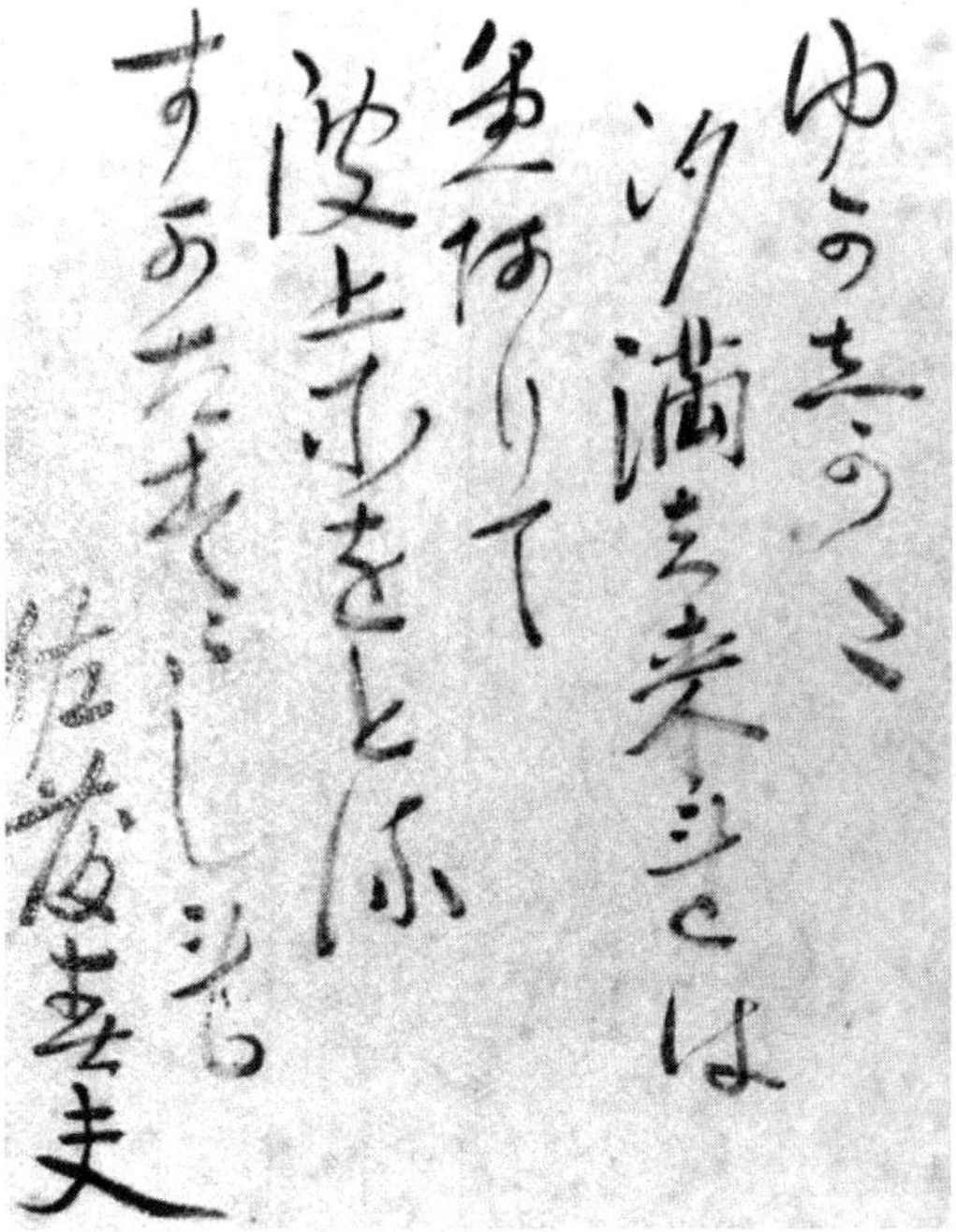

常用汉字草书㈣

ゆか《可》し《志》か《可》た《多》〔一〕
汐満ち《知》来れ《連》ば〔二〕
魚あ《阿》りて
波上に《尓》お《を》ど《と》る《流》
すが《可》たす《春》ず《々》しも《毛》〔三〕
佐藤春夫

〔一〕ゆかしかた：位于和歌山县那智胜浦町的一个由淡水与海水混合而成的湖，由佐藤春夫命名。意为「心の惹かれる潟」。

〔二〕満ち来れば：満ちてきたら。「ば」表示确定条件。

〔三〕すずしも：清らかですがすがしいなあ。「も」为表示咏叹的终助词。

三、「候」的常用例

㈠候…そうろう↓ます、です

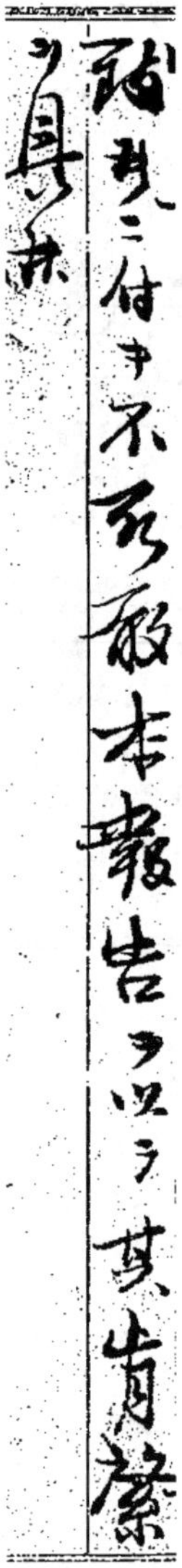
致候ニ付キ不取敢本報告ヲ以テ其肯綮
ヲ具候

【解读】（致候に付き）不取敢《とりあえず》本報告を以て其肯綮《こうけい》を具候《ぐしそうろう》。
↓とりあえず本報告を以てその肝心なところを申し上げます。

㈡有之候…これありそうろう↓あります

難ク此航路ニ使用スル船舶モ亦焼棄掠奪ノ
虞有之候抑此航路ハ未タ本邦以外ノ國人

【解读】（難く）此航路に使用せる舩舶も亦焼棄掠奪の虞有之候《これありそうろう》。（抑此航路は未だ本邦以外の国人）
↓この航路に使用している多くの船もまた焼き捨てられたり掠奪されたりするおそれがあります。

㈢無之候…これなくそうろう↓ありません

ニ蒙リタル損失ハ實ニ夥シク殆ント一
私會社ノ堪ユル處ニ無之候然レ圧窃ニ

【解読】（に）蒙りたる損失は實に夥《おびただ》しく殆んど一私会社の堪ゆる処に無之候《これなくそうろう》。（然れども窃に）

↓蒙った損失は実に夥しくほとんど一私会社の堪えられるものではありませんでした。

㈣～に御座候：～にござそうろう→～でございます

ノ染指セサルトコロ而モ江南第一ノ利源ヲ疏通
スヘキ将来有望ノ地勢ニ御座候独リ我大東

【解読】（の染指せざるところ）而《しか》も江南第一の利源を疏通すべき将来有望の地勢に御座候。（独り我大東）

↓しかも江南第一の利源を疎通することができる将来有望の地勢でございます。

㈤無御座候：ござなくそうろう→ございません、ありません

右之通相違無御座候也

【解読】右之通相違無御座候《ござなくそうろう》也。

↓以上の通り間違いありません。

㈥**致候**：いたしそうろう↓いたします

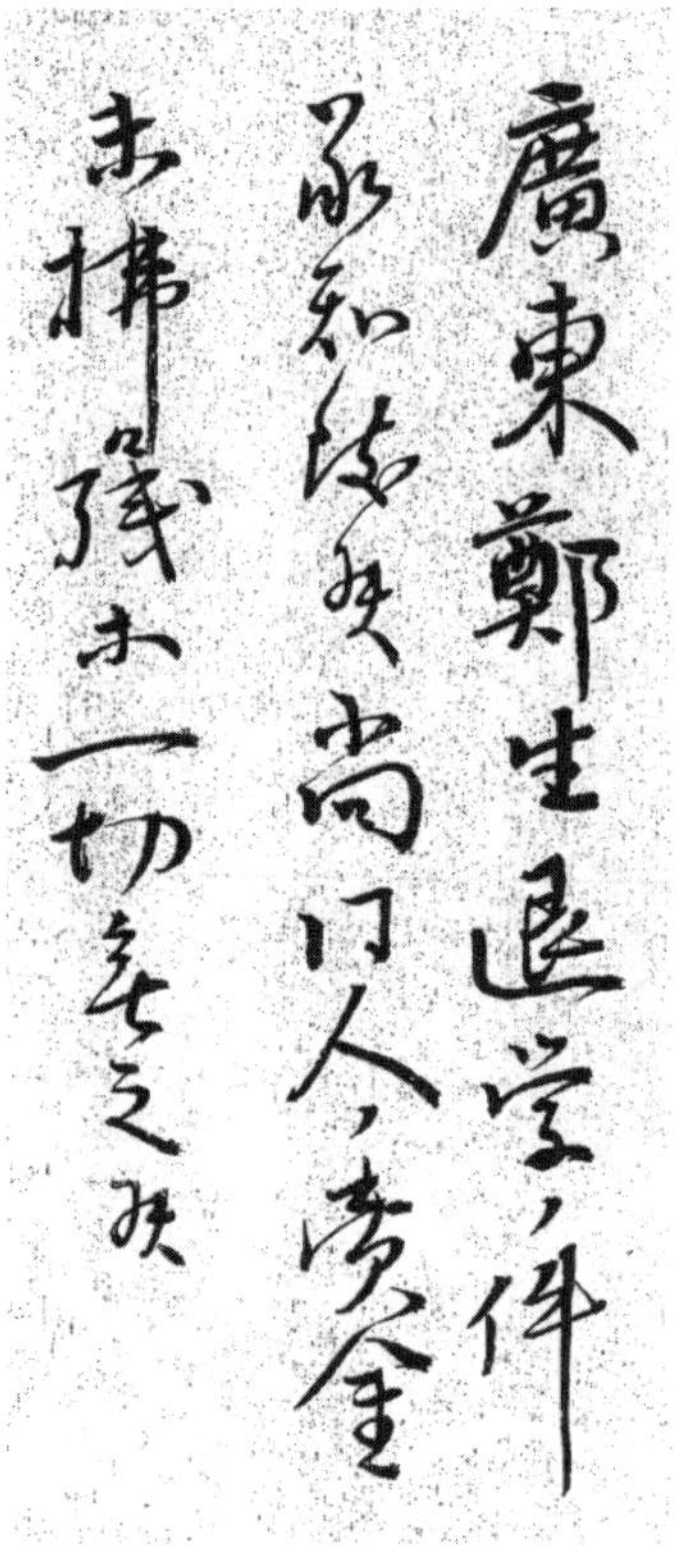
廣東鄭生退学ノ件
承知致候尚同人ノ費金
未拂拂殘等一切無之候

【解读】広東鄭生退学の件承知**致候**《いたしそうろう》。尚同人の費金未拂、拂残等一切無之候《これなくそうろう》。

↓広東籍の鄭という学生の退学の件は承知致しました。なお当該学生の費用未払い、払い残し等は一切ありません。

㈦**不致候**：いたさずそうろう↓いたしません

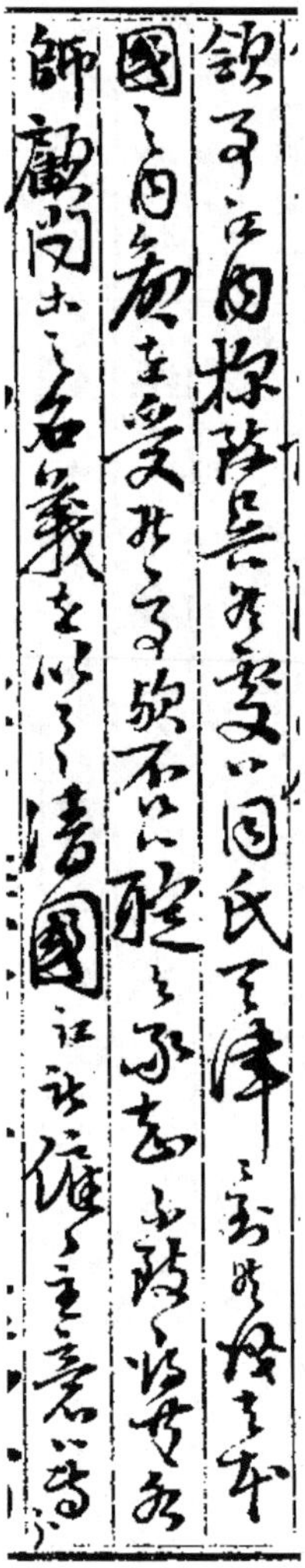

【解読】（領事へ《江》内称致呉候処は）同氏天津に到候儀《いたりそうろうぎ》は《者》本国之内命を受候《うけそうろう》事歟否《かいなか》は瞭《しか》と承知**不致候**《いたさずそうら》得共《えども》、各師顧問等之名義を以て《天》清国へ《江》被傭候《やとわれそうろう》主意は（専）

→同氏が天津に到着したことは、本国の内命を受けたかどうかはっきり分かりませんが、各師の顧問等の名義を以て清国へ雇われる主意は……

㈧**仕候**：つかまつりそうろう→いたします、もうしあげます

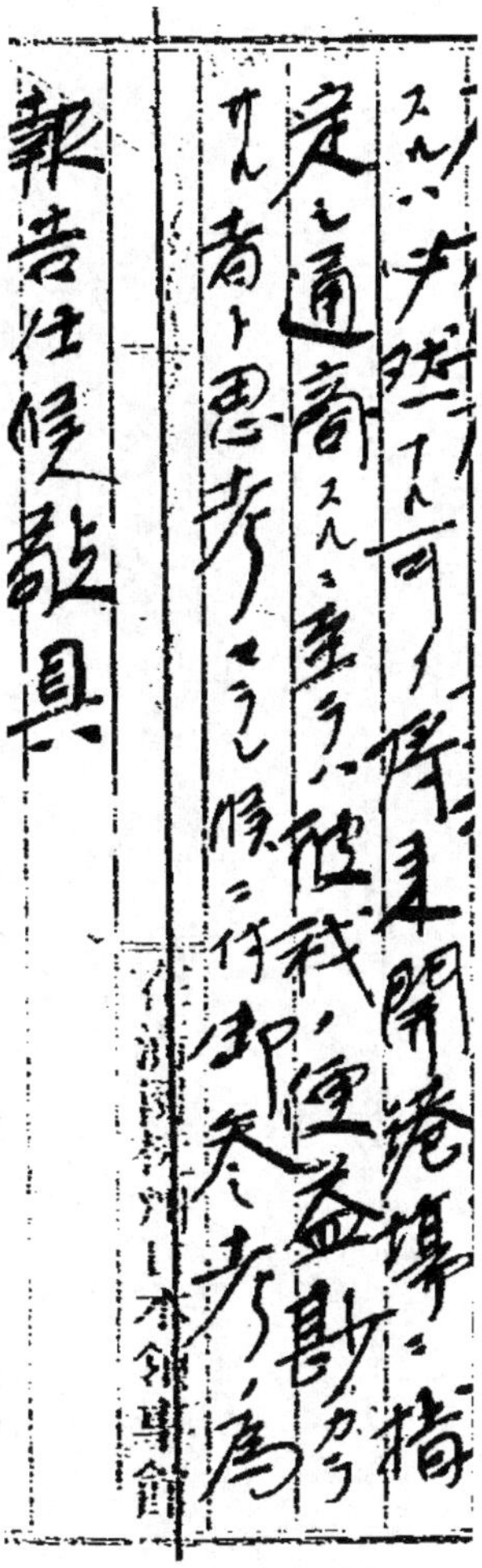

【解読】（するは必然なる可く）将来開港場に指定し通商するに至らば、彼我の便益尠からざる者と思考せられ候に付、御参考の為報告**仕候**《つかまつりそうろう》。　敬具

→将来開港場に指定し通商するようになれば、お互いの便益が少なくないものと思われますので、ご参考のためにご報告いたします。　敬具

㊈**不仕候**：つかまつらずそうろう↓いたしません

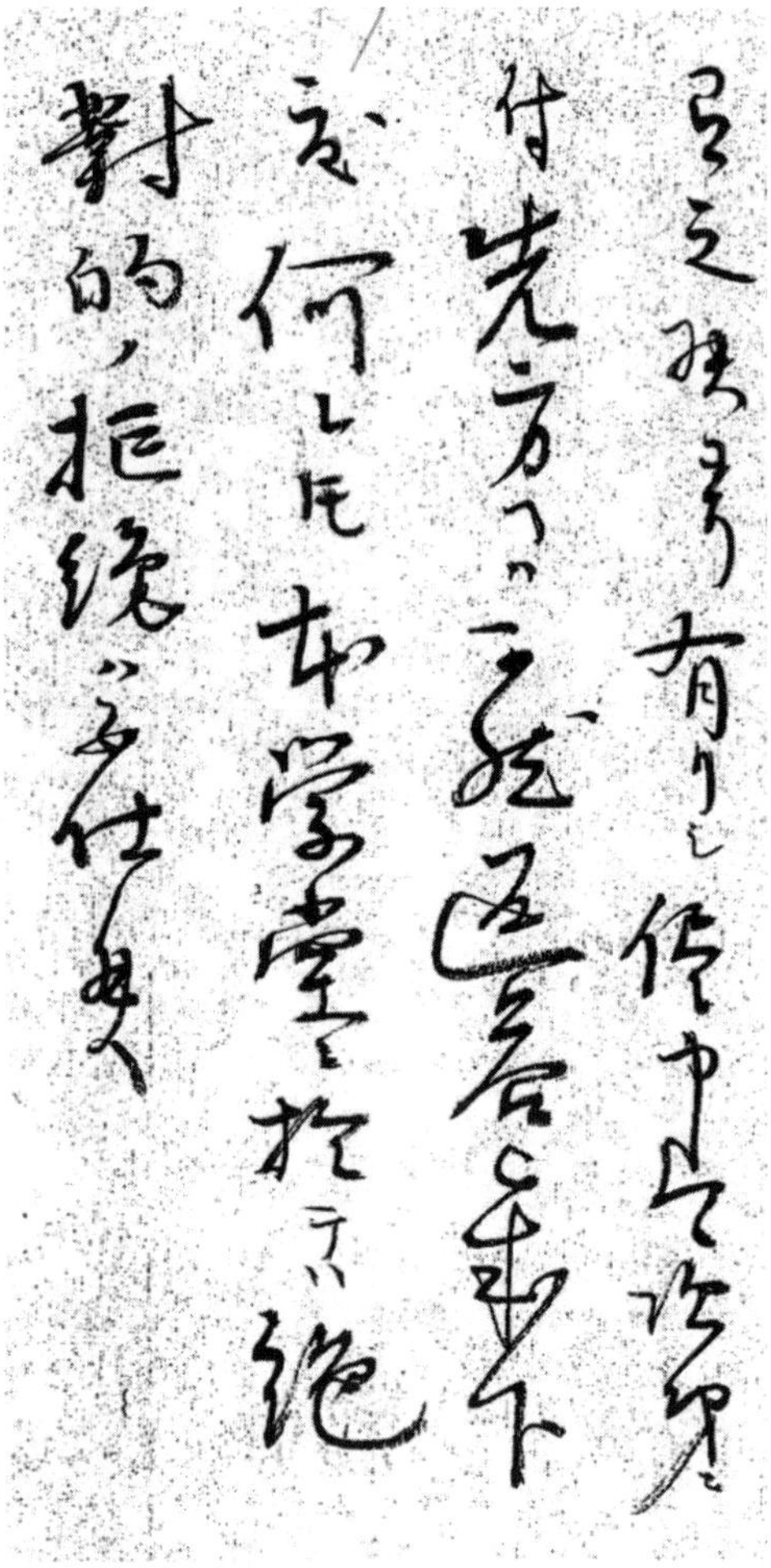

【解读】（有之候より）有りし侭《まま》申《もうし》上《あげ》候《そうろう》次第に付、先方へは可然《しかるべく》返答被成下度《なしくだされたく》、何れとも（𪜈）本学堂に於ては絶対的の拒絶は**不仕候**《つかまつらずそうろう》。

↓あったことをそのまま申し上げますので、先方へは適当に返答していただきたいです。いずれにせよ、本学堂においては絶対的な拒絶はいたしません。

㊉**可致候（可仕候）**：いたすべくそうろう（つかまつるべくそうろう）↓しましょう、いたしましょう、するべきです

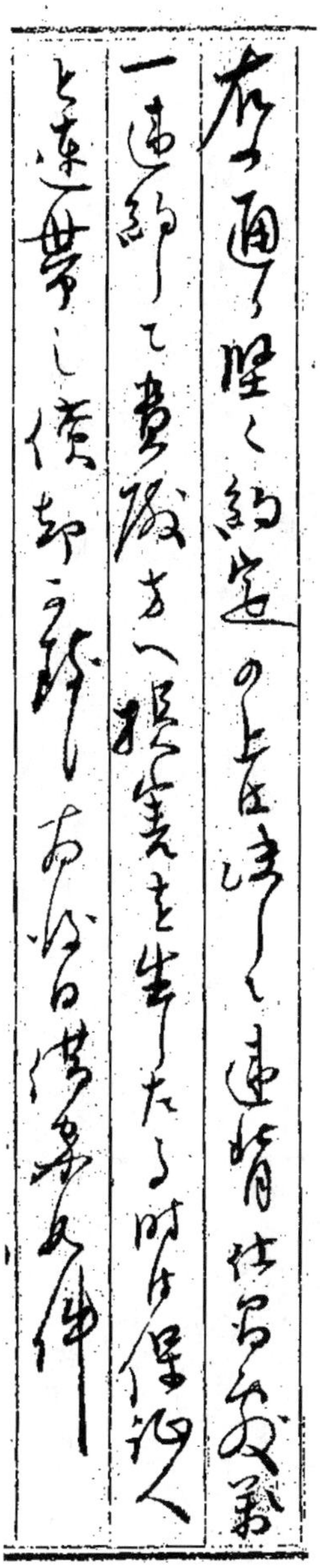
右之通り堅く約定の上は決して違背仕間敷萬
一違約して貴殿方へ損害を生じたる時は保証人
と連帯して償却可致候為後日借家如件

【解読】右の通り堅く約定の上は決して違背仕間敷《つかまつるまじく》、萬一違約して貴殿方《きでんがた》へ損害を生じたる時は保証人と連帯し償却**可致候**《いたすべくそうろう》。為後日《ごにちのため》借家如件《くだんのごとし》。

→以上の通り堅く約定した上は決して違背することはありません。万が一違約して貴殿方へ損害を与えた場合は保証人と連帯して償却することを約束します。後日に異議がないために借家は次の通り書き記しておきます。

㈡**置候**：おきそうろう→〜ておきます

右徐世昌トノ會話ノ一節御報告旁卑見ノ一班
及披陳置候也

【解読】右徐世昌との会話の一節御報告旁《かたがた》卑見の一班及披陳**置候**也《ひちんおくにおよびそうろうなり》。

→以上、徐世昌との会話の一節をご報告するとともに、一部卑見を述べさせていただいておきます。

㊂居候：おりそうろう↓～ております

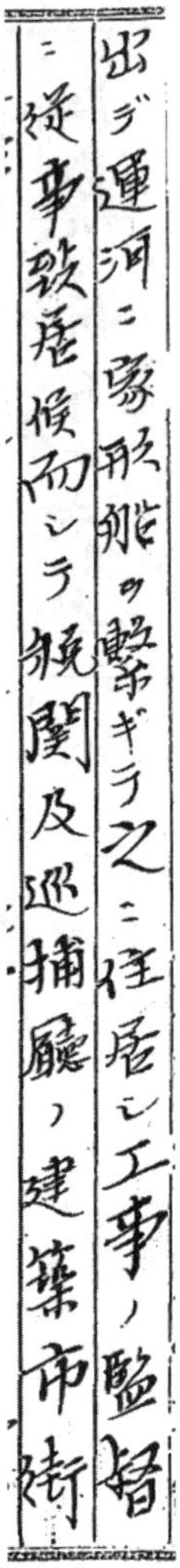
出デ運河ニ家形船ヲ繋ギテ之ニ住居シ工事ノ監督ニ従事致居候而シテ税関及巡捕廳ノ建築市街

【解读】（出で）運河に家形船を繋ぎて之に住居し工事の監督に従事致居《いたしおり》候《そうろう》。（而して税関及巡捕廳の建築市街）

↓運河に家のような形の船を繋いでその中に居住し工事の監督に従事しております。

㊂候間：そうろうあいだ↓ですので

當然ノ責務上外囲ノ事情ニ不拘営業ヲ継續致心得ニ有之候間何卒必要ノ御保護被為與度以書面此段及稟請候也

【解读】当然の責務上外囲の事情に不拘《かかわらず》営業を継續致心得に有之候間《これありそうろうあいだ》、何卒必要の御保護被為與度《あたえさせられたく》以書面《しょめんをもって》此段及稟請候《りんせいにおよびそうろう》也。

↓当然の責務上、外囲の事情に拘わらず営業を継続致す覚悟ですので、なにとぞ必要なご保護を与えていただきますよう書面をもってお願い申し上げます。

（一四）候に付：そうろうにつき→ですので、ますので

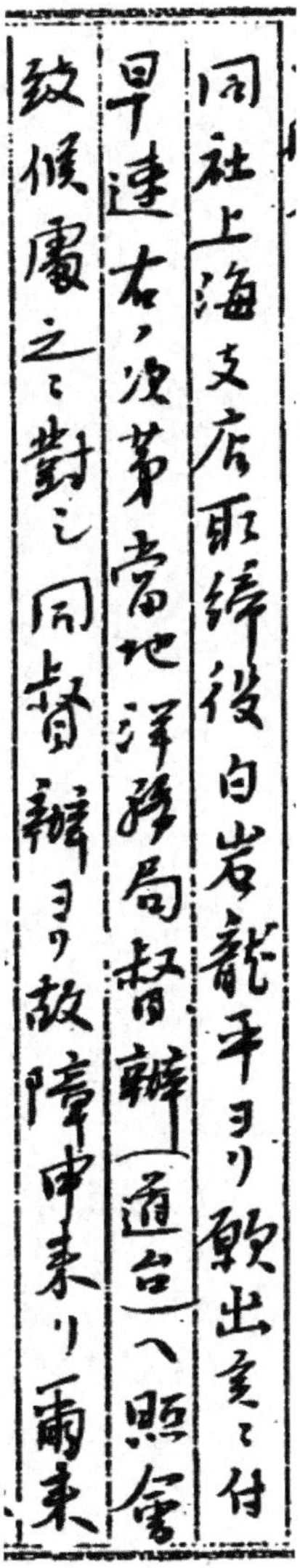
同社上海支店取締役白岩龍平ヨリ願出候ニ付
早速右ノ次第当地洋務局督辦（道台）ヘ照會
致候處之ニ對シ同督辦ヨリ故障申来リ爾来
【解読】同社上海支店取締役白岩龍平より願出候に付、早速右の次第当地洋務局督辦（道台）へ照會致《いたし》候處《そうろうところ》、之に對し同督辦より故障申来り（爾来）

→同社上海支店取締役白岩龍平より願出ましたので、早速上記のいきさつを当地洋務局督弁（道台）へ照会いたしたところ、これに対して同督弁より異議を申し立ててきて…

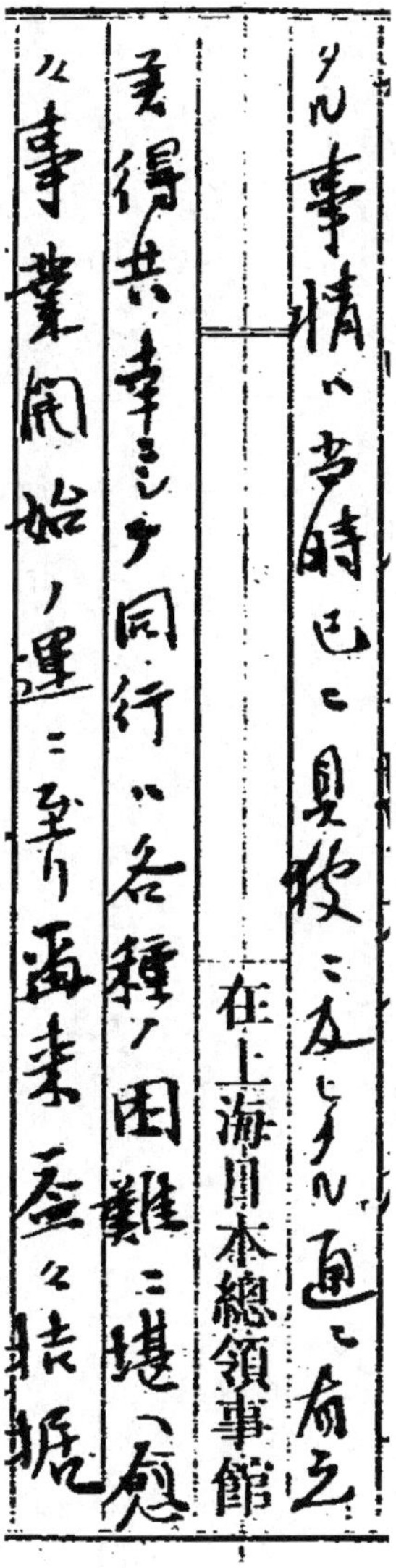
タル事情ハ当時已ニ具報ニ及ヒタル通ニ有之
在上海日本總領事館
候得共幸ニシテ同行ハ各種ノ困難ニ堪ヘ愈
々事業開始ノ運ニ到リ爾来益々拮据

（一五）候得共（候へ共）：そうらえども→ですけれども

【解读】（たる事情は）当時已に具報に及びたる通に有之候得共《これありそうらえども》、幸にして同行《どうぎょう》は各種の困難に耐え《へ》愈々事業開始の運に至り（爾来益々拮据）

↓当時すでに具体的に報告させていただいたとおりですが、幸いに仲間たちは各種の困難に耐えいよいよ事業開始の運びとなり…

㊅**候得者**：そうらえば↓〜ますので、〜したら、〜したところ

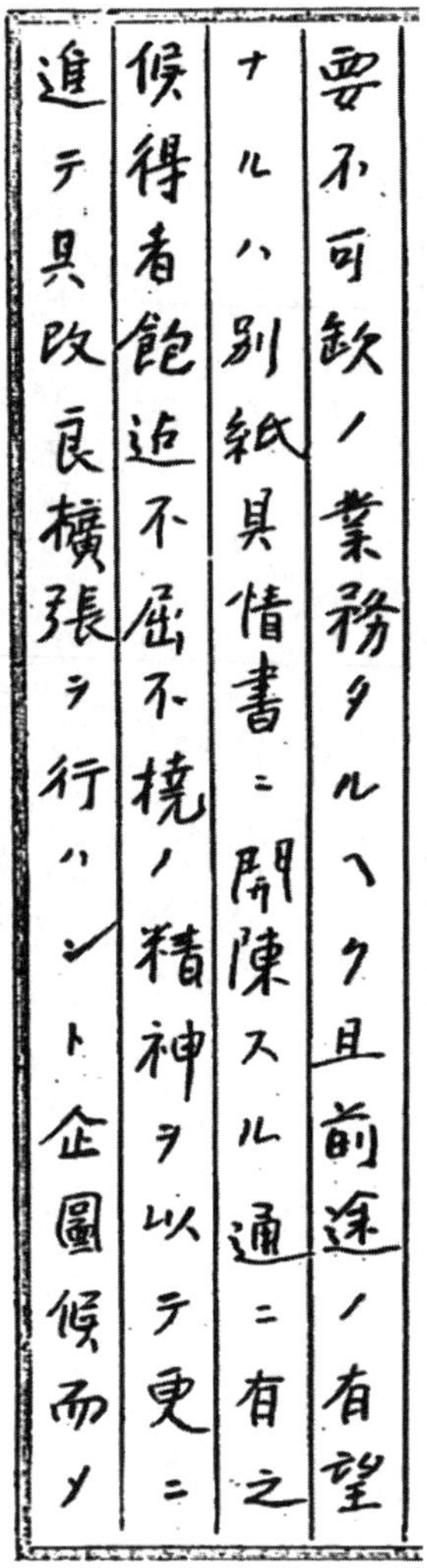
要不可欠ノ業務タルヘク且前途ノ有望
ナルハ別紙具情書ニ開陳スル通ニ有之
候得者飽迄不屈不撓ノ精神ヲ以テ更ニ
進テ具改良横張ヲ行ハンﾄ企圖候而メ

【解读】（要不可欠の業務たるべく）且前途の有望なるは別紙具情書に開陳する通に有之**候得者**《これありそうらえば》、飽迄《あくまで》不屈不撓の精神を以て更に進で其改良拡張を行わ《は》んと企圖候《きとしそうろう》。（而して《メ》）

↓かつ前途が有望であることは添付の具情書に述べたとおりですので、徹底的に不屈不撓の精神を以て更に進んでその改良と拡張を行おうと企てております。

㊆**候はば（候者ば）**：そうらわば↓〜なら

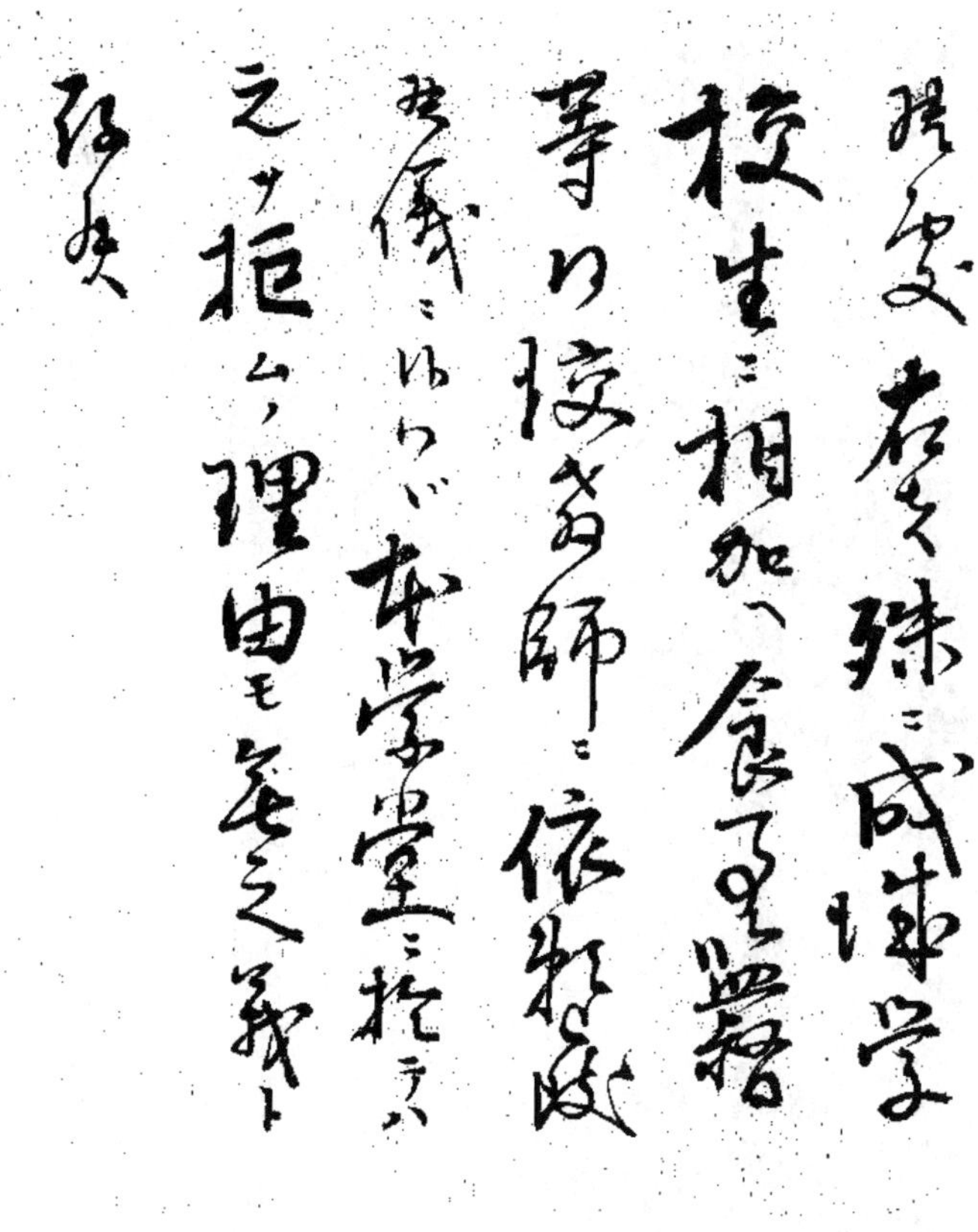

常用汉字草书㊄

【解读】（候處）右は《者》殊に成城学校生に相加え《へ》、食事監督等同校教師に依頼被致候《いたされそうろう》儀《ぎ》に**候はば**《そうら》、本学堂に於ては之を拒むの理由も無之義《これなきぎ》と存候《ぞんじそうろう》。

↓上記の件については、殊に成城学校生に加えて、食事や監督等は同校の教師に依頼するということであれば、本学堂においてはこれを拒む理由もないと存じます。

㈧候而者：そうらいては↓〜しては

従来西洋諸國ヲ深ク厭ヒ申候夫故殺
伐強暴之習風ヲ帯候而ハ決而彼与情
交ヲ結ひ難し然ル處今般木戸從三位殿

【解读】従来西洋諸国を深く厭い《ひ》申《もうし》候《そうろう》。夫故《それゆえ》殺伐強暴之習風を帯《おび》候《そうらい》て《而》は《者》決て《而》彼と情交を結び難し。（然る處今般木戸従三位殿）

↓（清国は）従来西洋諸国を深く嫌っています。だから、殺伐強暴の風習を持っていては、あの国と親しく交際することは決して簡単ではありません。

㈨候半（候はん）：そうらわん↓ましょう、でしょう

信ヲ以テ戦争ノ終結ニ連レ御着ニ
於テ自然御不用ノ品モ御座候ハヽ
ントト存シ候條左記品々ノ廢物御
払下ノ際ニハ是非願受ケ度旨申

【解読】（信を以て）戦争の終結に連れ御省に於て自然《おのずから》御不用の品も御座候《ござそうら》はんと存じ候條《そうろうじょう》、左記品々の廃物御払下《はらいさげ》の際には是非願受け度旨（申）

→戦争の終結につれ、御省に於いて自然にご不用の品もあるだろうと存じますので、下記品々の廃物を払い下げる際にはぜひお受けしたいことを…

⑳**候故**：そうろうゆえ→～ので

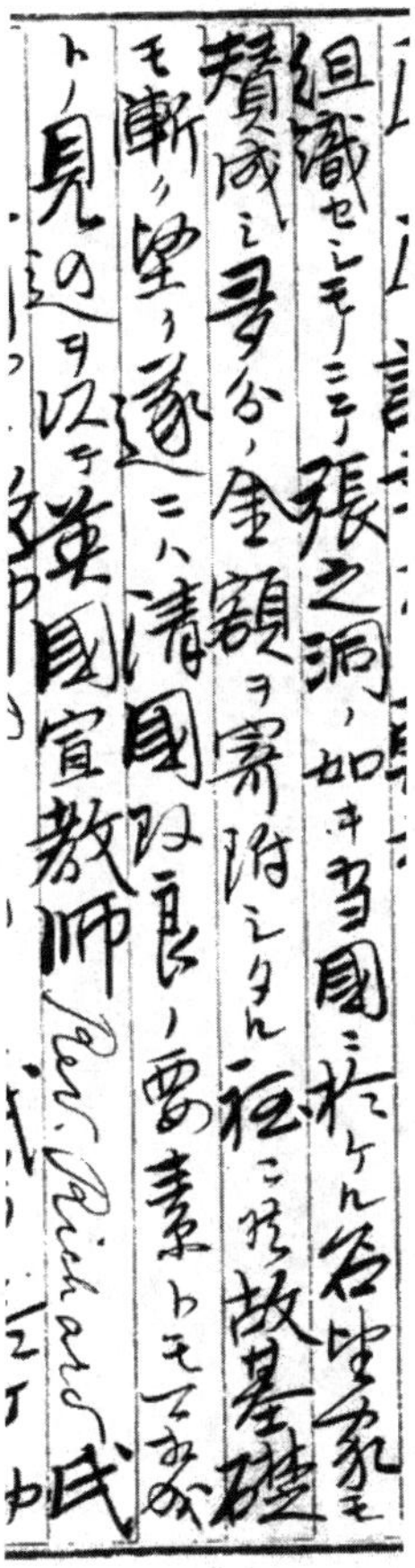
組織セシモノニテ張之洞ノ如キ当國ニ於ケル名望家モ
賛成シ多分ノ金額ヲ寄附シタル程ニ候故基礎
モ漸ク堅ク遂ニハ清國改良ノ要素トモ可相
成トノ見込ヲ以テ英國宣教師 Red Richard 氏

【解読】（組織せしものにて）張之洞の如き当國に於ける名望家も賛成し、多分の金額を寄附したる程に**候故**《そうろうゆえ》、基礎も漸く堅く遂には清国改良の要素とも可相成《あいなるべく》との見込みを以て（英國宣教師 **Red Richard** 氏）

→張之洞のような当国の名望家も賛成し、多分の金額を寄付したほどですので、基礎も漸く堅く遂には清国改良の要素ともなるだろうとの見込みを以て…

㉑**候由**：そうろうよし→～とのことです、～だそうです

○両三日中には運動會之れあり候由に御座候

【解读】両三日中には運動會之れあり 候《そうろう》由《よし》に御座候《ござそうろう》。

↓二、三日中には運動会があるとのことです。

㊂候趣：そうろうおもむき↓～とのこと、～という内容

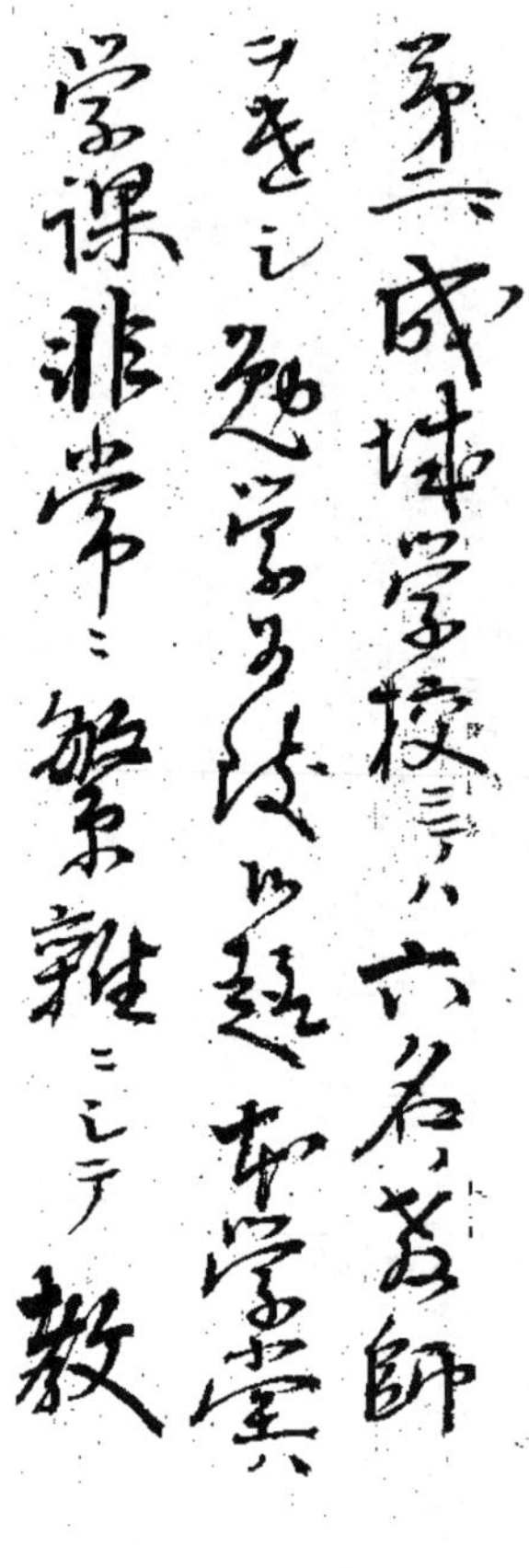
第二、成城学校ニテハ六名ノ教師ヲ遣シ勉学為致候趣本学堂ハ学課非常ニ繁雑ニシテ教

【解读】（第二、）成城学校にては六名の教師を遣し勉学為致《いたさせ》候《そうろう》趣《おもむき》、本学堂は学課非常に繁雑にして（教）

↓成城学校では六名の教師を遣わして勉学させるとのことですが、本学堂は学課が非常に繁雑で…

㊂**候儀**（**候義**）：そうろうぎ↓したことは、することは

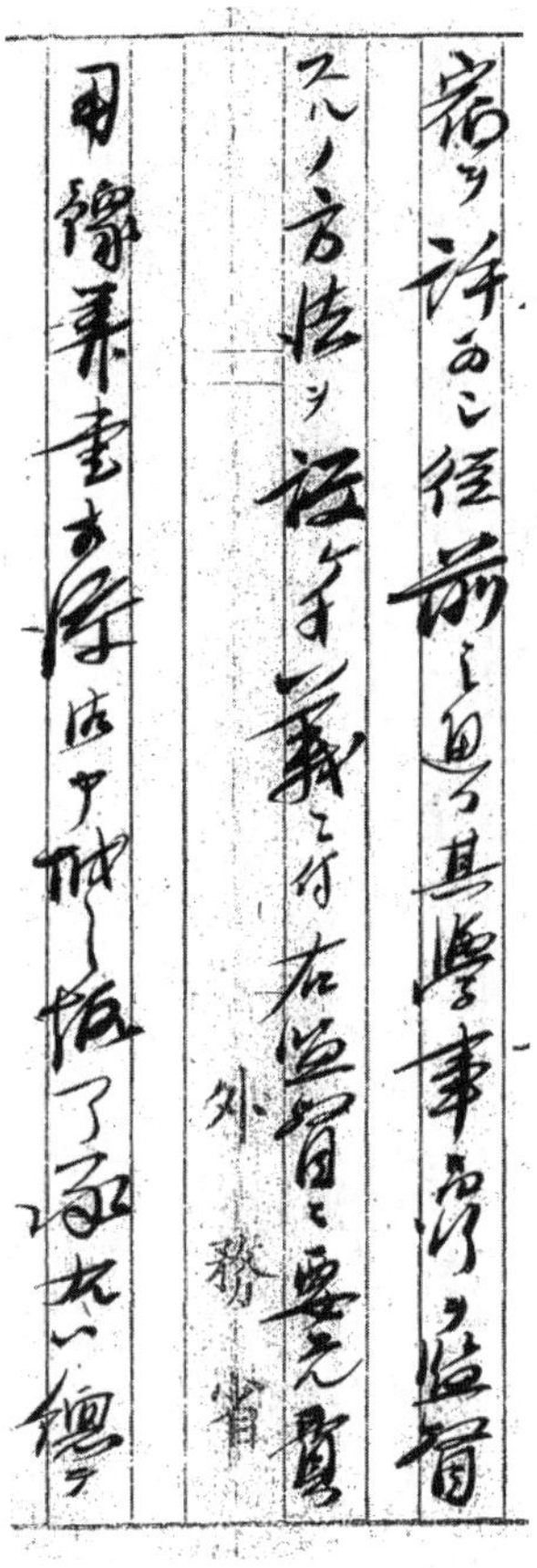
宿ヲ許シ従前之通リ其學事品行ヲ監督
スルノ方法ヲ設ケ候義ニ付右監督ニ要スル費
用豫算書相添御申越之趣了承右ハ總テ
外務省

【**解読**】（宿を許し）従前之通り其学事品行を監督するの方法を設け**候義**《そうろうぎ》に付、右監督に要する費用豫算書相添《あいそえ》御申越《おもうしこし》の趣了承。（右は總て）

↓従前の通りその学事と品行を監督する方法を設けることに関して、上記の監督に要する費用予算書を添えてご連絡いただいた内容は了承しました。

㊃**候段**：そうろうだん↓したことは

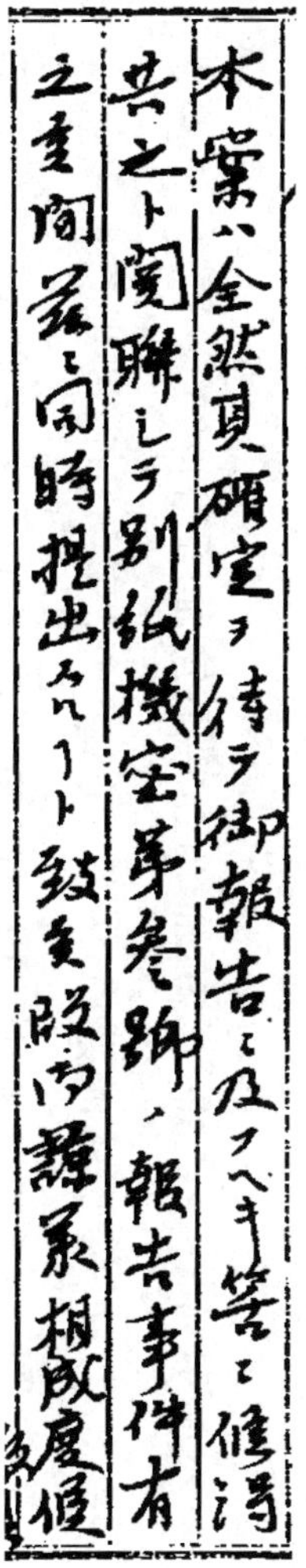
本案ハ全然貴確定ヲ待テ御報告ニ及フヘキ筈ニ候得
共之ト関聯シテ別紙機密事件ニ報告事件有
之重商議ニ同時提出スルト致候段御諒承相成度候

【解読】本案は全然其確定を待て御報告に及ぶべき筈に候得共《そうらえども》、之と関聯して別紙機密第叄号の報告事件有之候間、茲に同時提出することと致候段《そうろうだん》、御諒承相成度候。

↓本案は完全にその確定を待ってからご報告する予定でしたが、これと関連して別紙機密第三号の報告事項がありますので、ここに同時提出することと致しました。ご諒承くださいませ。

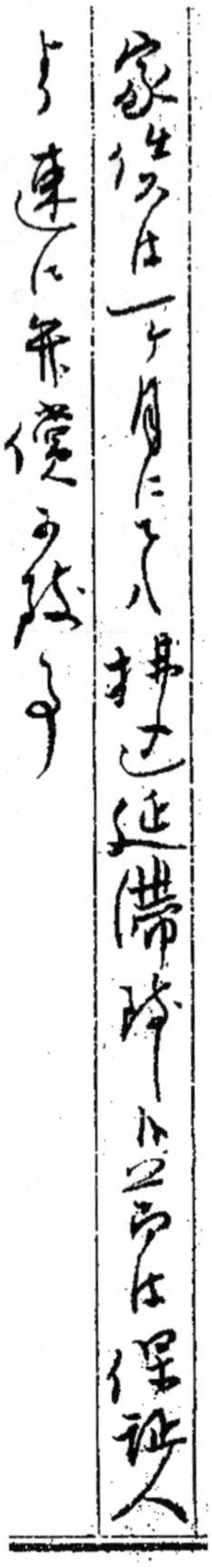

㉕**候節**：そうろうせつ→したときは

【解読】家賃は一ヶ月にて《天》の拂込、延滞致し**候節**《そうろうせつ》は保証人より速に弁償可致事《いたすべきこと》。

↓家賃は一ヶ月での払い込みで、延滞した場合は保証人より速やかに弁償しなければならないこと。

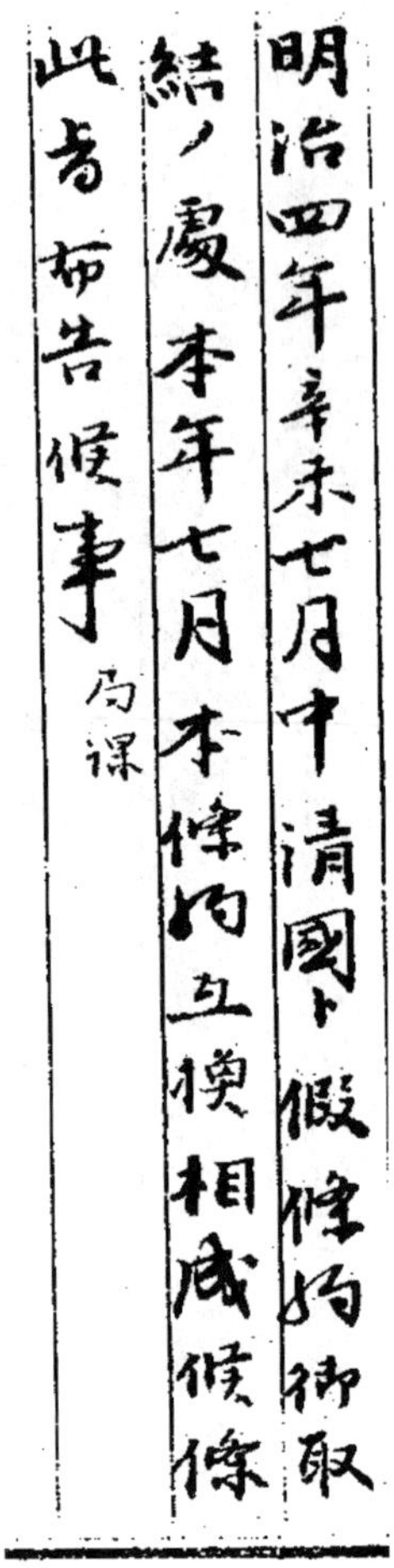

㉖**候条**（**候條**）：そうろうじょう→〜したので、するので、〜のゆえに、〜によって

【解読】明治四年辛未七月中、清国と假条約御取結の處本年七月本条約互換相成《あいなり》候條《そうろうじょう》、此旨布告候事《そうろうこと》。（局課）
↓明治四年辛未七月中、清国と仮条約を取り結んだところ、本年七月に本条約を互換しましたので、その旨を布告します。

㉗候処（候所）：そうろうところ↓〜ましたら、〜ましたが

【解読】梅見に御さそい《曽ひ》下され候處、用事これあり候に付御断申上候。
↓梅見にお誘いくださいましたが、用事がありますのでお断り申し上げます。

㉘候や（候哉）：そうろうや↓ましょうか、でしょうか

【解读】欧洲列強清国分割之端緒既に現れ申候《もうしそうろう》、本邦之處事如何被成居候哉《なされおりそうろうや》。

↓欧洲列強による清国分割の端緒が既に現れています。本邦の処事は如何されていますでしょうか。

様御了承諸事御準備相成度此
段申進候敬具

㉙**申進候**：もうしすすめそうろう、もうししんじそうろう↓申し上げます、申し送ります、お知らせします

【解读】（様御了承）諸事御準備相成度《あいなりたく》、此段**申進候**《もうしすすめそうろう》。敬具

↓諸事ご準備いただきますよう申し上げます。敬具

㉚**又候**：またぞろ↓再び、また、またしても

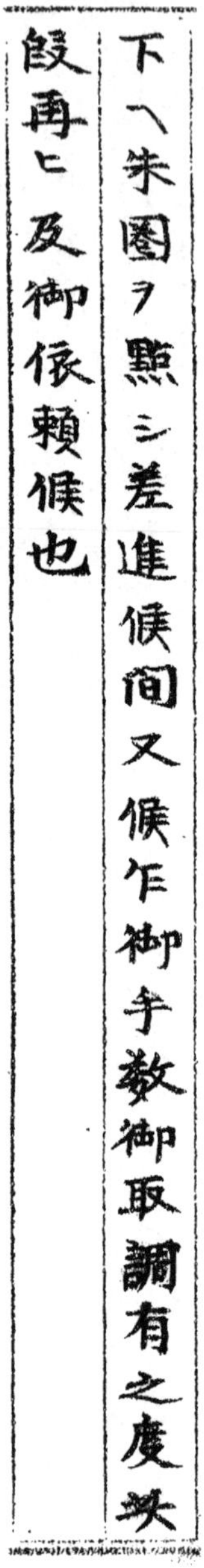
下ヘ朱圏ヲ點シ差進候間又候乍御手数御取調有之度此
段再ヒ及御依頼候也

【解读】（下ヘ）朱圏を點し差進候間、**又候**乍御手数《またぞろおてすうながら》御取調有之度《これありたく》、此段再び及御依頼候也《ごいらいにおよびそうろうなり》。

↓赤い圏点をつけてお送りしますので、再びお手数をおかけしますが、お取り調べいただきますよう、再度ご依頼申し上げる次第です。

㊂**差進候**：さしすすめそうろう↓差し上げます

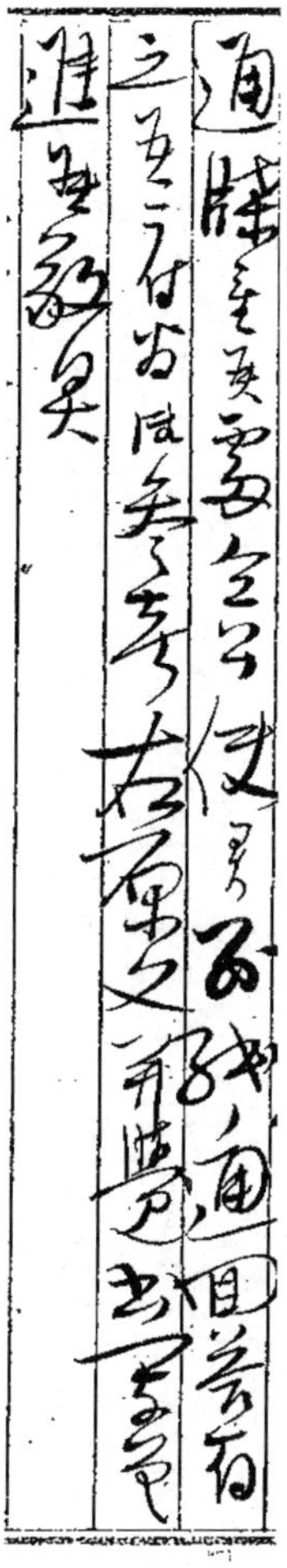

【解読】（通牒置候處）仝公使より別紙の通回答有之候《これありそうろう》に付、為御参考《ごさんこうのために》右原文並覚書写**差進候**《さしすすめそうろう》。敬具

↓同公使より別紙の通り回答がありましたので、ご参考のために以上の通り原文と覚書の写しをお送り差し上げます。敬具

㊂**存候**：ぞんじそうろう↓存じます、思います

【解读】先日は御きげんよく御帰宅之趣、めで度存《ぞんじ》候《そうろう》。

↓先日はご機嫌よくご帰宅されたとのこと、めでたく存じます。

㊂被存候：ぞんぜられそうろう↓思われます

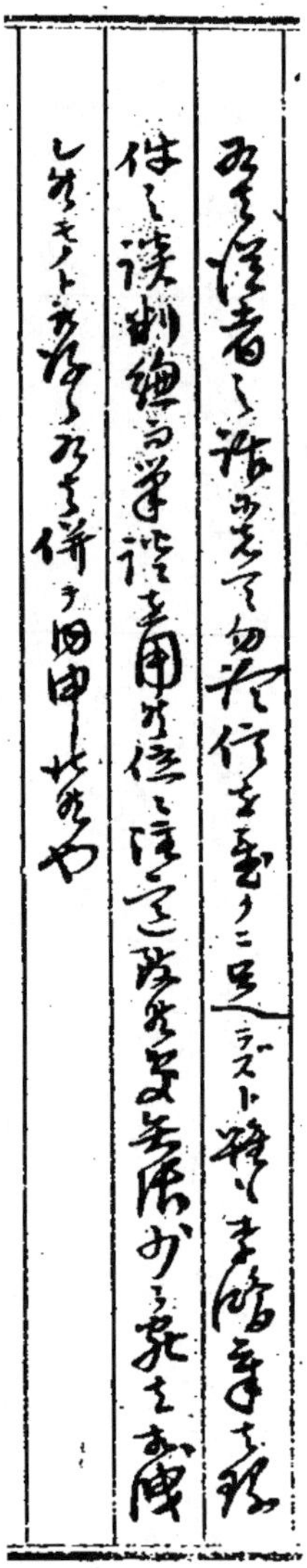
右者従者之話ニして勿論信を置ニ足ラスト雖も李鴻章ハ琉件之談判総て筆談を用候位ニ注意致候処矢張少シ宛ハ相洩レ候モノト被存候右ハ併テ内申仕候也

【解读】右は従者の話にして《尓志天》勿論信を置くに足らずと雖も、李鴻章は《者》琉件《りゅうけん》の談判《だんぱん》總《すべ》て《而》筆談を用《もちい》候《そうろう》位《ぐらい》に注意致《いたし》候《そうろう》処《ところ》、矢張《やはり》少し宛《ずつ》は《者》相洩れ候《あいもれそうろう》ものと被存候《ぞんぜられそうろう》。右は《者》併て内申《ないしん》仕《つかまつり》候《そうろう》也《なり》。

↓以上は従者の話で、勿論完全に信用してはいけませんが、李鴻章は琉球の件に関する談判はすべて筆談を用いるくらいに注意しているとはいえ、やはり少しずつは洩れていると思われます。以上、併せて内々に申し述べます。

㊃申上候：もうしあげそうろう↓申し上げます

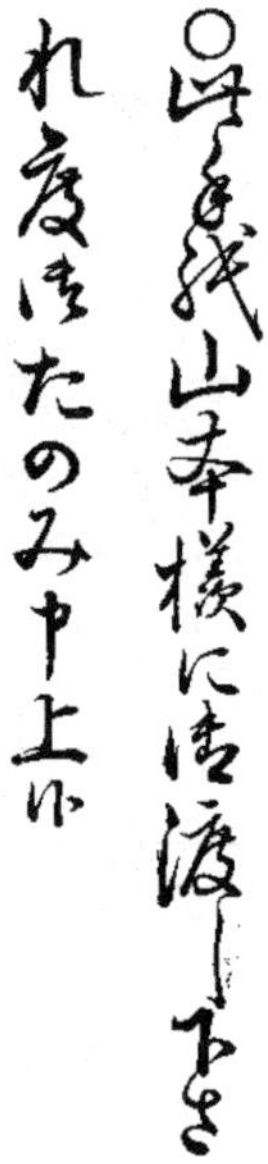
○母ゟ我山本様に御渡し下さ
れ度候たのみ申上候

【解読】此手紙山本様に御渡し下され度《たく》、御たのみ申上候《もうしあげそうろう》。
→この手紙を山本様にお渡し下されたくお頼み申し上げます。

處置ヲ被爲施居留民保護ト共ニ本会社
ノ営業ヲ保護スルノ御計画奉願候外務省

㉟奉願候：ねがいたてまつりそうろう→お願い申しあげます

【解読】（處置を被為施）居留民保護と共に本会社の営業を保護するの御計画奉願候《ねがいたてまつりそうろう》。（外務省）
→居留民の保護と共に本会社の営業を保護するご計画をお願い申し上げます。

㊱可被仰付候：おおせつけらるべくそうろう→お命じになるべきです

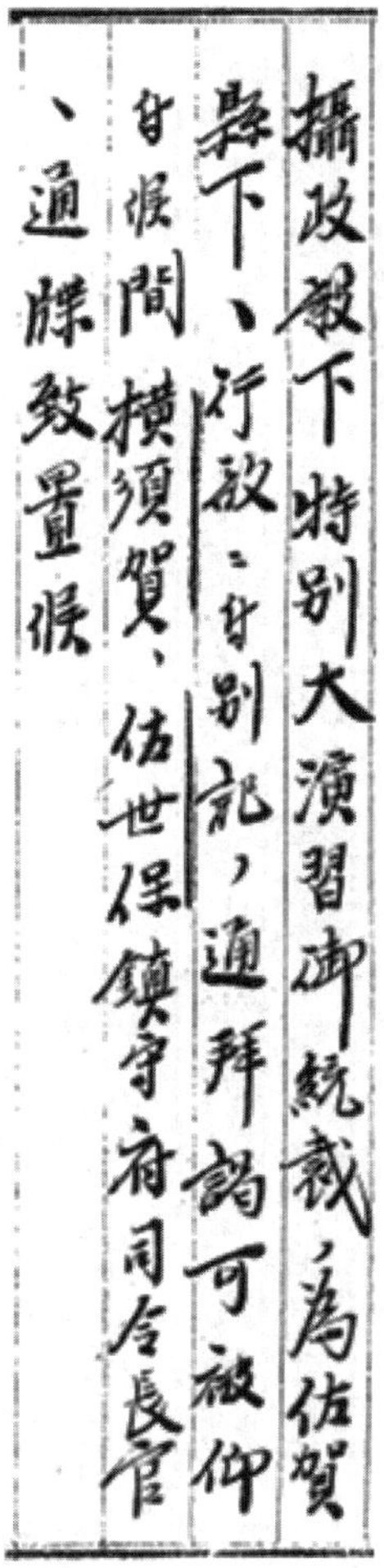
攝政殿下特別大演習御統裁ノ爲佐賀
縣下ヘ行啓ニ付別記ノ通拜謁可被仰
付候間横須賀佐世保鎮守府司令長官
ヘ通牒致置候

【解読】摂政殿下特別大演習御統裁の為、佐賀県下へ行啓《ぎょうけい》に付別記の通拜謁可被仰付候《おおせつけらるべくそうろう》間《あいだ》、横須賀、佐世保鎮守府司令長官へ通牒致置候。

↓摂政殿下が特別大演習御統裁のため、佐賀県下へ行啓なさることに付いて、別記の通り拝謁をお命じになる予定ですので、横須賀、佐世保鎮守府司令長官へ御通牒致しておきます。

㊲被遊候：あそばされそうろう↓「する」の二重敬語（最上級敬語）、なさいます

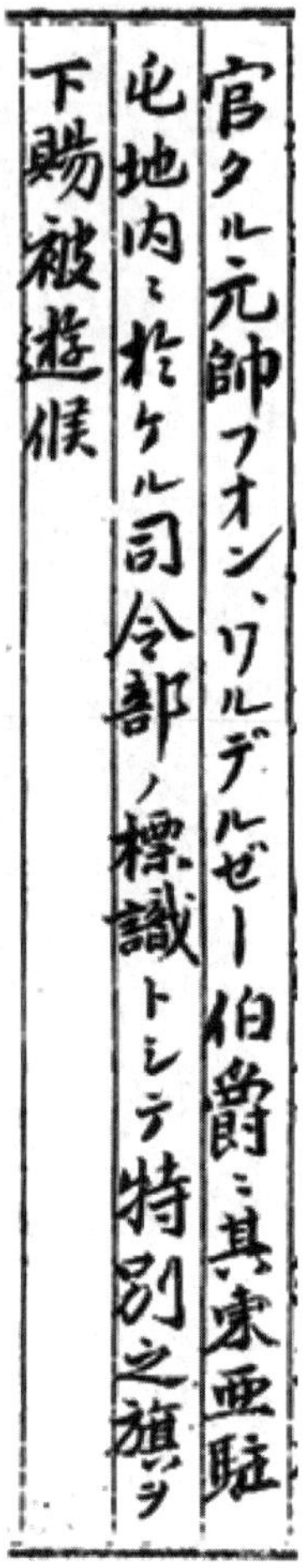
官タル元帥フォン、ワルデルゼー伯爵ニ其東亜駐屯地内ニ於ケル司令部ノ標識トシテ特別之旗ヲ下賜被遊候

【解読】（官たる）元帥フォン・ワルデルゼー伯爵に其東亜駐屯地内に於ける司令部の標識として特別之旗を下賜被遊候《あそばされそうろう》。

↓元帥フォン・ワルデルゼー伯爵に其東亜駐屯地内における司令部の標識として特別之旗を下賜なさいます。

㊳被為在候：あらせられそうろう↓「ある」の二重敬語（最上級敬語）、おありになります

追テ当日雨天ノ節ハ行幸不被為在候也

【解読】追て当日雨天の節は行幸不被為在候也《あらせられずそうろうなり》。

↓なお当日雨天の場合はご行幸あそばされません。

㊴**為致候**：いたさせそうろう→させます

り時間ニ増加シ勉學為致候様致度此段御依頼申上候尚外務

【解读】（り）時間を増加し勉學**為致候**《いたさせそうろう》様致度《よういたしたく》、此段御依頼申上候《もうしあげそうろう》。（尚外務）

→時間を増やして勉学させますよう致したく御依頼申し上げます。

㊵**奉存候**：ぞんじたてまつりそうろう→存じ上げます

分割之舉抑制致候事當然之處置ト奉存候

【解读】分割之舉抑制致候事《いたしそうろうこと》當然之處置と**奉存候**《ぞんじたてまつりそうろう》。

→（日本が欧米列強の中国）分割の挙を抑制することは当然の処置と存じます。

㊶**奉賀候（奉賀上候）**：がしたてまつりそうろう（がしあげたてまつりそうろう）→お祝い申し上げます

【解读】拝啓　益《ますます》御清栄奉賀上候《がしあげたてまつりそうろう》。

→拝啓　ますます御清栄のこととお祝い申し上げます。

㊷**相成度候**：あいなりたくそうろう→なりますように、していただきたい、してくださいませ

【解读】（へ進達方）当館へ願出候に付き、爰《ここ》に右及進達候条《そうろうじょう》御査閲**相成度候**《あいなりたくそうろう》。

→当館へ願い出たことにつき、ここに上記の通り取り次いで届けましたので、ご査閲くださいませ。

㊸**可相成候**：あいなるべくそうろう→なりましょう、なるでしょう、なってください

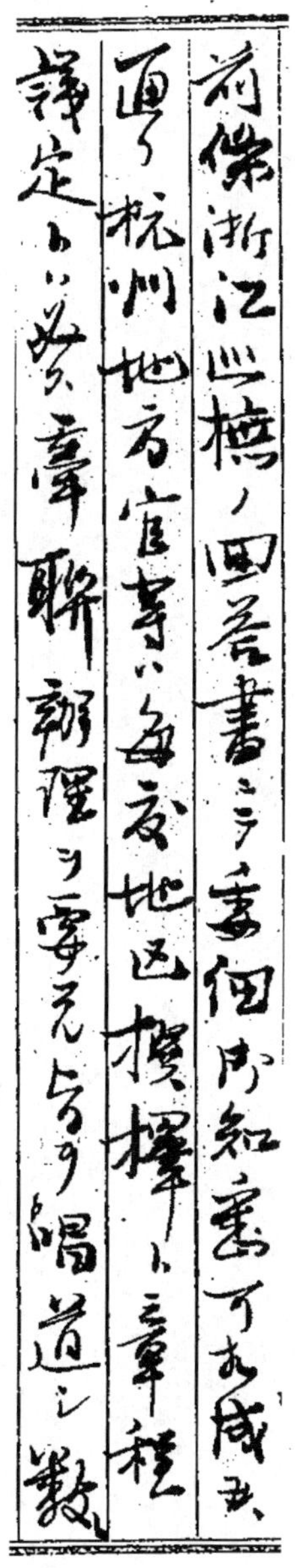
前條浙江巡撫ノ回答書ニテ委細御知悉可相成候通リ杭州地方官等ハ毎度地区撰擇ト章程議定トハ必ス牽聯辦理ヲ要スル旨ヲ唱道シ数

【**解读**】前條浙江巡撫の回答書にて委細御知悉《ちしつ》**可相成候**《あいなるべくそうろう》通り、杭州地方官等は毎度地区撰擇と章程議定とは必ず牽聯辦理を要する旨を唱道し（数）

↓前條浙江巡撫の回答書で委細をご知悉なさったとおり、杭州の地方官等は毎度地区撰択と章程議定とは必ず関連して弁理することが必要であるということを主張し…

㊃**被成下候**…なしくだされそうろう↓してくださいます

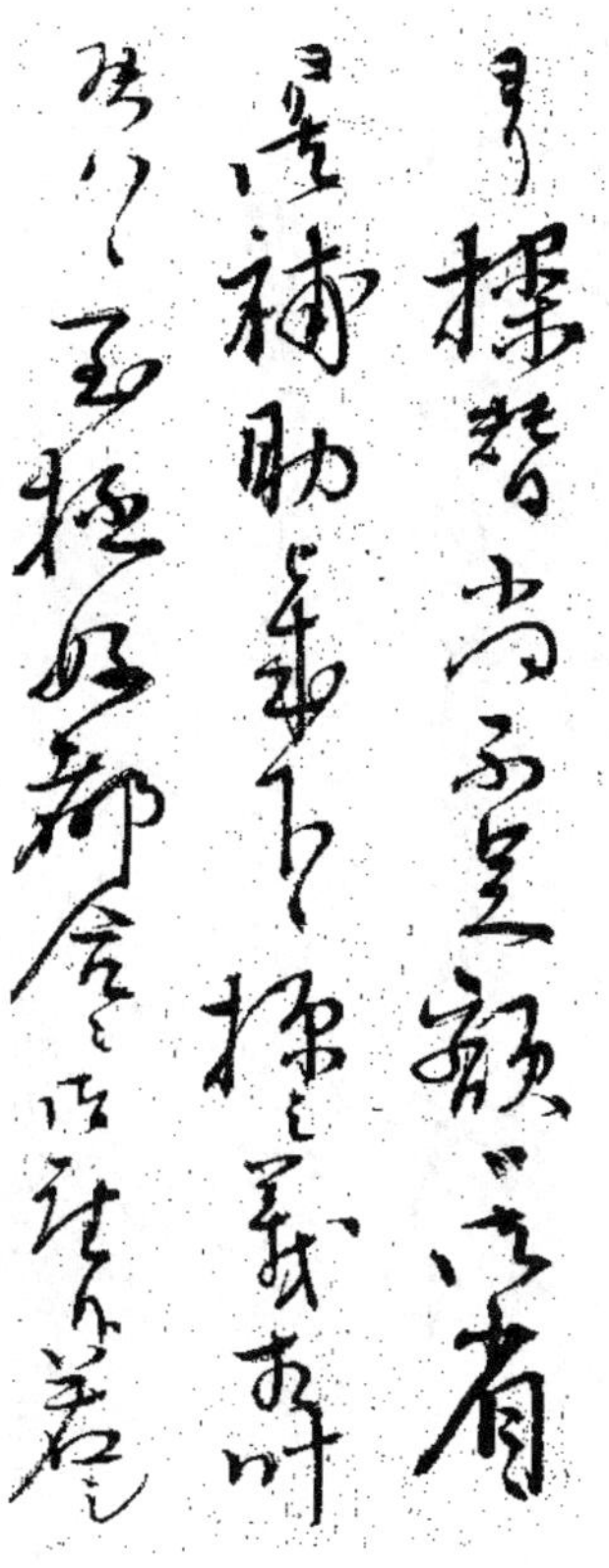

【解读】（より採替）尚不足額は御省より御補助被成下候様《なしくだされそうろうよう》の義、相叶候《あいかないそうら》はば至極好都合に御座候。（若し）
↓なお不足の金額は御省よりご補助くださいますよう、それが実現できれば極めて好都合でございます。

㊺間敷候：まじくそうろう↓ないでしょう、ないつもりです

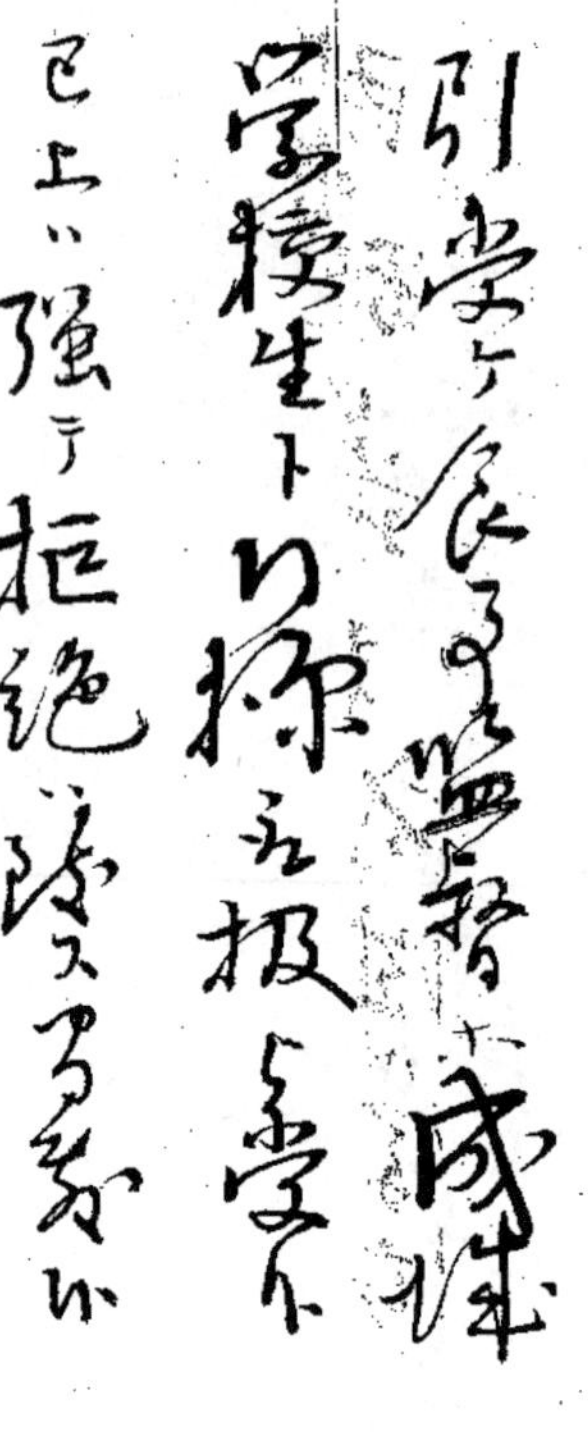
引受ケ食事監督等成城
学校生ト同様取扱被受
已上ハ強テ拒絶ハ致ス間敷候

【解读】（引受け）食事監督等成城学校生と同様取扱被受候已上《うけられそうろういじょう》は強て拒絶は致す間敷候《まじくそうろう》。
↓食事と監督など成城学校生と同様な取扱いが受けられる以上は無理を押して拒絶することはしないつもりです。

四、候文解读举例

（一）『女日用文』（节选，一八八二年）

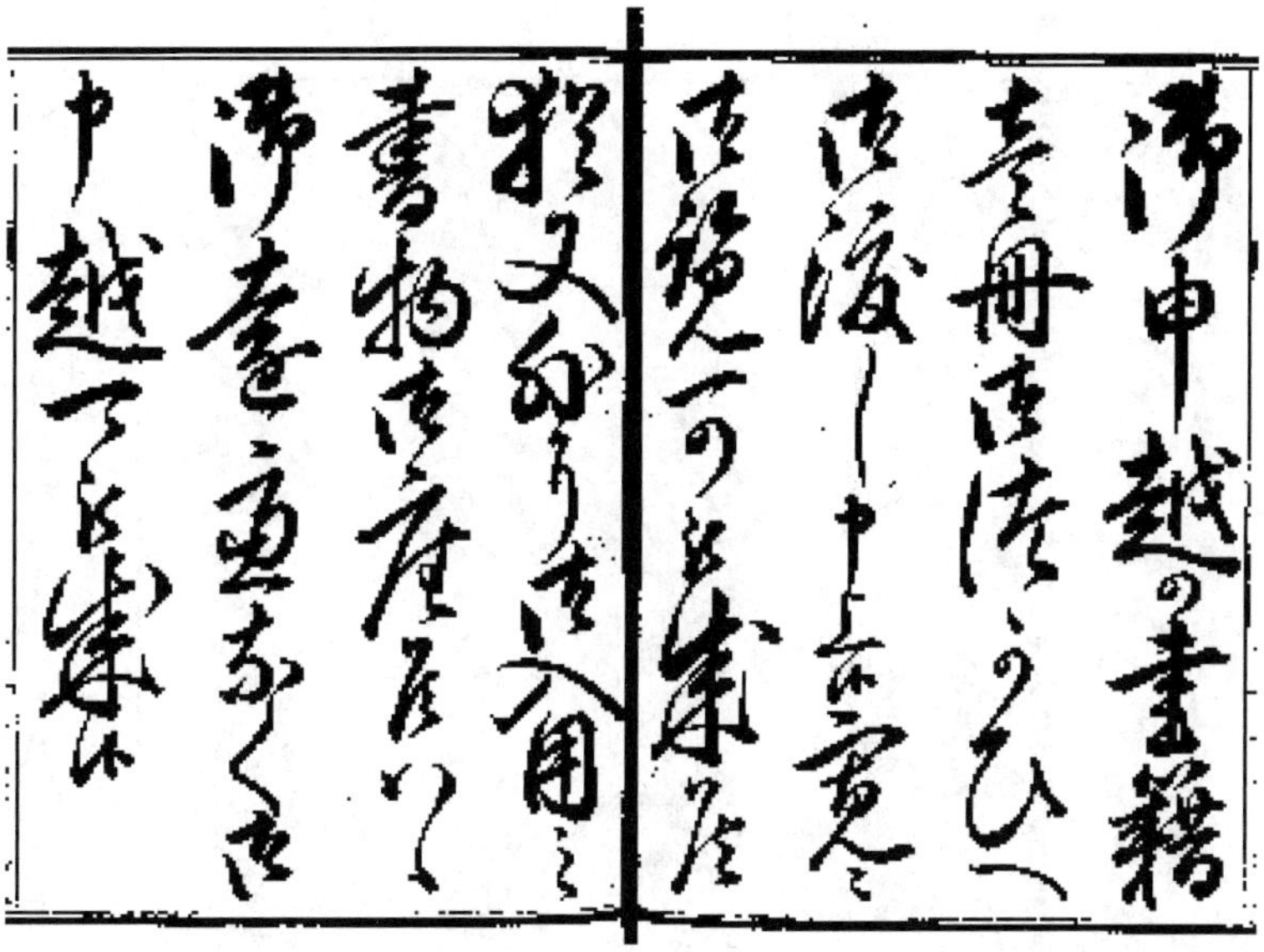
御申越の書籍
壹冊御つかいへ
御渡し申上候寛に
御覧可被成候
猶又外に御入用之
書物御座候はば
御遠慮なく御
申越可被成候

【解读】

御申越の書籍
壹冊御つかい《徒可ひ》〔一〕へ
御渡し申上候。寛《ゆた》に〔二〕
御覧可被成候《なさるべくそうろう》〔三〕。
猶又《なおまた》外に《耳》御入用之
書物御座候はば《八》〔四〕、
御遠慮なく御
申越可被成候《もうしこしなさるべくそうろう》〔五〕。

〔一〕御つかい：使いの人。

〔二〕寛に：急がずに、ゆっくりとした気持ちで。

〔三〕可被成候：「被」读作「る」，在此表示尊敬。→なさってください。此处的「可」字和「被」字，在日文语法中被称为『返读文字』，即先读后面的字后再返回前面读的汉字。常见的『返读文字』主要还有：令（しむ）、為（なす、す、さす、たり）、不（ず）、如（ごとし）、乍（ながら）、雖（いえども）、於（おいて）、以（もって）、奉る（たてまつる）、及（およぶ）等。

〔四〕御座候はば：「候はば」表示假定。→あれば。

〔五〕御申越可被成候：「申越」多用于书信，意为「言ってよこす」。→お伝えください。

（二）『女日用文』（节选，一八八二年）

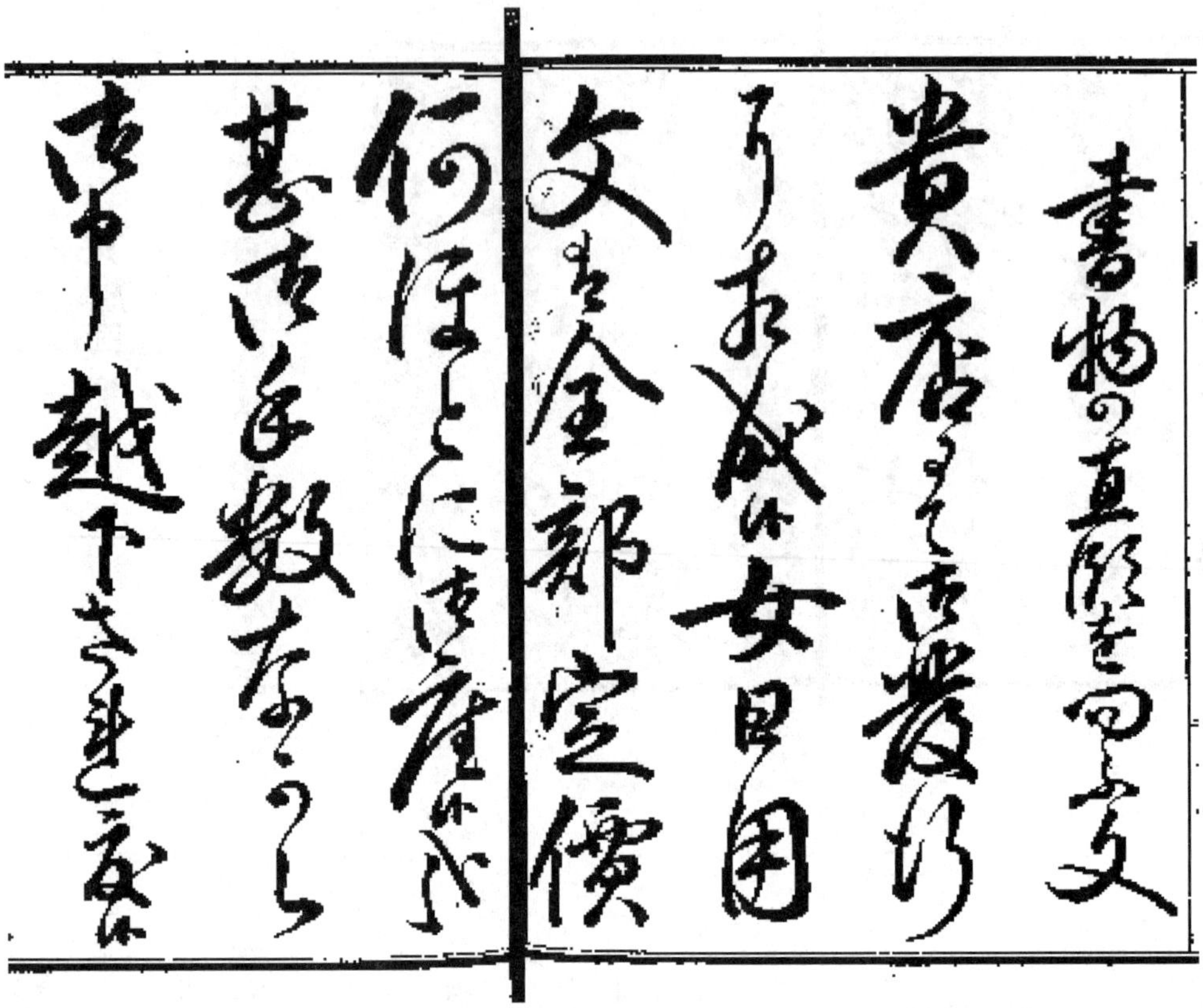
書物の直段を問ふ文
貴店にて御發行
に相成候女日用
文は全部定價
何ほどに御座候哉
甚御手数ながら
御申越下され度候

【解读】

書物の直段《ねだん》〔一〕を問う《ふ》文
貴店に《尔》て御發行
に《耳》相成候女日用
文は《盤》全部定價
何《なに》ほど〔二〕に御座候哉〔三〕、
甚《はなはだ》 御手数ながら《可》
御申越《もうしこし》下され《連》度候〔四〕。

〔一〕直段：同「値段」。
〔二〕何ほど：どれくらい、いくら。
〔三〕～に御座候哉：～ですか。
〔四〕下され度候：～していただきたい。

（三）『小学普通文読本』（节选，一八八五年）

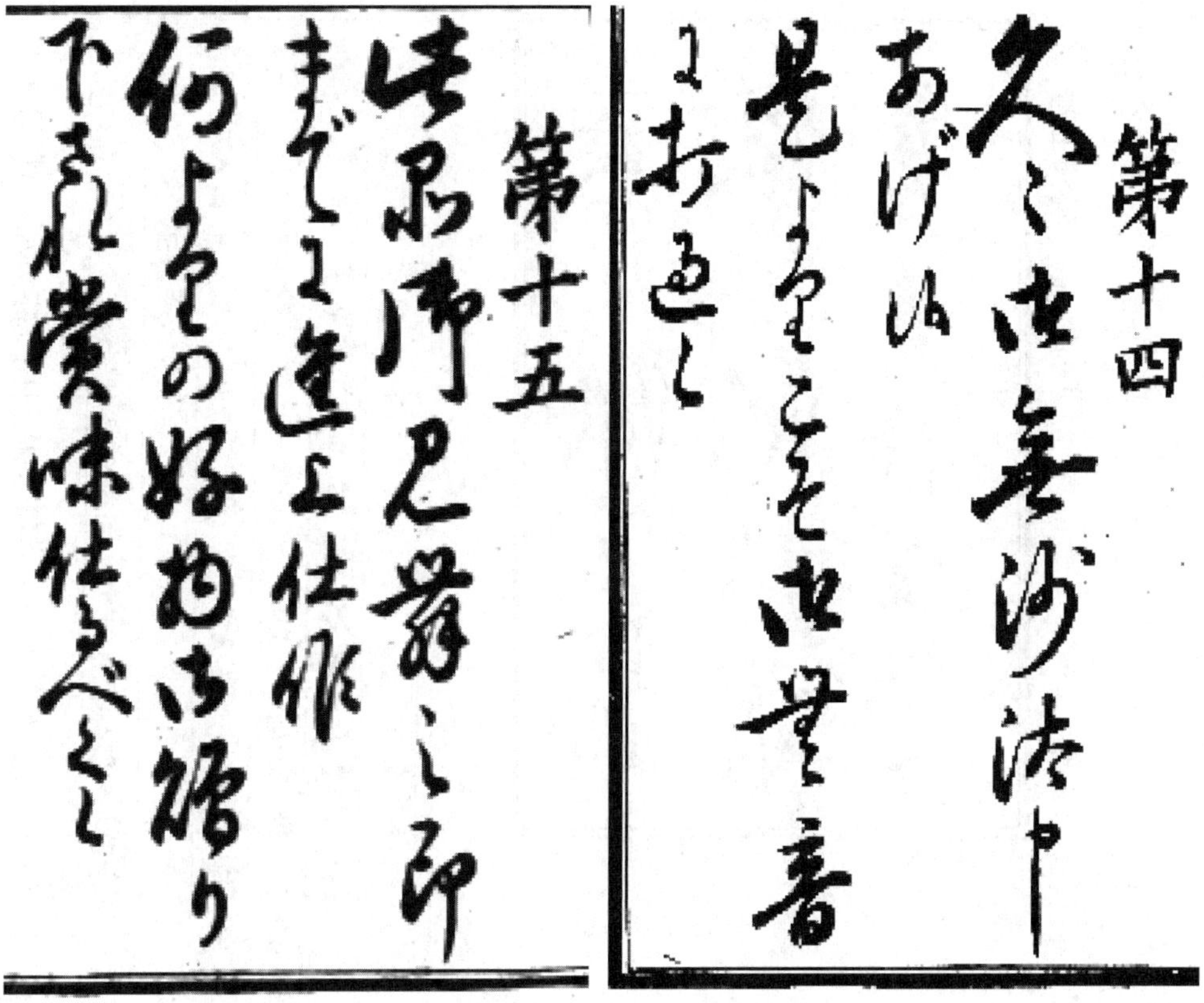
第十四
久々御無沙汰申
あげ候
是よりこそ御無音
に打過候
第十五
此品御見舞之印
までに進上仕候
何よりの好物御贈り
下され賞味仕るべく候

【解读】

第十四
久々《ひさびさ》御無沙汰申
あげ候。
是《これ》より《里》こそ御無音《ぶいん》〔一〕
に《尓》打過候《うちすぎそうろう》〔二〕。

第十五
此品御見舞之印《しるし》〔三〕
までに進上仕候《つかまつりそうろう》。
何より《里》の好物御贈り
下され賞味仕るべく《久》候〔四〕。

〔一〕無音：久しく便りをしないこと。
〔二〕打過候：時が過ぎています。「打」为接头词，有调整语调、强调下接的动词等功能。
〔三〕印：気持ちを形にしたもの。
〔四〕賞味仕るべく候：賞味致すつもりです

（四）「清国留学生渡来の件」〔一〕（一九〇二年）

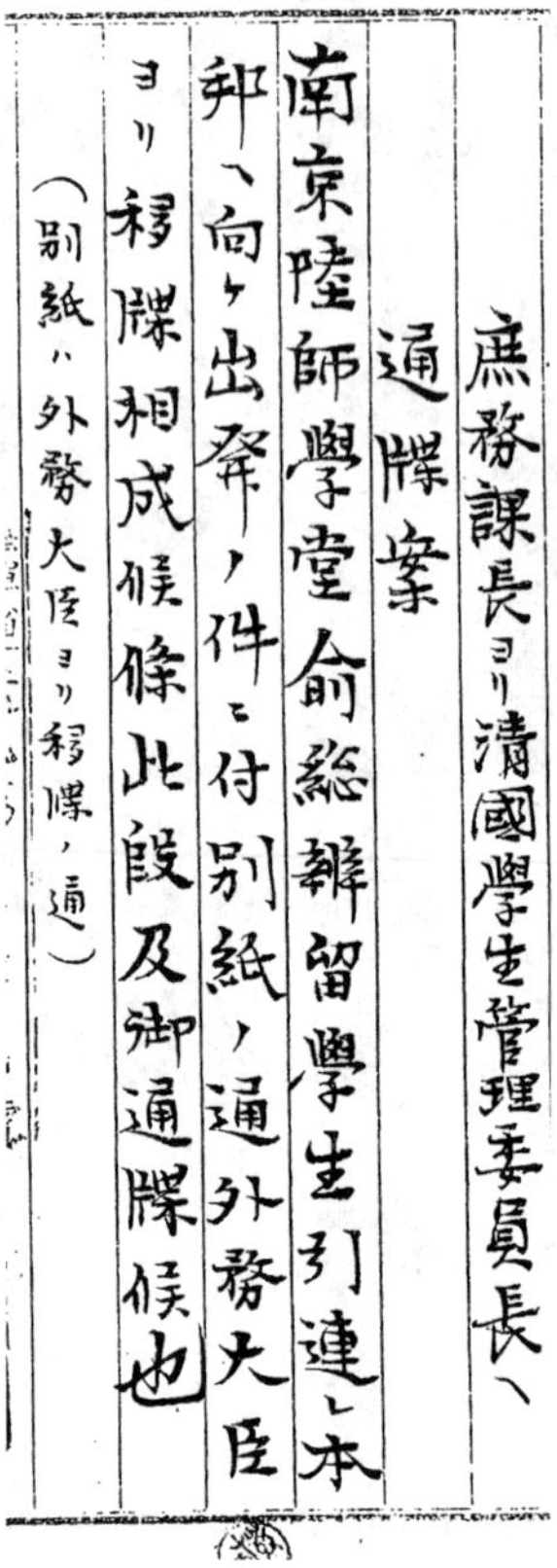
庶務課長ヨリ清國學生管理委員長ヘ
通牒案
南京陸師學堂俞総辦留學生引連レ本
邦ヘ向ケ出発ノ件ニ付別紙ノ通外務大臣
ヨリ移牒相成候條此段及御通牒候也
（別紙ハ外務大臣ヨリ移牒ノ通）

常用汉字「くずし字」㊀　候

【解读】

〔一〕以下资料除特别注明者外，均引用自「アジア歴史資料センター」。

庶務課長より清國學生管理委員長へ
通牒案
南京陸師學堂俞総辦〔二〕留学生引連れ、本
邦へ向け出発の件に付、別紙の通外務大臣
より移牒相成候條《あいなりそうろうじょう》〔三〕、此段《このだん》〔四〕及御通牒候也《ごつうちょうにおよびそうろうなり》〔五〕。
（別紙は外務大臣より移牒の通）

〔二〕総辨：「総辦」之误。

〔三〕相成候條：此处的「相成候」相当于现代日语的「なさる」或「なさった」，表示尊敬。「相」字的用法可参照第三章的『常见汉字词汇』。「條」在此处的用法类似接续助词，表示原因。↓～なさったので。

〔四〕此段：多用于书信或汇报公文，起到连接上文的作用。「段」有「こと」的含义，具有提示前面所提到的内容的功能。类似于中文的『特此……』。↓このことを、以上のことを。

〔五〕及御通牒候也：此处的「及」字通常接在动词或名词后读作「～に及び」，表示事态进展并达到某种状态。↓ご通知する次第です。

（五）「清国留学生渡来の件」（一九〇二年）

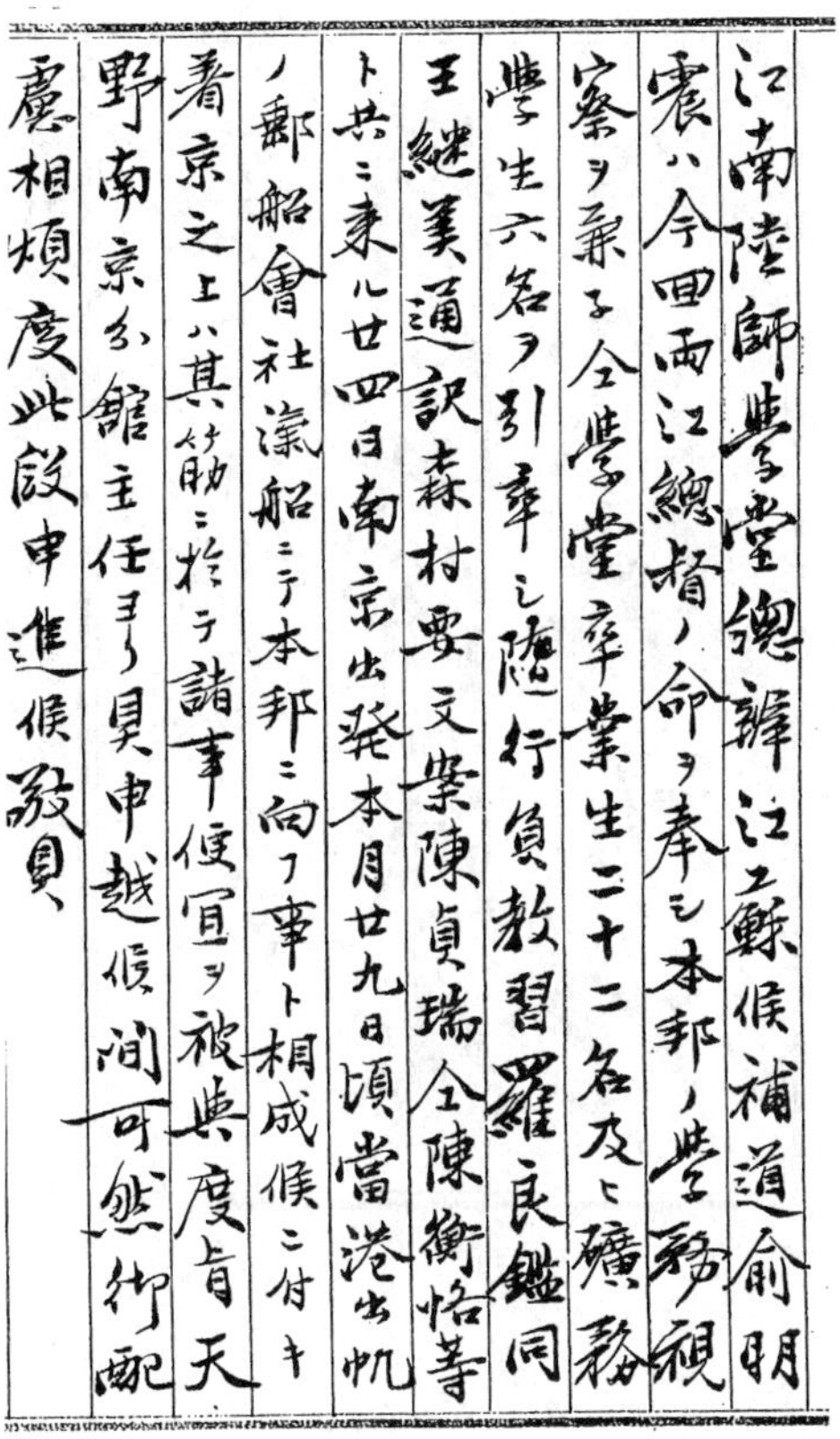
江南陸師學堂總辦江蘇候補道俞明
震ハ今回両江總督ノ命ヲ奉シ本邦ノ學務視
察ヲ兼ネ仝學堂卒業生二十二名及ヒ礦務
學生六名ヲ引率シ随行員教習羅良鑑同
王継美通訳森村要文案陳貞瑞仝陳衡恪等
ト共ニ来ル廿四日南京出発本月廿九日頃當港出帆
ノ郵船會社瀛船ニテ本邦ニ向フ事ト相成候ニ付キ
着京之上ハ其筋ニ於テ諸事便宜ヲ被與度旨天
野南京分館主任ヨリ具申越候間可然御配
慮相煩度此段申進候敬具

【解读】

江南陸師學堂総辦〔一〕江蘇候補道俞明震は今回両江総督の命を奉じ、本邦の学務視察を兼ね《子》、同學堂卒業生二十二名及び礦務学生六名を引率し、随行員教習羅良鑑、同王継美、通訳森村要、文案陳貞瑞、同陳衡恪等と共に、来る《きた》〔二〕二十四日南京出発、本月廿九日頃當港出帆の郵船會社の瀛船にて本邦に向う《ふ》事と相成候に付き〔三〕、着京之上は其筋に於て諸事便宜を被與度旨《あたえられたきむね》〔四〕、天野南京分館主任より具申《ぐしん》越候間《こしそうろうあいだ》〔五〕、可然《しかるべく》〔六〕御配慮相煩度《あいわずらわしたく》、此段申進候《もうしすすめそうろう》〔七〕。敬具

〔一〕総辦：「総辦」之误。

〔二〕来る：文语体文章中，「来る」有时也写作「来たる」，读作「きたる」，容易与カ行变格动词「来《く》」的连体形「来《く》る」和现代日语的「来る」相混淆。其他容易与现代日语读音混淆的常见词主要还有：「行《ゆ》く」「出《い》づ」「出《いだ》す」「入《い》る」「抱《いだ》く」「食《くら》う」「怒《いか》る」「違《たが》う」等。

〔三〕相成候に付：なりましたので。

〔四〕被與度旨：「被」字作为助动词常用于动词前，通常读作「る」「らる」。「度」字为表示希望的助动词「たし」，此处为其连体形。

〔五〕越候間：来ていますので。「越す」→来る。

〔六〕可然：適当に、適切に、よろしく。

〔七〕申進候：申し上げます。

（六）「清国留学生渡来の件」（一九〇二年）

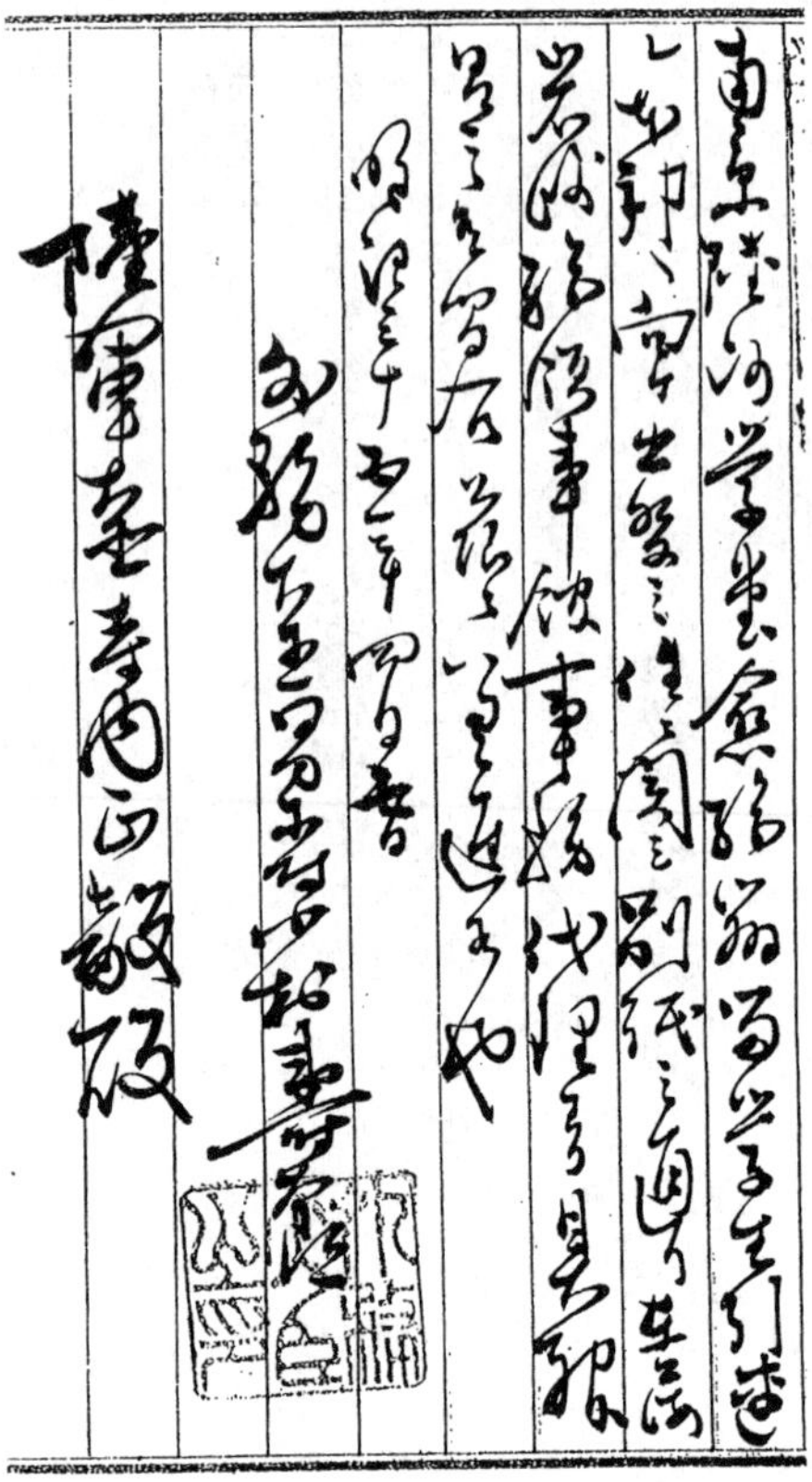

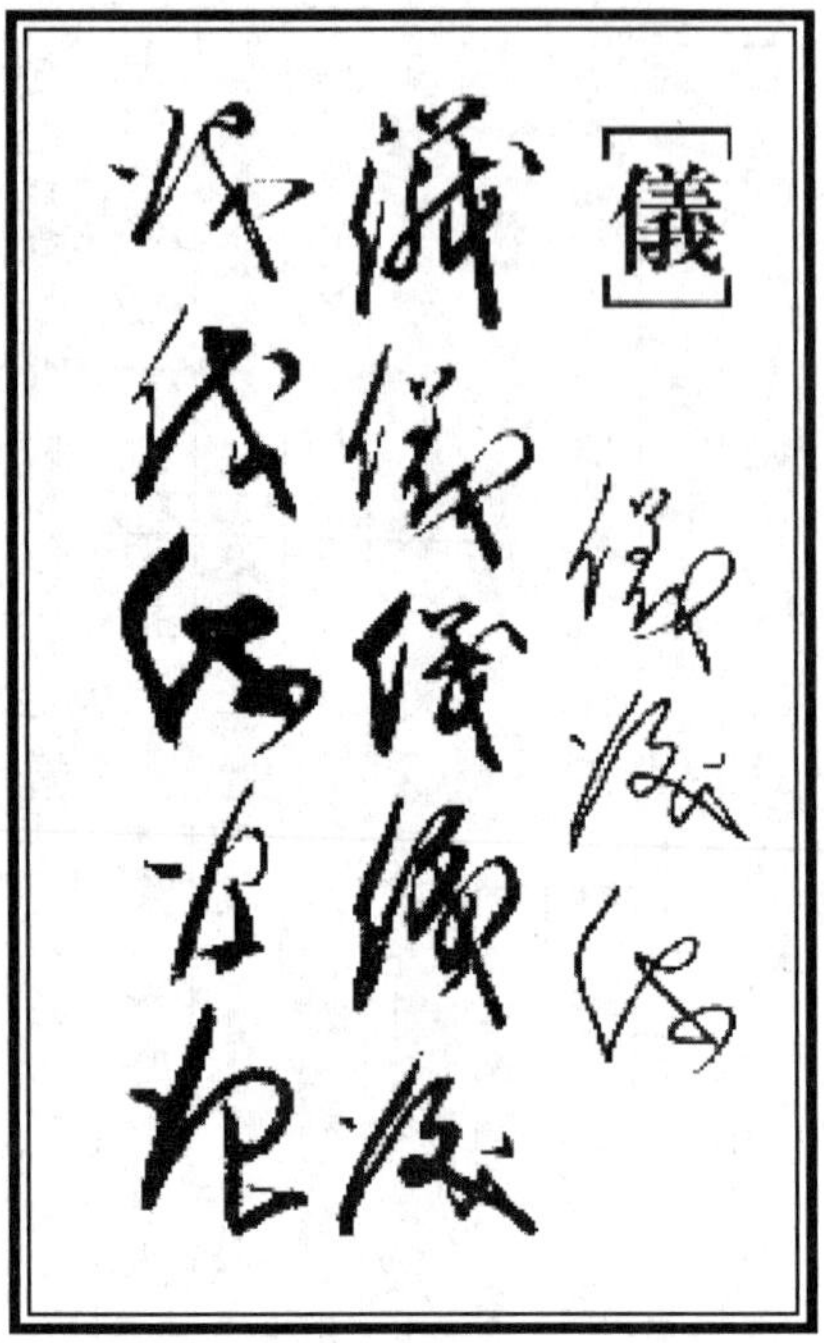

常用汉字「くずし字」㈡　儀

【解读】

南京陸師学堂愈総辦〔一〕留学生引連れ本邦へ向け出發之件に関し、別紙之通り在上海岩崎総領事館事務代理より具報有之《これあり》〔二〕候間《そうろうあいだ》〔三〕、右茲に差進候《さしすすめそうろう》〔四〕也《なり》。

明治三十五年四月五日　外務大臣男爵小村壽太郎《こむらじゅたろう》

陸軍大臣寺内正毅《てらうちまさたけ》殿

〔一〕愈総辦：指时任南京陆师学堂总办的俞明震，「愈」为「俞」之误。

〔二〕有之：あります、ありました。

〔三〕候間：表示理由。↓～ので。

〔四〕差進候：呈上します、差し上げます。

（七）「品川総領事報告清国官吏更迭」（一八八三年）

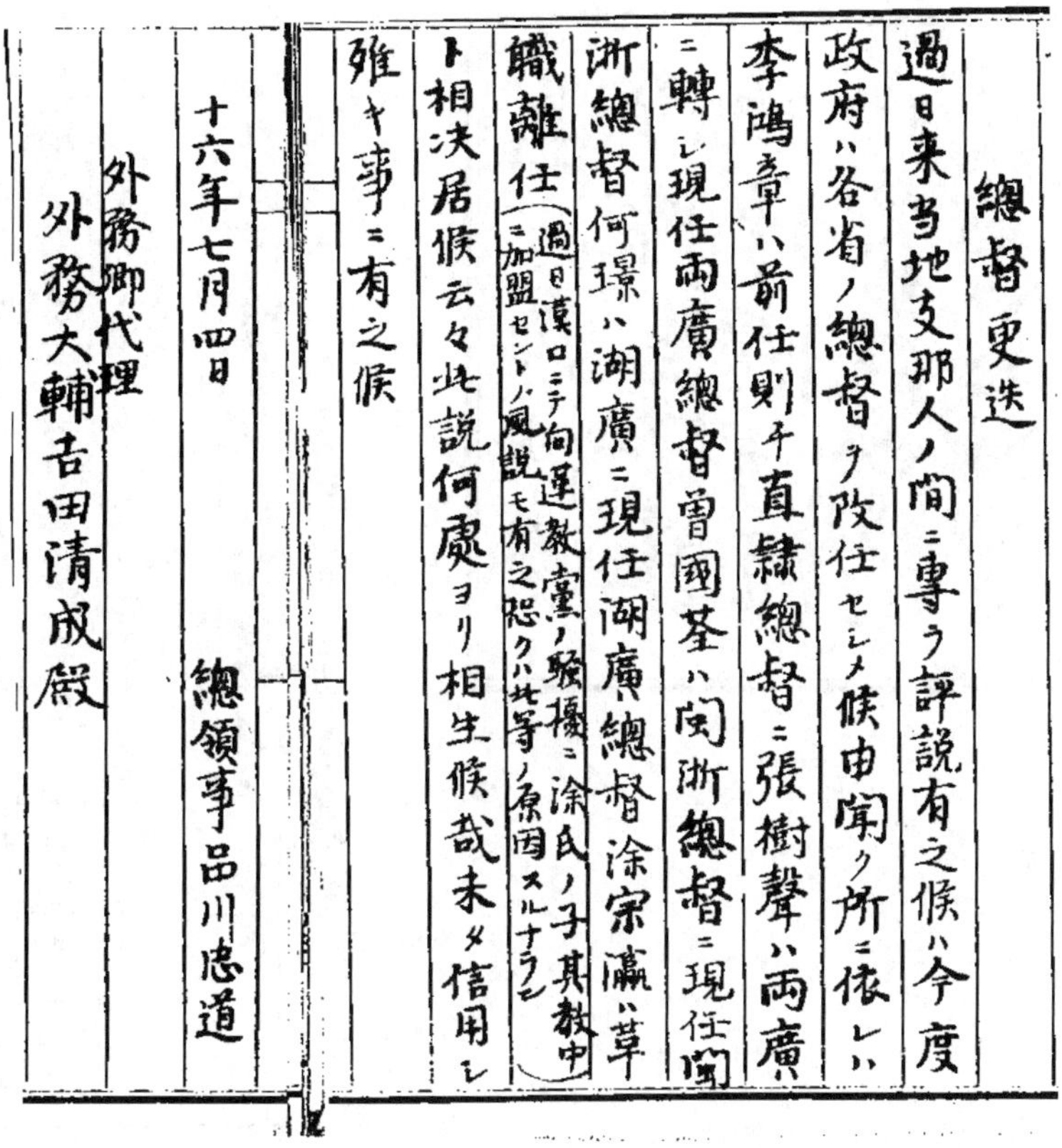
總督更迭
過日来当地支那人ノ間ニ專ラ評説有之候ハ今度
政府ハ各省ノ總督ヲ改任セシメ候由聞ク所ニ依レハ
李鴻章ハ前任則チ直隷總督ニ張樹聲ハ両廣
ニ轉シ現任両廣總督曽國荃ハ閩浙總督ニ現任閩
浙總督何璟ハ湖廣ニ現任湖廣總督涂宗瀛ハ革
職離任（過日漢口ニテ白蓮教黨ノ騒擾ニ涂氏ノ子其教中ニ加盟セントノ風説モ有之恐クハ此等ノ原因スルナラン）
ト相決居候云々此説何處ヨリ相生候哉未タ信用シ
難キ事ニ有之候
十六年七月四日　總領事品川忠道
外務卿代理
外務大輔吉田清成殿

【解读】

總督更迭

過日来、当地支那人の間に専ら評説有之候《これありそうろう》は今度政府は各省の總督を改任せしめ候由《そうろうよし》〔一〕。聞く所に依れば

李鴻章は前任則ち直隷總督に、張樹聲は両廣に轉じ、現任両廣總督曽國荃は閩浙總督に、現任閩浙總督何璟は湖廣に、現任湖廣總督涂宗瀛は革職離任（過日漢口にて白蓮教黨の騒擾に涂氏の子其教中に加盟せんとの風説も有之、恐くは此等の原因するならん）と相決居候《あいきめおりそうろう》〔二〕云々、此説何處より相生候哉《あいしょうじそうろうや》〔三〕、未だ信用し難き事に有之候《これありそうろう》。

十六年七月四日　總領事品川忠道《しながわただみち》

外務卿代理外務大輔吉田清成《よしだきよなり》殿

〔一〕候由：表示传闻。→とのこと。

〔二〕相決居候：決めております。

〔三〕相生候哉：生じたか。

（八）「在清国上海総領事品川忠道報告福建撫台梅啓照琉球漂民撫恤の奏聞書」（一八七九年）

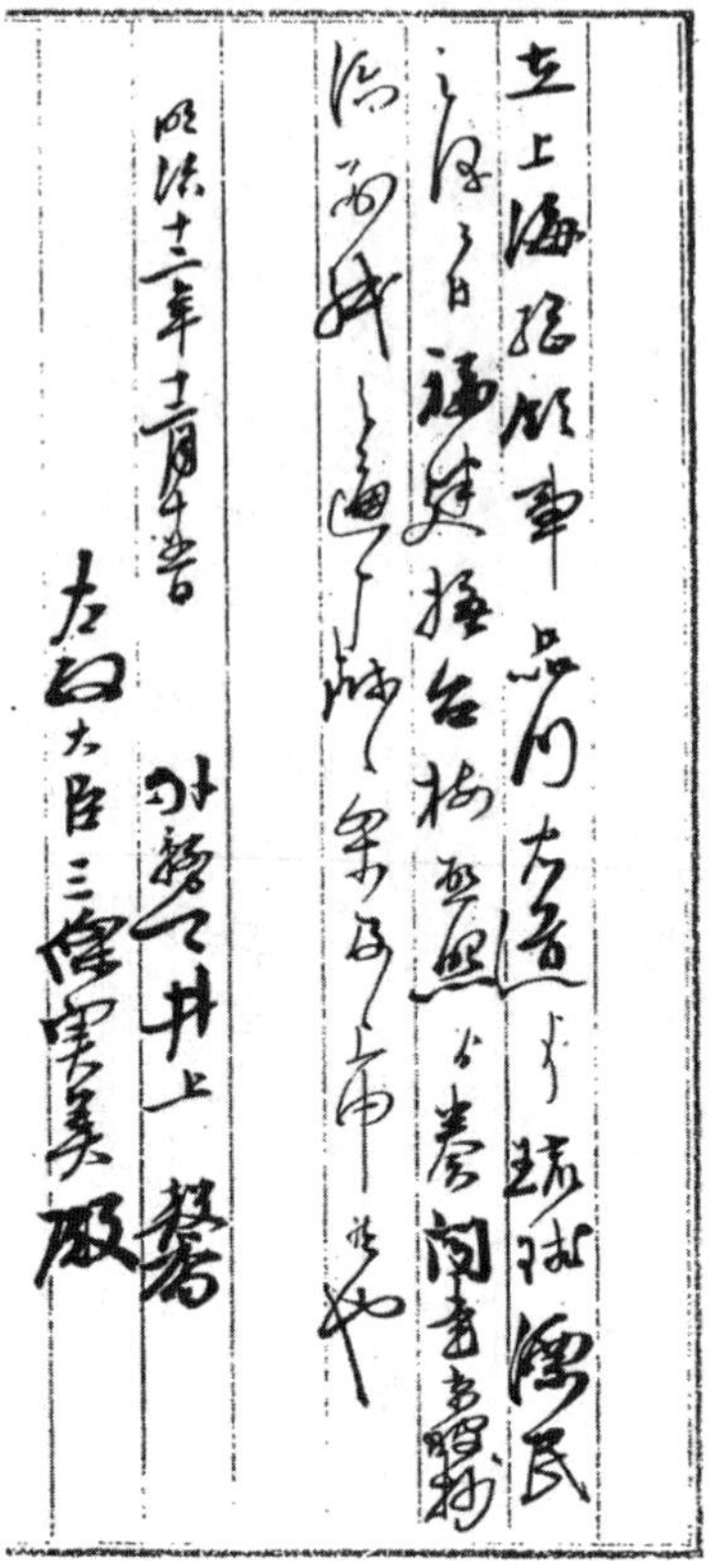

常用汉字「くずし字」㊂　御

【解读】

在上海総領事品川忠道より琉球漂民之儀《ぎ》〔一〕に付、福建撫台梅啓照より奏聞書京報〔二〕抄添、別紙之通申越候条《もうしこしそうろうじょう》〔三〕、及上申候《じょうしんにおよびそうろう》〔四〕也《なり》。

明治十二年十二月十五日　外務卿井上馨《いのうえかおる》

太政大臣三條実美《さんじょうさねとみ》殿

〔一〕儀：也作「義」，此处为形式名词，表示「～事」。↓～こと。也有作为接续词的用法，表示「～について」「～に関して」。

〔二〕京報：当时在北京出版的半官方性质的中文期刊。

〔三〕申越候条：連絡してきたので、連絡がありましたので。

〔四〕及上申候：申し上げる次第です。

（九）「在清国上海総領事品川忠道報告福建撫台梅啓照琉球漂民撫恤の奏聞書」（一八七九年）

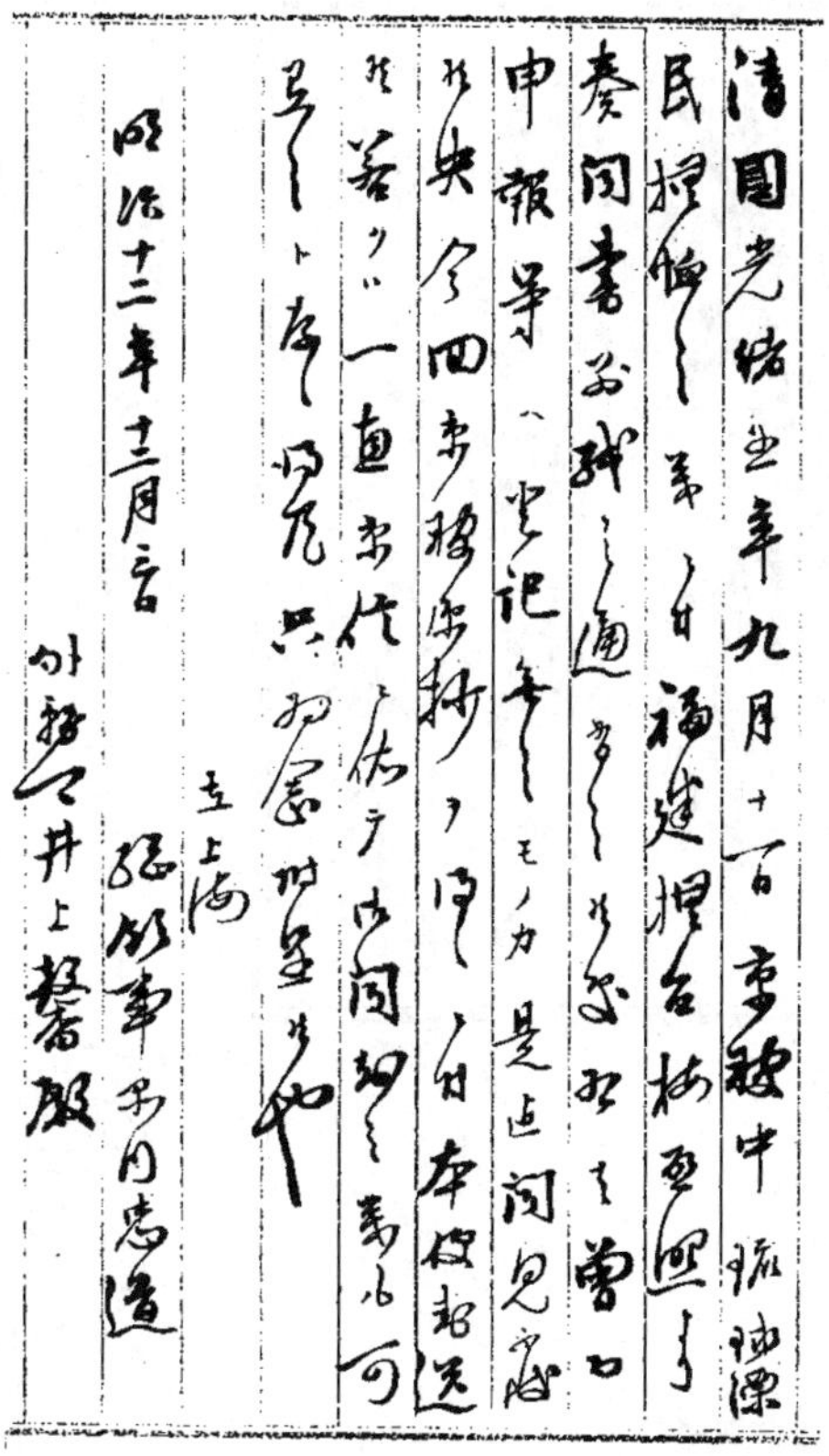
清国光緒五年九月十一日京報中琉球漂
民撫恤之義ニ付福建撫台梅啓照ヨリ
奏聞書別紙之通有之候處右ハ曽テ
申報等ハ登記無之モノカ是迄聞見不致
候央今回京報原抄ヲ得候ニ付本便封送
候若クハ一直京信ニ依テ御聞知之義モ可
有之ト存候得共只為念附呈候也
明治十二年十二月三日
在上海
総領事品川忠道
外務卿井上馨殿

【解读】

清国光緒五年九月十一日京報中、琉球漂民撫恤之義《ぎ》に付、福建撫台梅啓照より奏聞書別紙之通有之候處《これありそうろうところ》、右は《者》曽て《而》申報等は登記〔一〕無之ものか、是迄《これまで》聞見不致《いたさず》候央《そうろうなかば》〔二〕、今回京報原抄を得候に付〔三〕、本便封送候。若くは一直〔四〕京信〔五〕に依て御聞知之義《ぎ》も可有之〔六〕と存候得共《ぞんじそうらえども》〔七〕、只為念《ただねんのため》附呈候也。

明治十二年十二月三日　在上海総領事品川忠道

外務卿井上馨殿

〔一〕登記：当为「登载」之意。

〔二〕候央：しているところ。

〔三〕得候に付：得ましたので。此处的片假名「ニ」，因字写得较小，较难辨认。在手写体文书中，假名往往写得较小，且多靠右书写，加之如片假名「ク」和「リ」等，有些假名本身字形较接近，较难辨认。根据前后文汉字含义推测，不失为辨认难读假名的较好方法。

〔四〕一直：直接。

〔五〕京信：当为驻北京日本公使馆信函。

〔六〕可有之：此处「可（べし）」字表示推量。→あるだろう。

〔七〕存候得共：存じますが。

常用汉字「くずし字」㊃　共

（十）「清国総理衙門報告李鴻章親の喪に当るを以て張樹声をして直隷総督を臨時代理せしむ」（一八八二年）

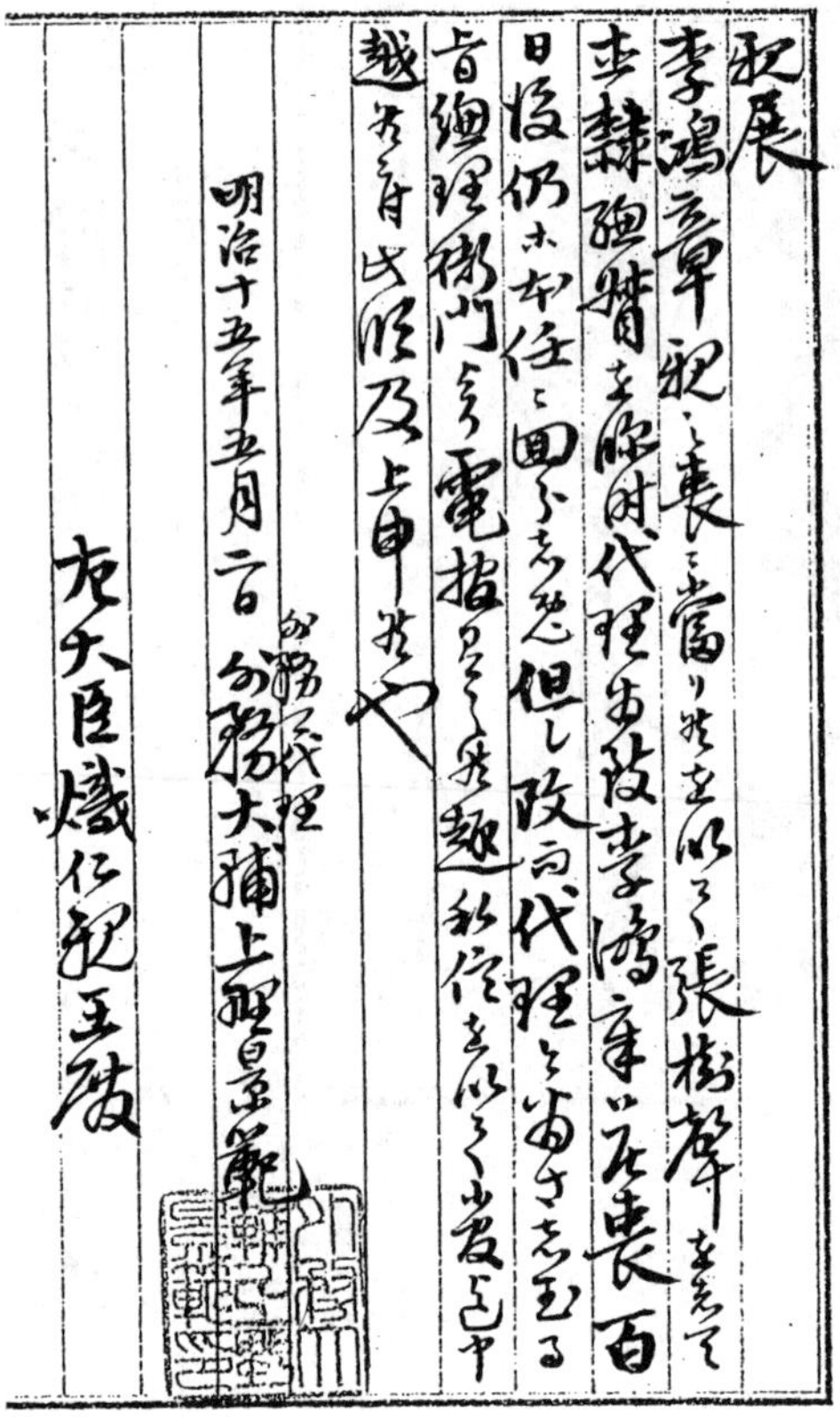

常用汉字「くずし字」㊄　段

【解读】

親展
李鴻章親之喪に當り候を以て《天》、張樹聲をし《志》て《天》
直隷總督を臨時代理為致《いたさせ》〔一〕、李鴻章は居喪百
日後仍《なほ》お本任に回《かえ》らし《志》め《免》、但し改て《而》代理と為さし《志》むる〔二〕
旨、總理衙門より電報有之候趣《これありそうろうおもむき》〔三〕、私信を以て《天》
小官迠《まで》申
越候に付〔四〕、此段《このだん》及上申候也《じょうしんにおよびそうろうなり》。

明治十五年五月二日　外務卿代理外務大輔上野景範《うえのかげのり》
左大臣熾仁《たるひと》親王殿

〔一〕為致：表示使役。→～させる。
〔二〕しむる：表示使役的助动词「しむ」的连体形。→させる。
〔三〕有之候趣：「趣」字表示大意。→あったとの趣旨。
〔四〕申越候に付：連絡してきましたので。

（一一）「在天津副領事島村久より清兵暴発の報告」（一八八三年）

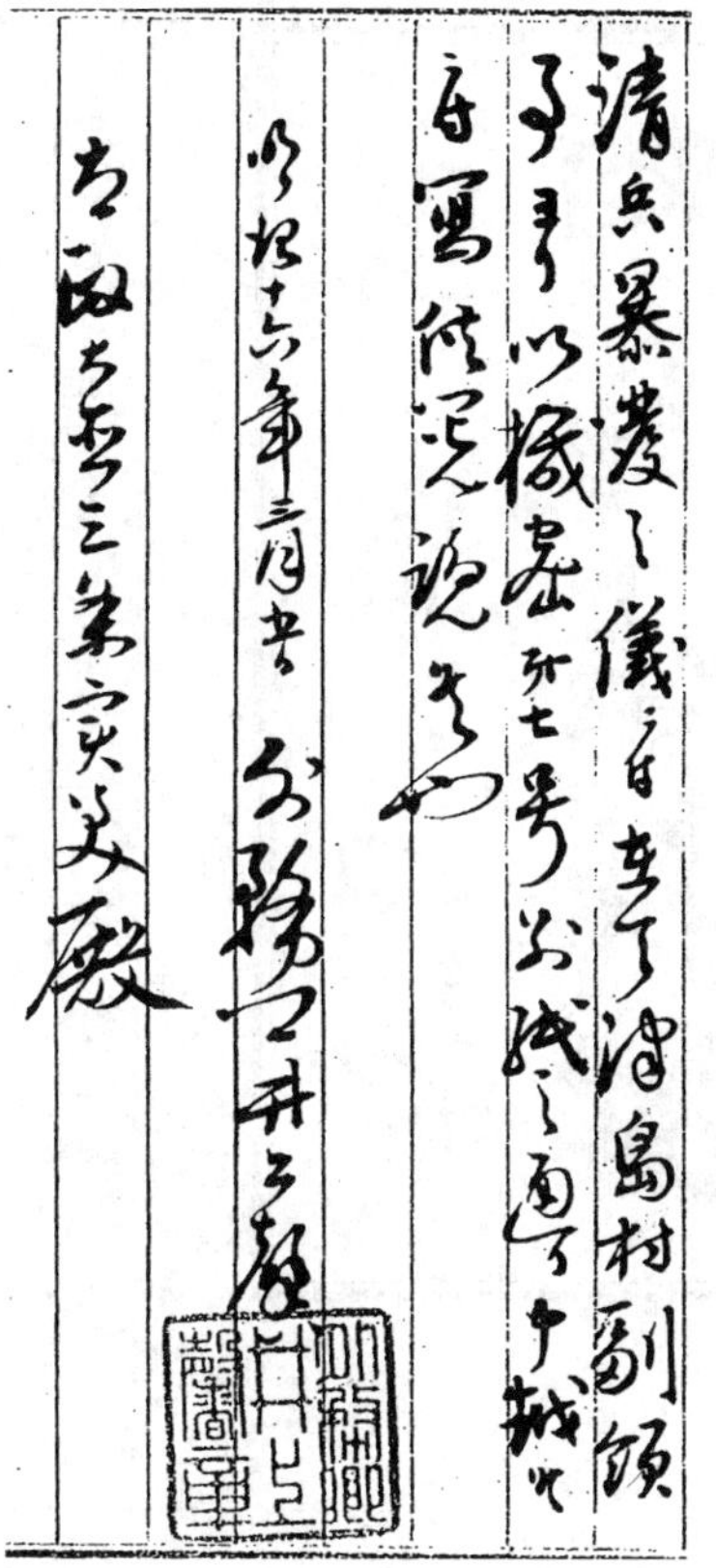

【解読】

清兵暴發之儀《ぎ》に付、在天津島村副領事より以機密第七号別紙之通《とお》り申越候《もうしこしそうろう》に付、寫《うつし》〔一〕　供閲覧候《えつらんにきょうしそうろう》〔二〕也《なり》。
明治十六年三月五日　外務卿井上馨
太政大臣三条実美殿

〔一〕寫：複写したもの、コピー。
〔二〕供閲覧候：閲覧に供します。

常用汉字「くずし字」㊅　第

（一一二）「在天津副領事島村久より清兵暴発の報告」（一八八三年）

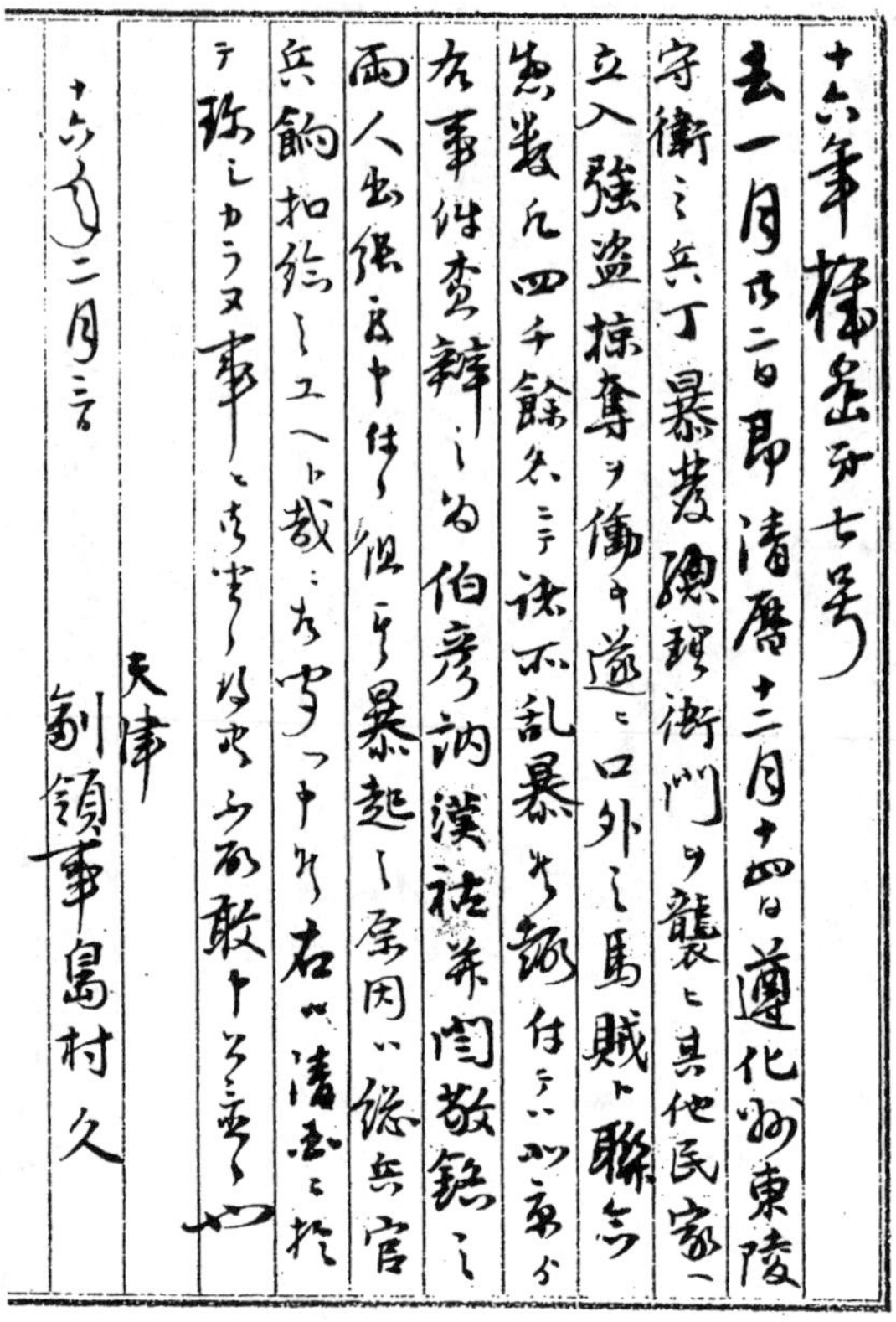

常用汉字「くずし字」㊆　相

【解读】

十六年機密第七号
去《さる》一月廿二日　即《すなわち》清暦十二月十四日、遵化州東陵
守衛之兵丁暴發、總理衙門を襲い《ひ》其他民家へ
立入強盗掠奪を働き、遂に口外〔一〕之馬賊と聯合、
総数凡四千餘名にて諸所乱暴候趣〔二〕。付ては北京より《ゟ》
右事件査辦之為、伯彦訥漠祜並閻敬銘之
両人出張被申付候《もうしつけられそうろう》〔三〕。但《ただし》其暴起之原因は総兵官
兵餉扣給之ゆえ《へ》と哉《や》〔四〕に相聞へ申候《あいきこえもうしそうろう》〔五〕。右は清国に於
て珎《めずら》しからぬ事に御座候得共《ござそうらえども》〔六〕、不取敢《とりあえず》
申上置候《もうしあげおきそうろう》〔七〕也《なり》。
十六年二月三日　天津副領事島村久《しまむらひさし》

〔一〕口外：指长城以北地区。
〔二〕乱暴候趣：乱暴したとのこと。
〔三〕被申付候：申し付けられました、命令されました。
〔四〕と哉：～とか。
〔五〕相聞へ申候：聞いております。
〔六〕に御座候得共：～でございますが。
〔七〕申上置候：申し上げておきます。

（一三）「品川総領事より韓米両国条約締結の報告並条約書」（一八八二年）

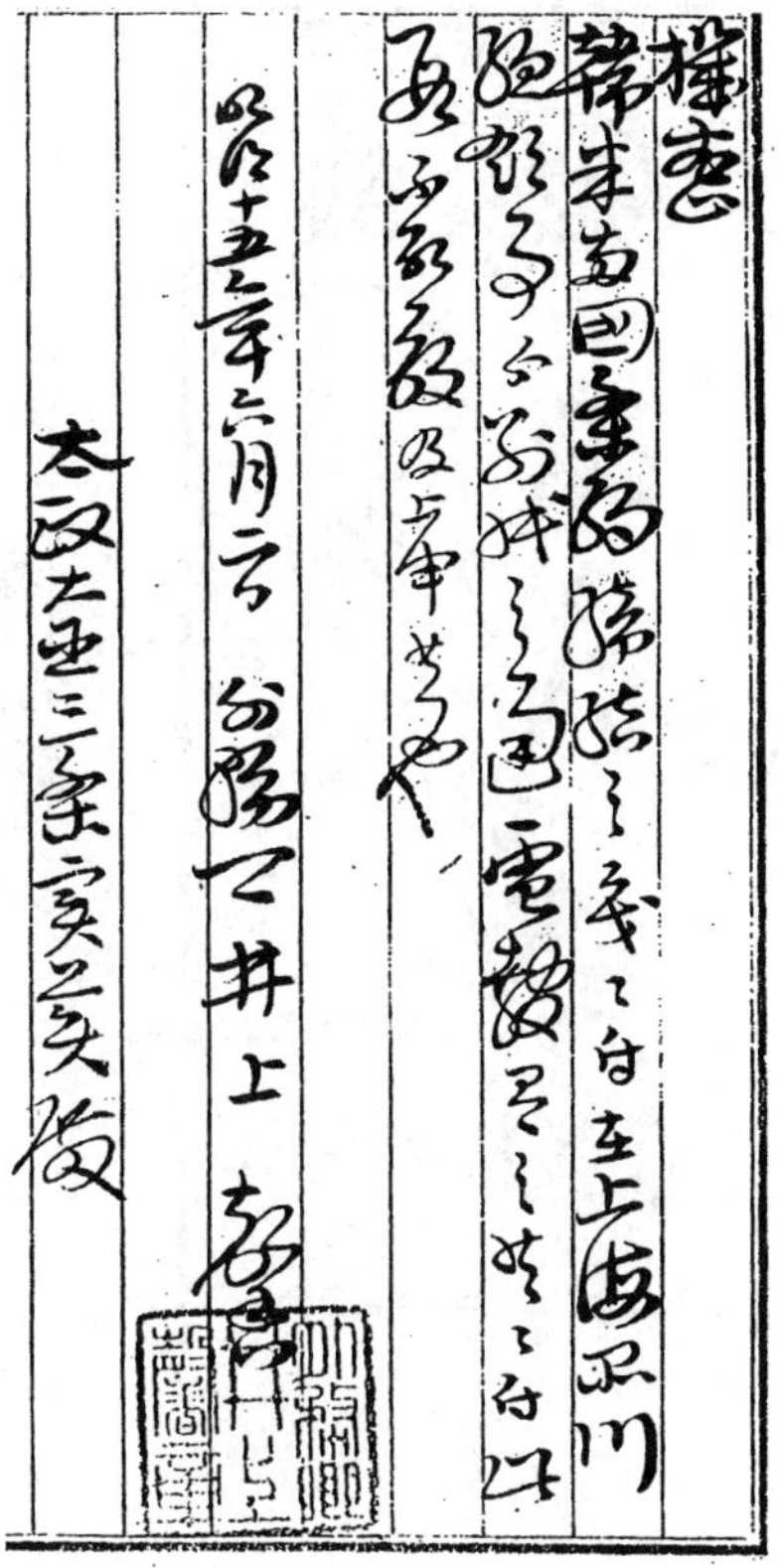

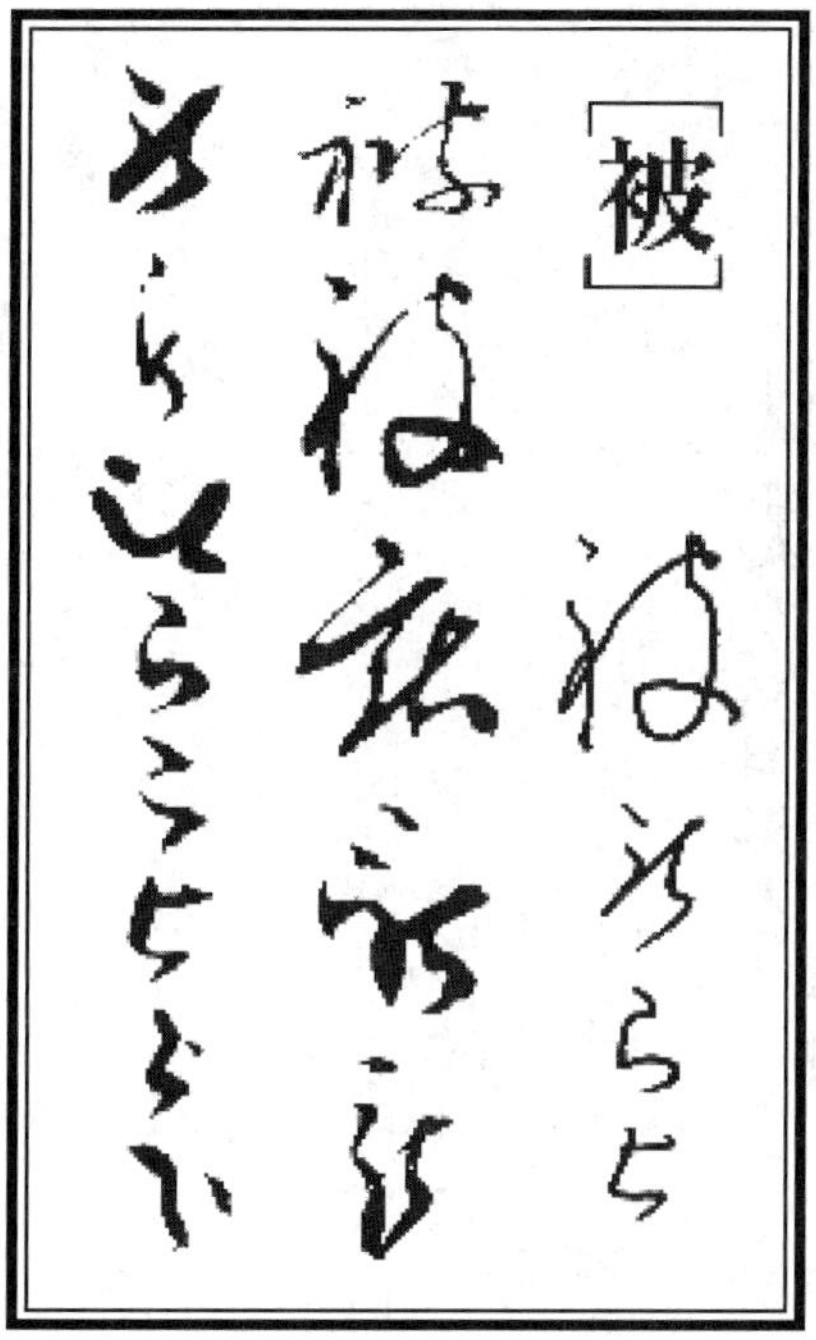

常用汉字「くずし字」㊇　被

【解读】

機密

韓米両国条約〔一〕締結之義《ぎ》に付、在上海品川総領事より《ち》別紙之通電報有之候《これありそうろう》に付《つき》、此段不取敢《とりあえず》〔二〕　及上申候《じょうしんにおよびそうろう》〔三〕也《なり》。

明治十五年六月二日　外務卿井上馨

太政大臣三条実美殿

〔一〕韓米両国条約：一八八二年签订的朝美修好通商条约，又称薛斐尔条约。

〔二〕不取敢：とりあえず。

〔三〕及上申候：申し上げる次第です。

（一四）「品川総領事より韓米両国条約締結の報告並条約書」（一八八二年）

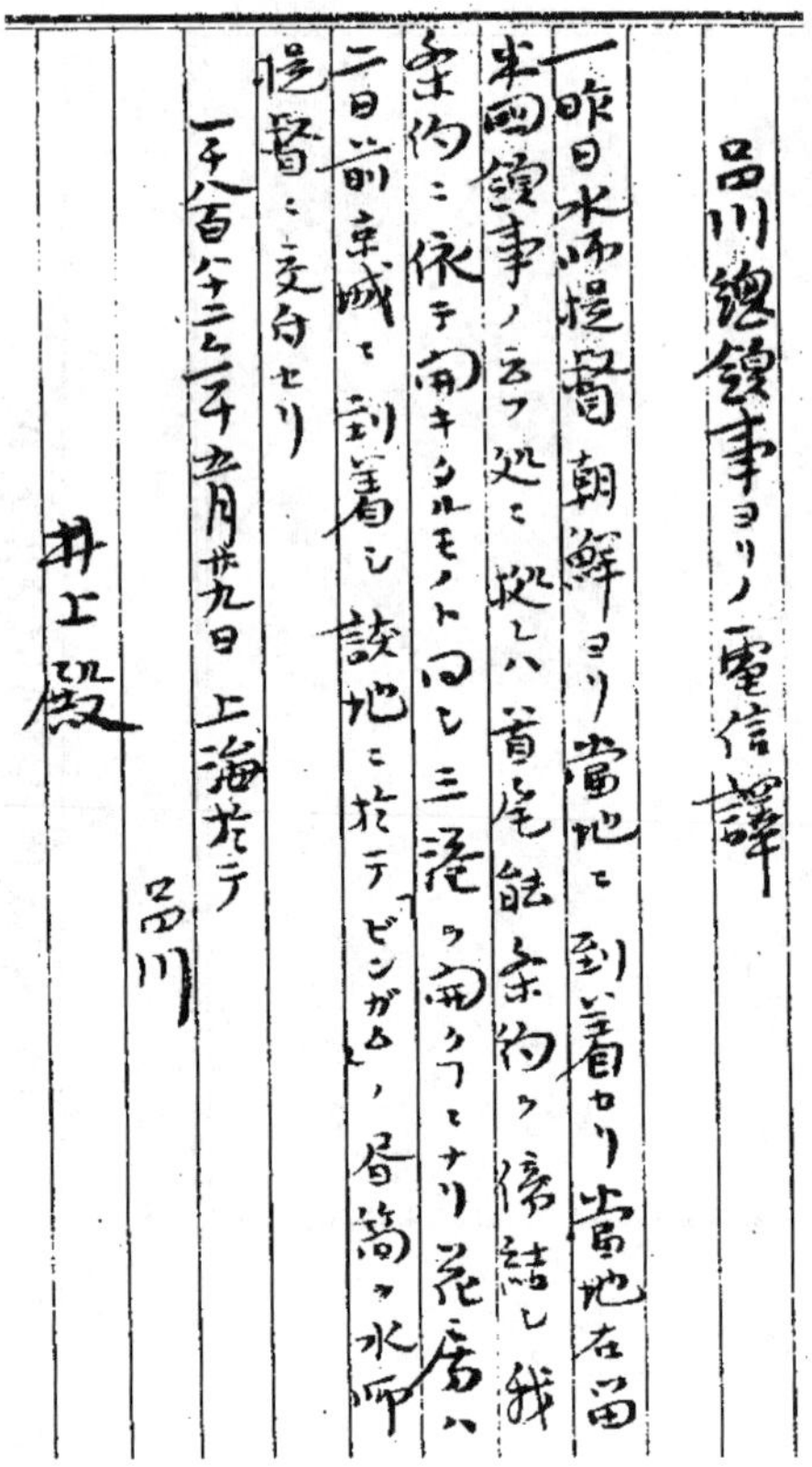
品川總領事ヨリノ電信譯
一昨日水師提督朝鮮ヨリ當地ニ到着セリ當地在留
米國領事ノ云フ処ニ拠レハ首尾能条約ヲ締結シ我
条約ニ依テ開キタルモノト同シ三港ヲ開クヿトナリ花房ハ
二日前京城ニ到着シ該地ニ於テビンガムノ書簡ヲ水師
提督ニ交付セリ
一千八百八十二年五月廿九日　上海於テ　品川
井上殿

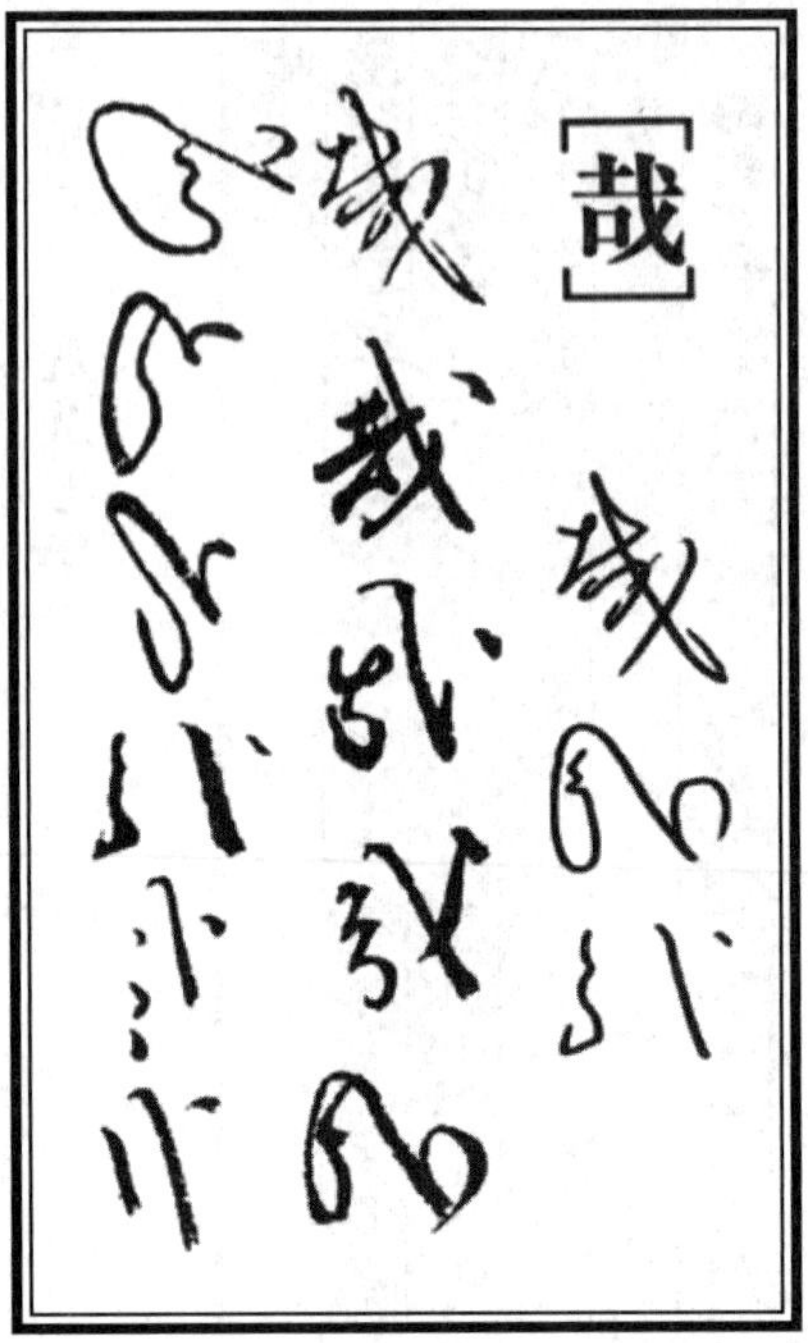

常用汉字「くずし字」㊈　哉

【解读】

品川總領事よりの電信譯

一昨日水師提督朝鮮より当地に到着せり〔一〕。當地在留
米國領事の云う《ふ》処に拠れば、首尾能《よく》条約を締結し、我
条約に依て開きたるものと同じ三港を開くことにな
り、花房《はなぶさ》〔二〕は
二日前京城に到着し、該地に於て「ビンガム〔三〕」の
書簡を水師
提督に交付せり。

一千八百八十二年五月廿九日　上海於て　品川

井上殿

〔一〕到着せり：「り」为表示完了的助动词。→到着した。

〔二〕花房：日本首任驻朝鲜公使花房义质。

〔三〕ビンガム：美国驻日公使Bingham，中文名『平安』。

（一五）「在天津副領事島村久より清国の兵船朝鮮国へ鉄砲廻送の報告」（一八八三年）

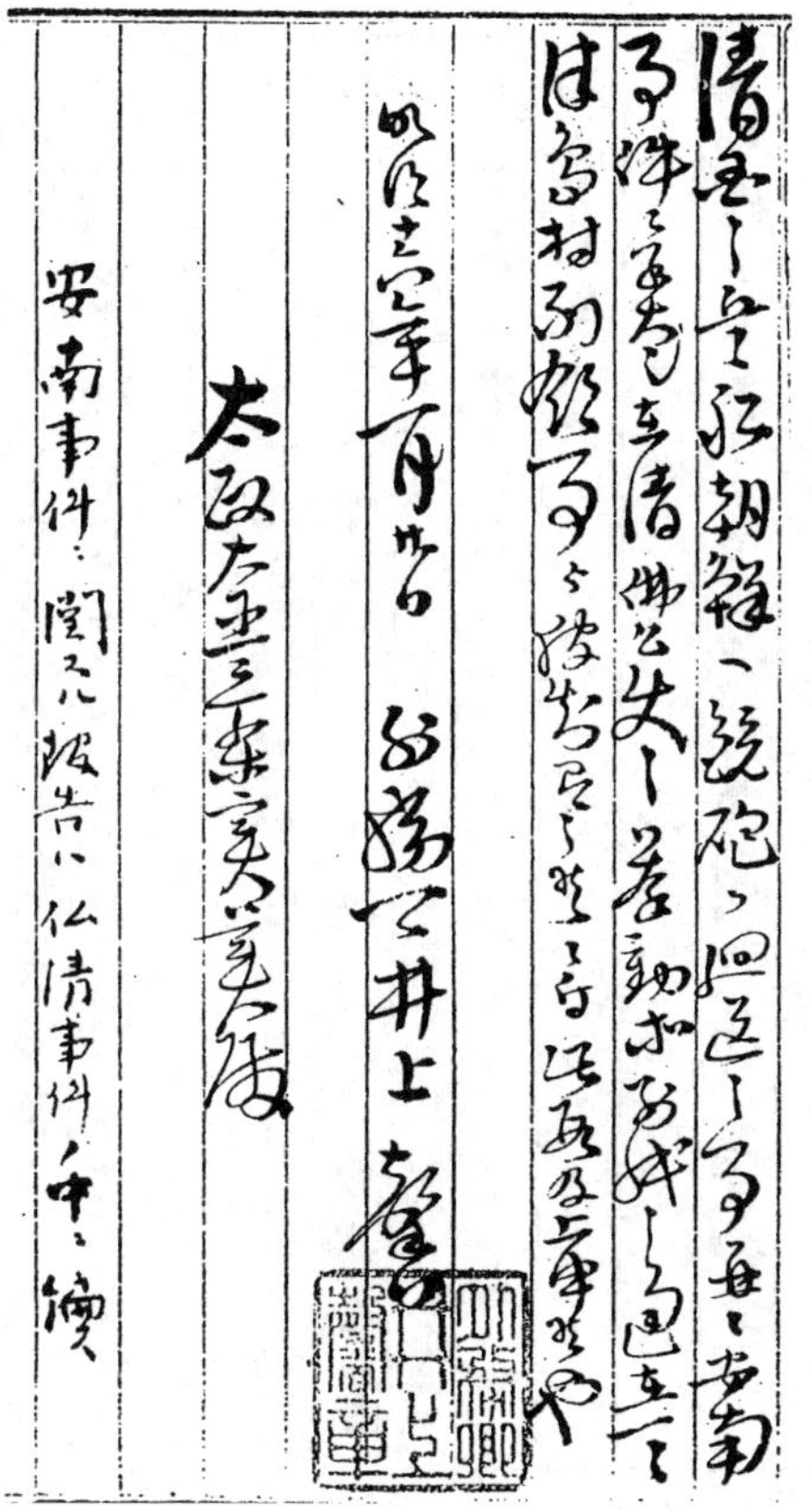

【解读】

清国之兵船朝鮮へ銃砲を廻送之事並に安南事件に關し、在清佛《フランス》公使之挙動等、別紙之通《べっしのとおり》在天津島村副領事より報知《ち》有之候《これありそうろう》に付《つき》、此段及上申候也《じょうしんにおよびそうろうなり》。

明治十六年一月廿日　外務卿井上馨

太政大臣三条実美殿

安南事件に関する報告は仏清《ふっしん》事件の中に編す

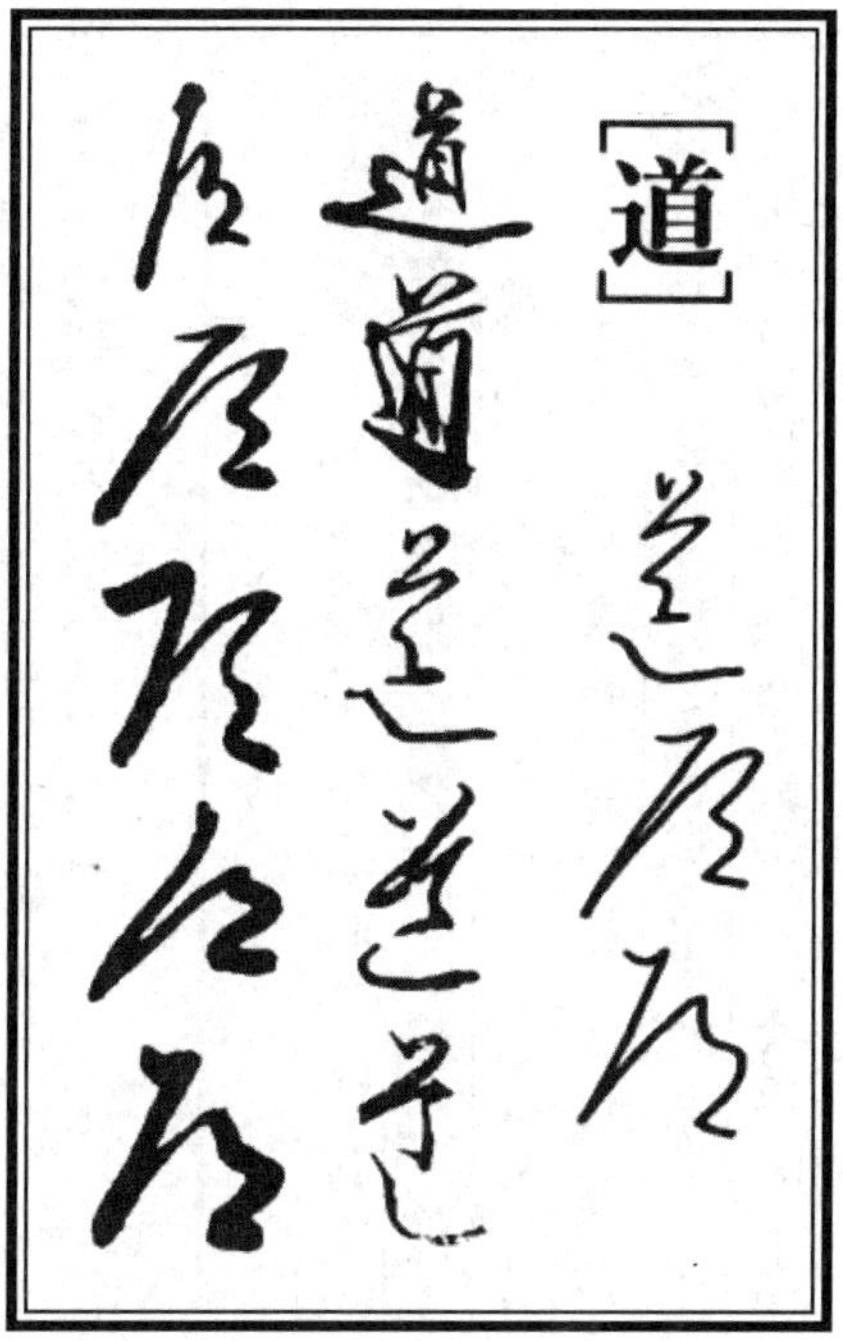

常用汉字「くずし字」⑩　道

（一六）「在天津副領事島村久より清国の兵船朝鮮国へ鉄砲廻送の報告」（一八八三年）

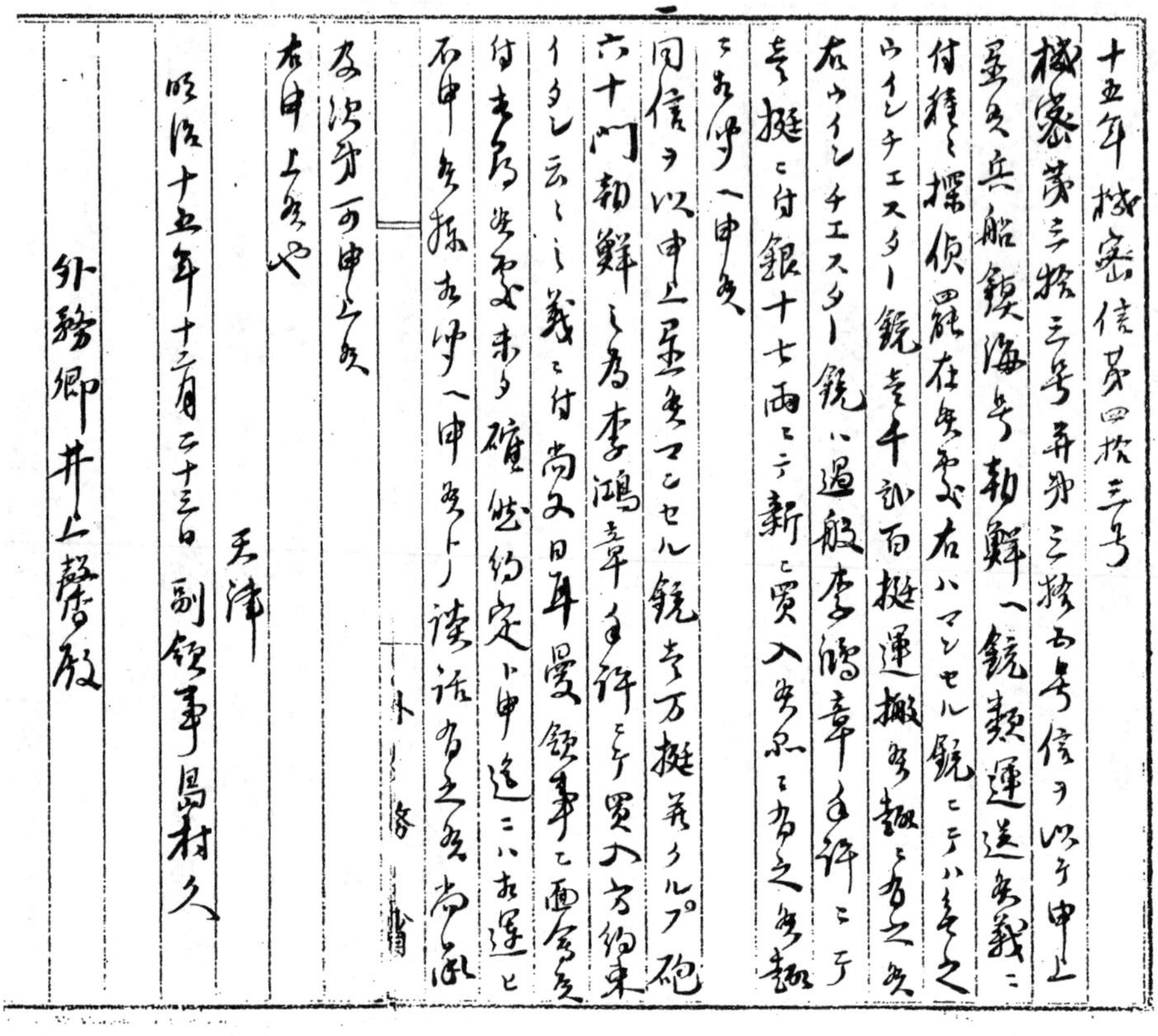
十五年機密信第四拾三号
機密第三拾三号并第三拾五号信ヲ以テ申上
置候兵船鎮海号朝鮮ヘ銃類運送之義ニ
付猶ホ探偵罷在候処右ハマンセル銃ニテハ無之
ウインチエスター銃壱千弐百挺運搬致候由ニ有之候
右ウインチエスター銃ハ過般李鴻章手許ニテ
壱挺ニ付銀十七両ニテ新ニ買入候ものニ有之候趣
ニ有之此段申上候
同信ヲ以申上置候マンセル銃壱万挺並クルプ砲
六十門朝鮮ノ為李鴻章手許ニテ買入方約束
致シ候云々ノ義ニ付尚又[illegible]
付[illegible]確然約定ト申迄ニハ相運ヒ
不申候様相聞ヘ申候[illegible]
[illegible]
右申上候也
明治十五年十二月二十三日　天津副領事島村久
外務卿井上馨殿

常用汉字草书㊅

【解读】

十五年機密信第四拾三号

機密第三拾三号並第三拾五号信を以て申上《もうしあげ》置候《おきそうろう》〔一〕兵船鎮海号朝鮮へ銃類運送候義に付、種々探偵罷在候處《まかりありそうろうところ》〔二〕、右はマンセル銃にては無之《これなく》〔三〕、ウインチエスター銃壱千弐百挺運搬候趣に有之候。右ウインチエスター銃ハ過般李鴻章手許《てもと》にて壱挺に付銀十七両にて新に買入候品〔四〕に有之候趣〔五〕に相聞へ申候《あいきこえもうしそうろう》〔六〕。

〔一〕申上置候：此处为连体形，作定语修饰后面部分。→申上げておいた。

〔二〕罷在候處：「罷」用于动词前表示自谦或郑重。→ありましたところ。

〔三〕にては無之：～ではない。

〔四〕買入候品：購入したもの。

〔五〕～に有之候趣：～であるとのこと。

〔六〕相聞へ申候：聞いております。

同信を以《もって》申上置候《もうしあげおきそうろう》〔七〕マンセル銃壱万挺並クルプ砲六十門、朝鮮之為《のために》李鴻章手許にて買入方《かいいれかた》〔八〕約束いたし云々之義《ぎ》に付、尚又日耳曼《ゲルマン》領事ニ面会候（に）付、相尋候処〔九〕、未だ確然約定と申迄には相運び不申候様《もうさずそうろうよう》〔十〕相聞え《へ》申候との談話有之候、尚承及次第可申上候《もうしあぐべくそうろう》〔十一〕。

右申上候也。

明治十五年十二月二十三日　天津副領事　島村久

外務卿井上馨殿

〔七〕申上置候：申上げておいた。

〔八〕買入方：「方」接动词连用形或表示动作的汉语词后，表示「～すること」。→買い入れること。

〔九〕相尋候処：尋ねましたが。

〔十〕不申候様：～していない様子。

〔十一〕可申上候：申上げるつもりです。

（一七）「在支帝国専管居留地関係雑件／杭州之部」

（一八九六年）

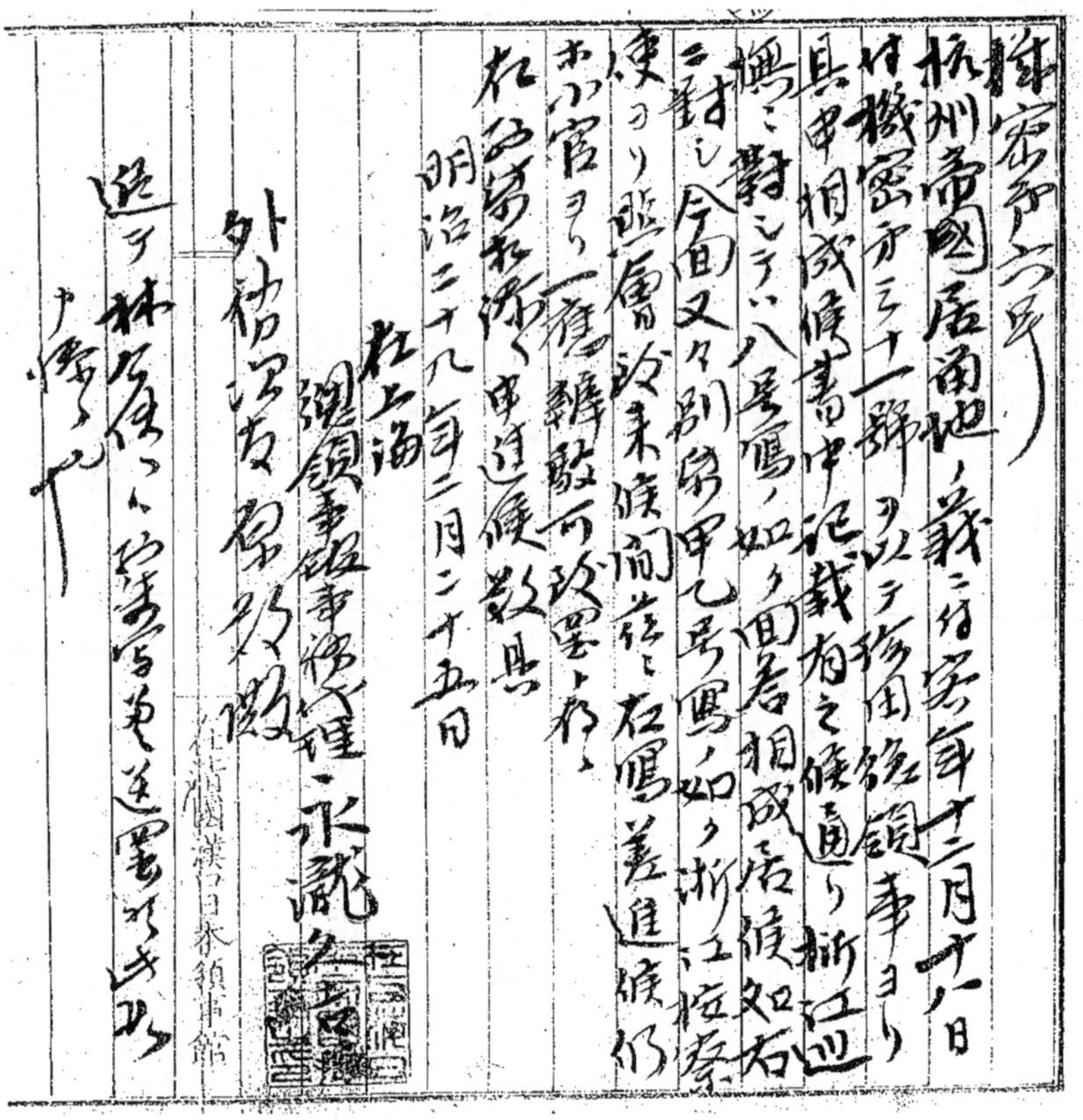

【解读】

機密第六号

杭州帝國居留地の義に付、客年十二月十八日付機密第三十一号を以て珍田《ちんだ》〔一〕総領事より具申相成候《ぐしんあいなりそうろう》〔二〕書中記載有之候通り、浙江巡撫に対しては八号寫《うつし》の如く回答相成居候処《あいなりおりそうろうところ》〔三〕、右に対し今回又々別紙甲乙号寫の如く浙江按察使より照會致来候間《いたしきたりそうろうあいだ》〔四〕、茲に右寫差進候《さしすすめそうろう》〔五〕。仍《な》お《ほ》小官より一應辨駁可致置《いたしおくべし》〔六〕と存候《ぞんじそうろう》。

右別紙相添え申進候〔七〕。敬具

明治二十九年二月二十五日　在上海総領事館事務代理永瀧久吉《ながたきひさきち》

外務次官原敬《はらたかし》殿

追て林公使へは別紙写差送置候、此段申添候也。

〔一〕珍田：驻上海总领事珍田捨巳。

〔二〕具申相成候：詳しく申し述べました。

〔三〕回答相成居候処：回答しておりますが。

〔四〕致来候間：～してきましたので。

〔五〕差進候：お送り差し上げます。

〔六〕可致置：～しておくべきである。

〔七〕申進候：申上げます、呈上いたします。

（一八）「蘇州、杭州、重慶、沙市に帝国居留地地区設置の為め在上海珍田総領事当港出張の件」（一八九六年）

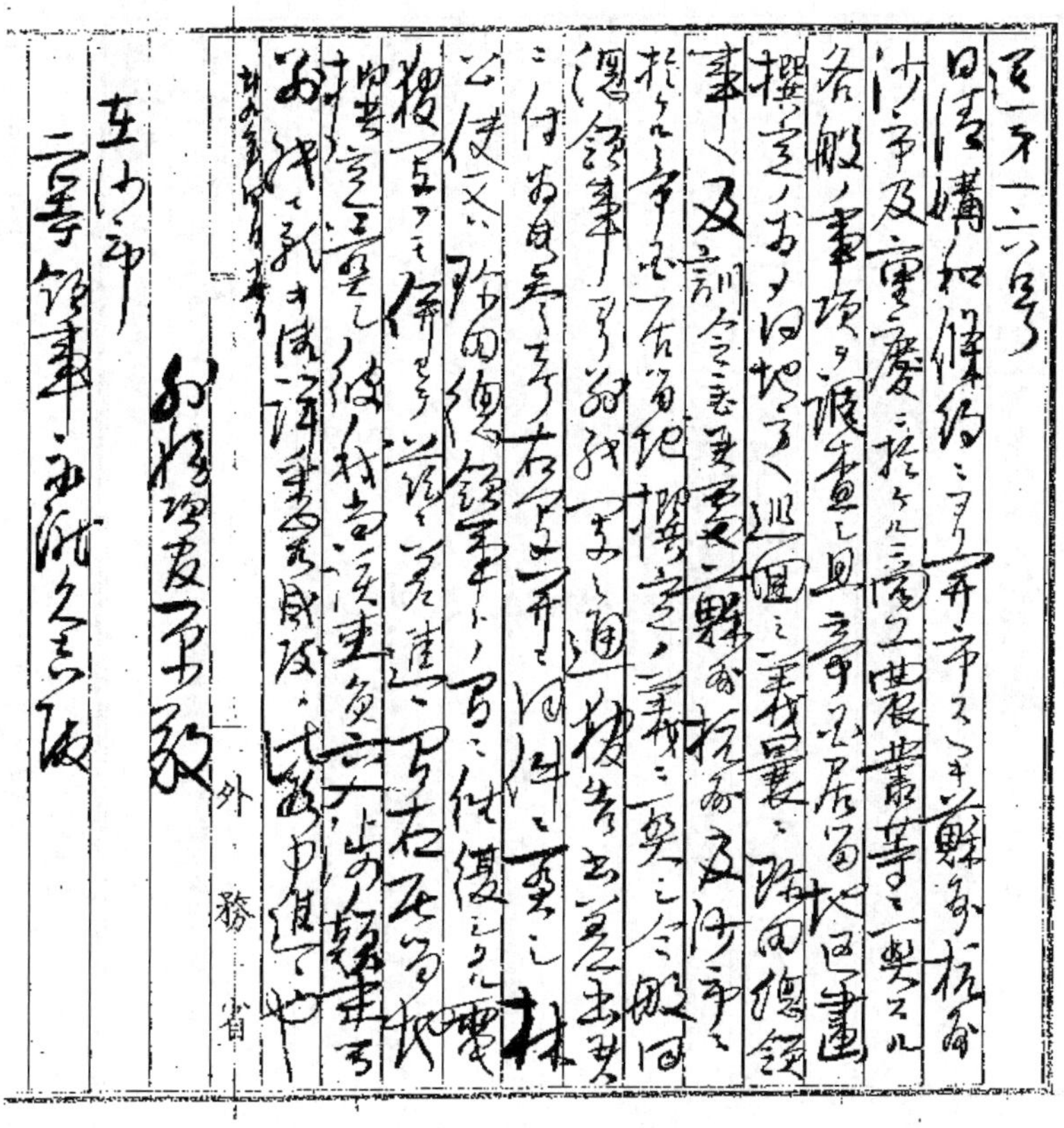

【解読】

送第一六号
日清媾和条約により開市すべき蘇州、杭州、
沙市及重慶に於ける商工農業等に關する
各般の事項を調査し、且帝国居留地区畫
撰定の為め、同地方へ巡回之義《ぎ》、曩《さき》に珎田總領
事へ及訓令置候處《くんれいおくにおよびそうろうところ》〔一〕、蘇州杭州及沙市に
於ける帝国居留地撰定の義に關し、今般同
總領事より別紙写之通報告書差出候《さしいだしそうろう》
に付、為御参考《ごさんこうのため》右写《うつし》並に同件に關し林
公使又は珎田總領事との間に往復したる電
報写をも併せて茲に差進候間《さしすすめそうろうあいだ》〔二〕、右居留地
撰定に關し彼我当該吏員交渉の顛末等
別紙に就き御詳悉相成度候《ごしょうしつあいなりたくそうろう》〔三〕。此段申進候也《もうしすすめそうろうなり》。
廿九年四月十七日　外務次官原敬《はらたかし》
在沙市二等領事永瀧久吉《ながたきひさきち》殿

〔一〕及訓令置候処：訓令しておいたところ。
〔二〕差進候間：差し送りますので。
〔三〕御詳悉相成度候：詳しく調べて明らかにしていただきたい。

（一九）「在天津竹添領事米国水師提督シユフエルト朝鮮に航するの風説並に李鴻章従者琉球事件に関する談話」（一八八二年）

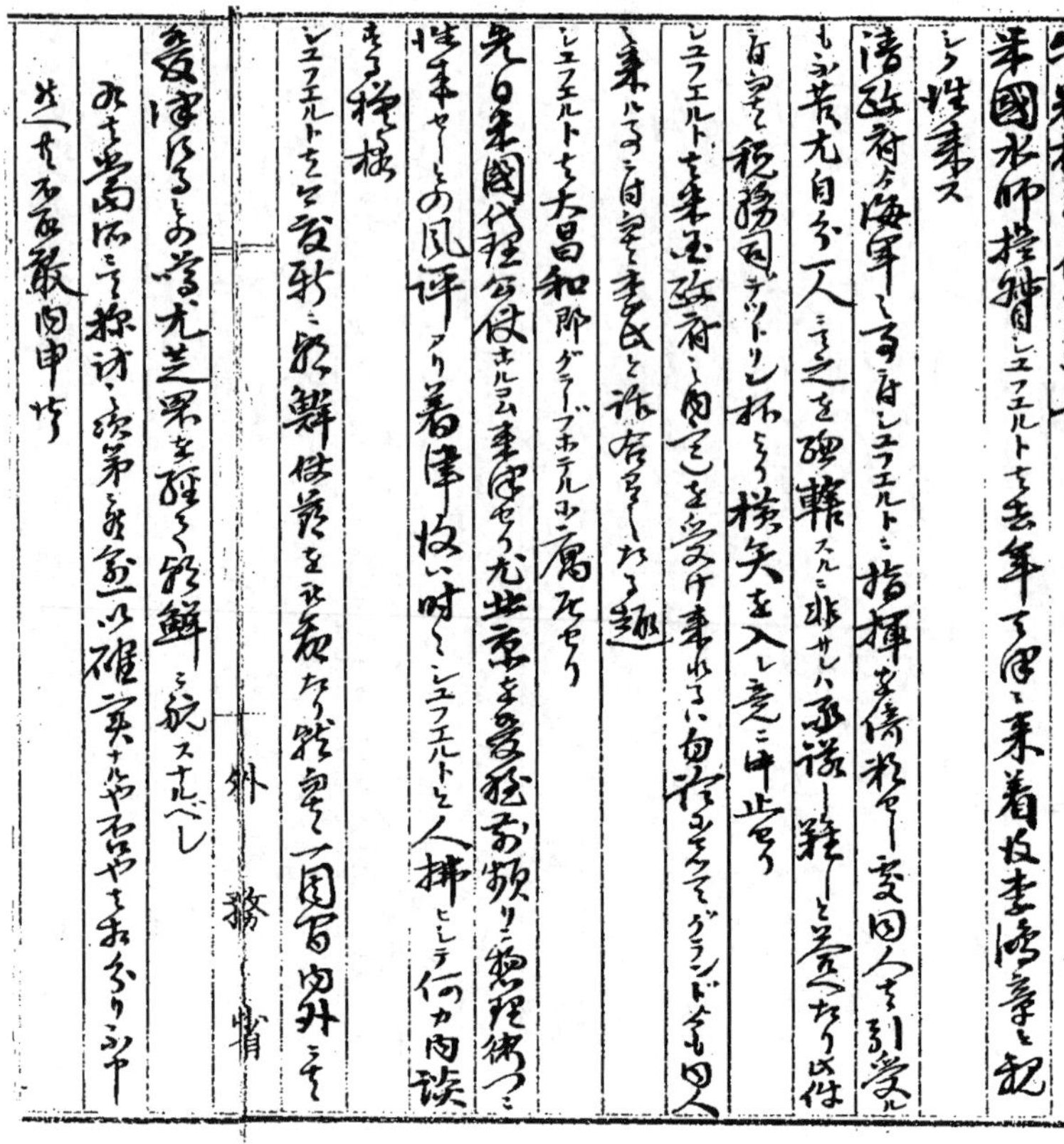

常用汉字草书㈦

【解读】

特別機密信第五号

米国水師提督シュフェルト〔一〕は《者》去年天津に来着後、李鴻章と親しく往来ス。

清政府より《ら》海軍之事に付、シュフェルトに指揮を倚頼《いらい》せし處、同人は《者》引受るも不苦《くるしからず》〔二〕、尤《もっとも》自分一人にて《天》之を總轄するに非ざれば、承諾し難しと答《へ》えたり。此件に付て《而》は《者》税務司デットリン〔三〕抔《など》より横矢を入れ竟に中止せり。

シュフェルトは《者》米国政府之内定を受け来れるは〔四〕勿論に《尔》し《志》て《天》、グランド〔五〕より《ら》も同人之来る事に付て《而》は《者》李氏と話合有之《これあり》たる趣。

〔一〕シュフェルト：美国水师提督 Robert W. Shufeldt，中文名『薛斐尔』。↓ロバート・シューフェルト。

〔二〕不苦：~してもかまわない、~してもよい。

〔三〕デットリン：中国海关税务司 Detring Gustav von，中文名『德璀琳』。↓デットリング。

〔四〕来れるは：「る」为助动词「り」的连体形。↓来ているのは。

〔五〕グランド：↓グラント。　美国前总统 Ulysses S. Grant，中文名『格兰特』。

シュフェルトは《者》大昌和即《すなわち》グラーブホテルに《尔》寓居せり。

先日米国代理公使ホルコム〔六〕来津せり。尤北京を発程前頻りに總理衙門に往来せしとの風評あり。着津後は時々シュフェルトと人拂《ひ》いして何か内談す《春》る模様。

シュフェルトは《者》今度新に朝鮮使節を被命《めいぜられ》たり。就て《而》は《者》一周間内外には《者》発津す《須》るとの噂。尤《もっとも》芝罘を経て《天》朝鮮に航すなるべし。

右は《者》当所にて《天》探訪之次第に候《そうろう》〔七〕。愈以《いよいよもって》〔八〕確実なるや否やは《者》相分り不申候へ共《もうさずそうらえども》〔九〕、不取敢《とりあえず》内申仕候《つかまつりそうろう》〔十〕。

〔六〕ホルコム：美国驻华代理公使 Chester Holcombe，中文名『何天爵』。

〔七〕之次第に候：~の経過です。

〔八〕愈以：「いよいよ」的强调形。

〔九〕相分り不申候へ共：分りませんが。

〔十〕内申仕候：内申致します。

（二十）『瓜生氏日本国盡』（一八七二年）

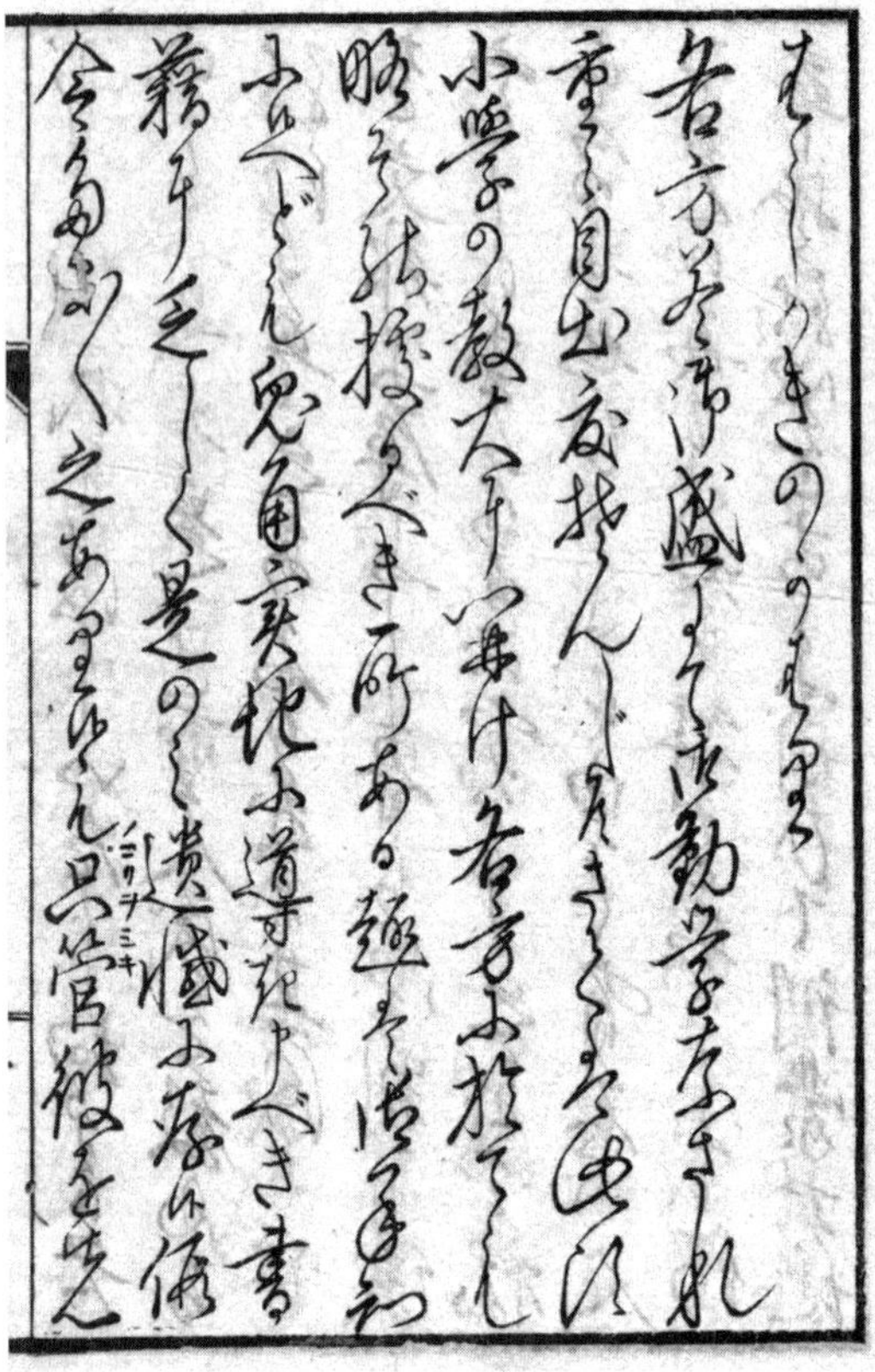

常用汉字「くずし字」㊁ 者

【解读】

は《者》しがきのか《可》は《者》り《里》〔一〕
各方《おのおのがた》〔二〕益《ますます》御盛《ごさかん》に《尓》て御勤学なされ
重々《じゅうじゅう》〔三〕目出度ぞ《楚》んじ候。さて《天》は《盤》〔四〕此頃
小学の教《おしえ》大に《耳》開け、各方に《尓》於ても《毛》
略《ほぼ》その《能》據るべき所ある趣は《盤》御承知
に《尓》候え《へ》ども《毛》〔五〕、兎角実地に導き《起》〔六〕申べき書
籍に《耳》乏しく、是のみ《三》遺憾に《尓》存候。假
令た《多》ま《末》た《多》ま《末》之あり《里》候も《毛》、只管《ひたすら》彼〔七〕を先

〔一〕はしがきのかはり：端書の代わり。
〔二〕各方：皆さん、各位。
〔三〕重々：かさねがさね、幾重にも。
〔四〕さては：前の発言を受けてある判断を導く語。
〔五〕に候えども：～ですが。「に」为断定助动词「なり」的连用形。
〔六〕導き：手引き、案内。
〔七〕彼：此处指日本以外的国家。→外国。

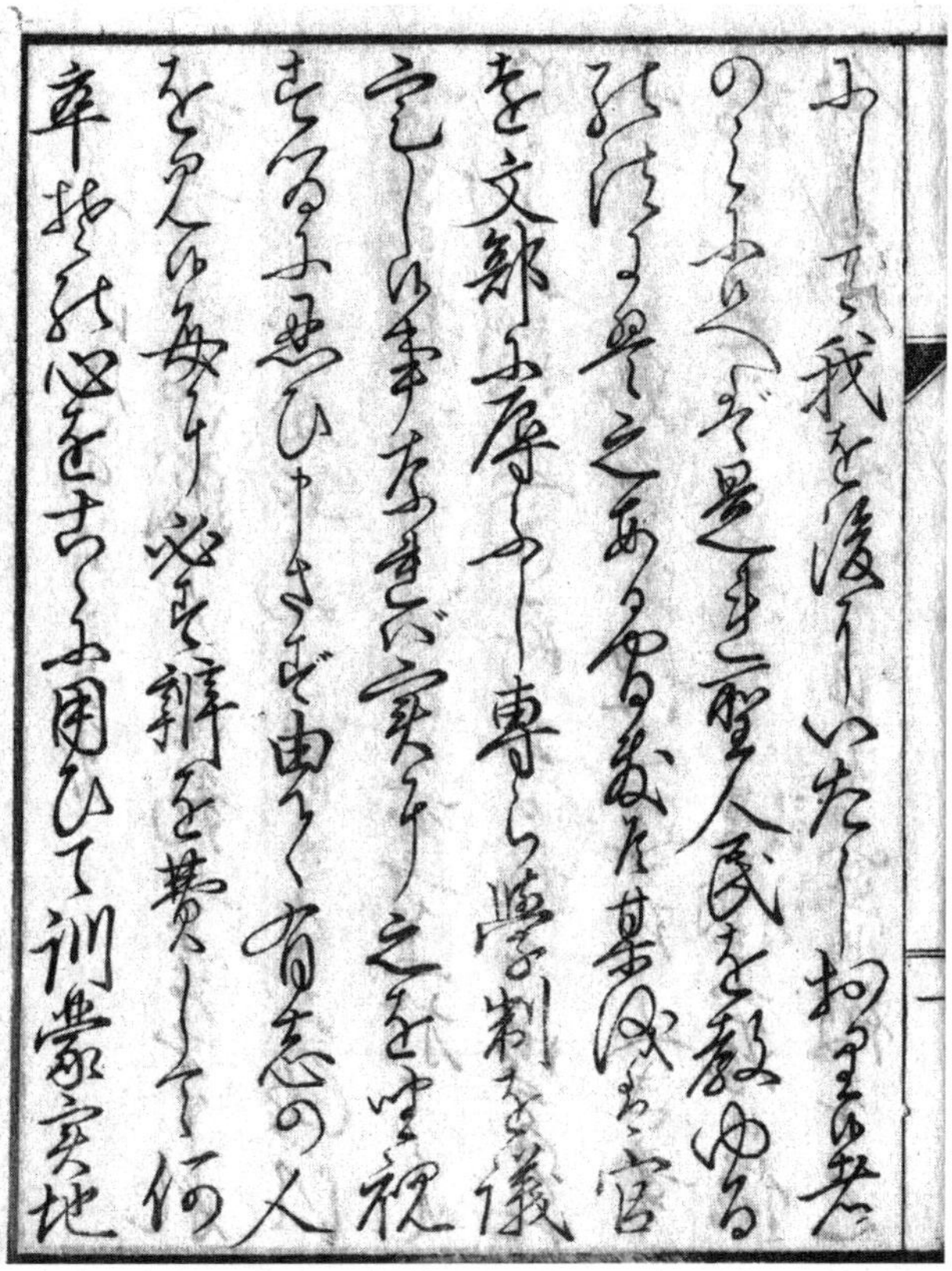

にして我〔一〕を後にいたしおり候者
のみに候えば〔二〕、是れ聖人民を教ゆる
の法には之ある間敷候〔三〕。某〔四〕儀〔五〕は官
を文部に辱うし専ら学制を議
定し候事なれば〔六〕、実に之を座視
するに忍び申さず。由て有志の人
を見候毎に、必ず辨を費して何
卒その心をここに用いて訓蒙実地

に《尔》して《天》我〔一〕を後に《耳》いたしおり《里》候者
の《三》みに《尔》候え《へ》ば《盤》〔二〕、是れ《連》聖人民《たみ》を教ゆる
の《能》法に《尔》は《盤》之ある間敷候《まじくそうろう》〔三〕。某《それがし》〔四〕儀〔五〕は《盤》官
を《遠》文部に《尔》辱《かたじけの》う《ふ》し専ら学制を議
定し候事なれ《連》ば〔六〕、実に《耳》之を座視
す《春》る《留》に《尔》忍び申さ《春》ず。由て《天》有志の人
を見候毎に《耳》、必ず《春》辨を費して《天》何
卒その《楚》心の《能》をここに《古古尔》用い《ひ》て訓蒙実地

〔一〕我：此处指日本。↓わが国。
〔二〕に候えば：～ですので。「ば」表示确定条件。
〔三〕之ある間敷候：ないでしょう。
〔四〕某：男性用语，第一人称代词，含自谦之意。↓わたくし。
〔五〕儀：接人名、人称代词后，有表示自谦之意。↓～に関することですが。
〔六〕なれば：「ば」表示确定条件。↓ですので。

【敷】

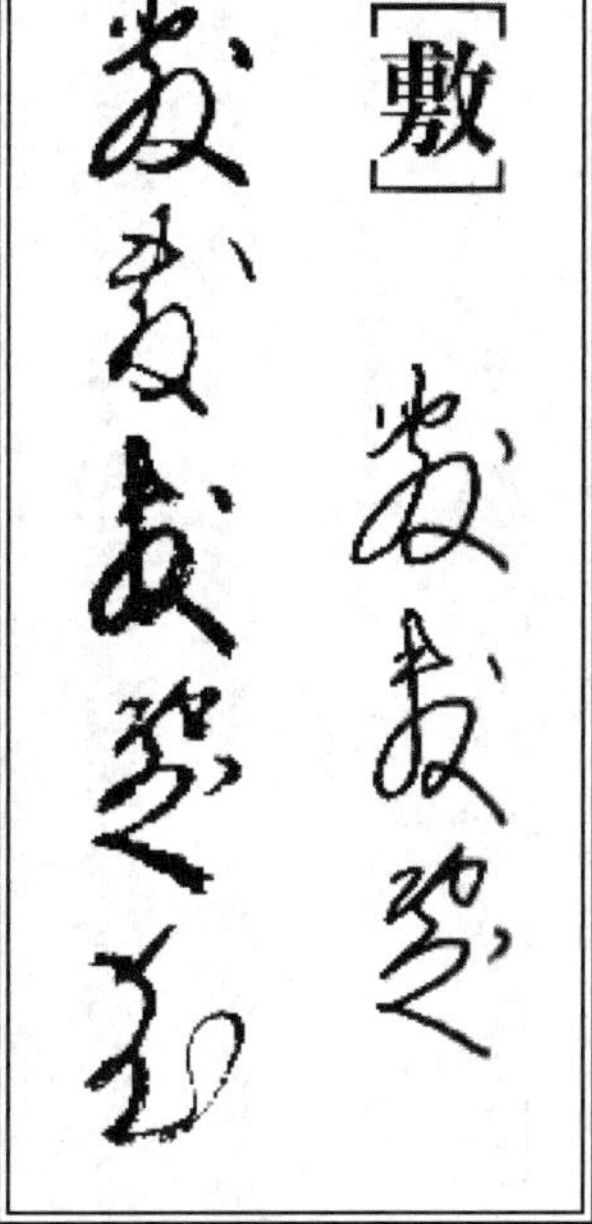

常用汉字「くずし字」㊂　敷

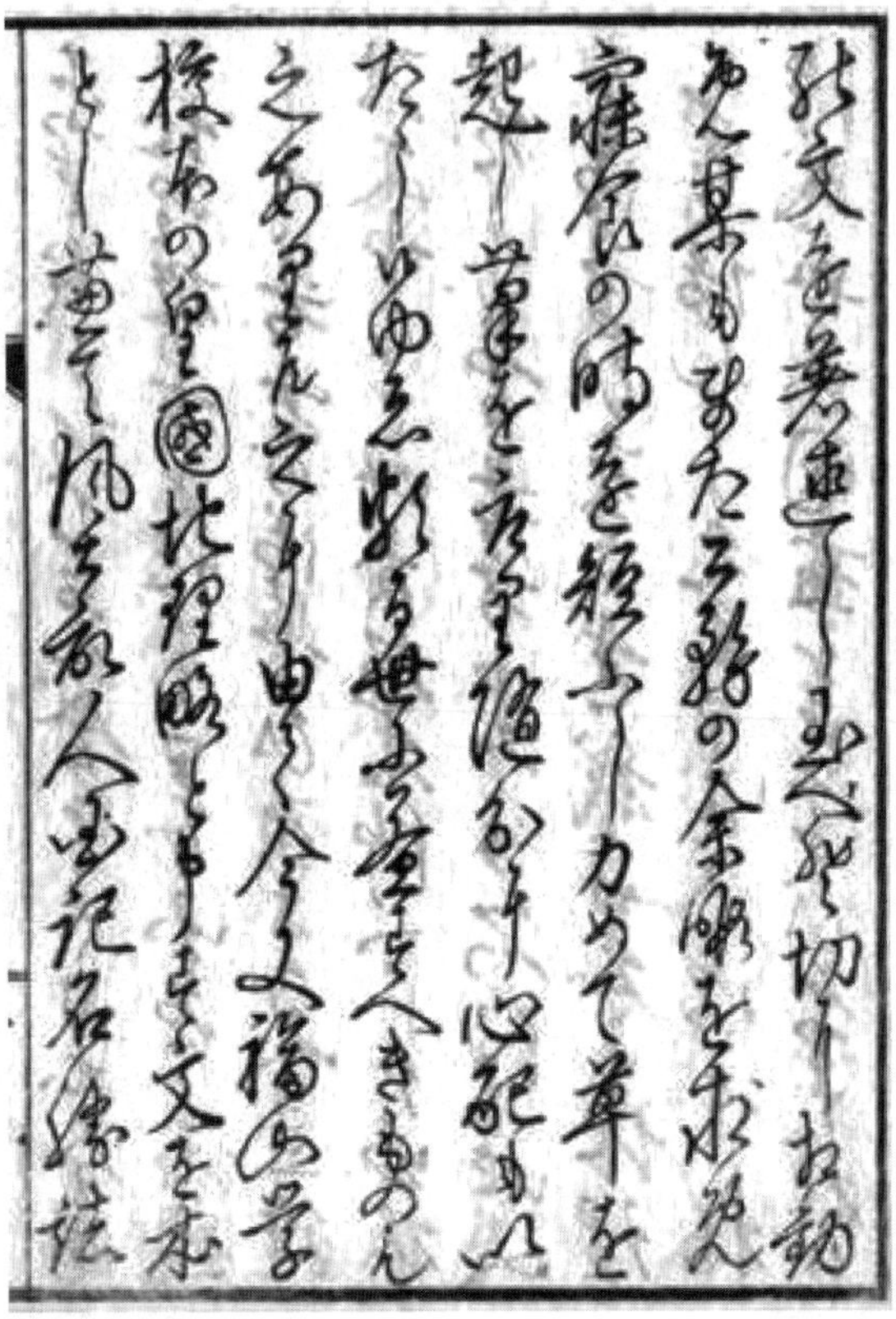

の《能》文を《遠》著述したま《玉》え《へ》〔一〕と《登》切に《耳》相勧め《免》、某《それがし》もまた公務の余暇を求め《免》、寐食の時を《遠》短《みじこふ》うし〔二〕力《つと》めて草を起し筆を取り《里》、随分に《耳》心配もい《以》たし候ゆえ《衣》、頗る世に《尔》益す《春》べきものも《毛》之あり《里》候。之に由て今又福山学校本の皇国地理略と申す《春》文を本《もと》とし、兼て《天》風土記、人国記、名勝誌

［所］

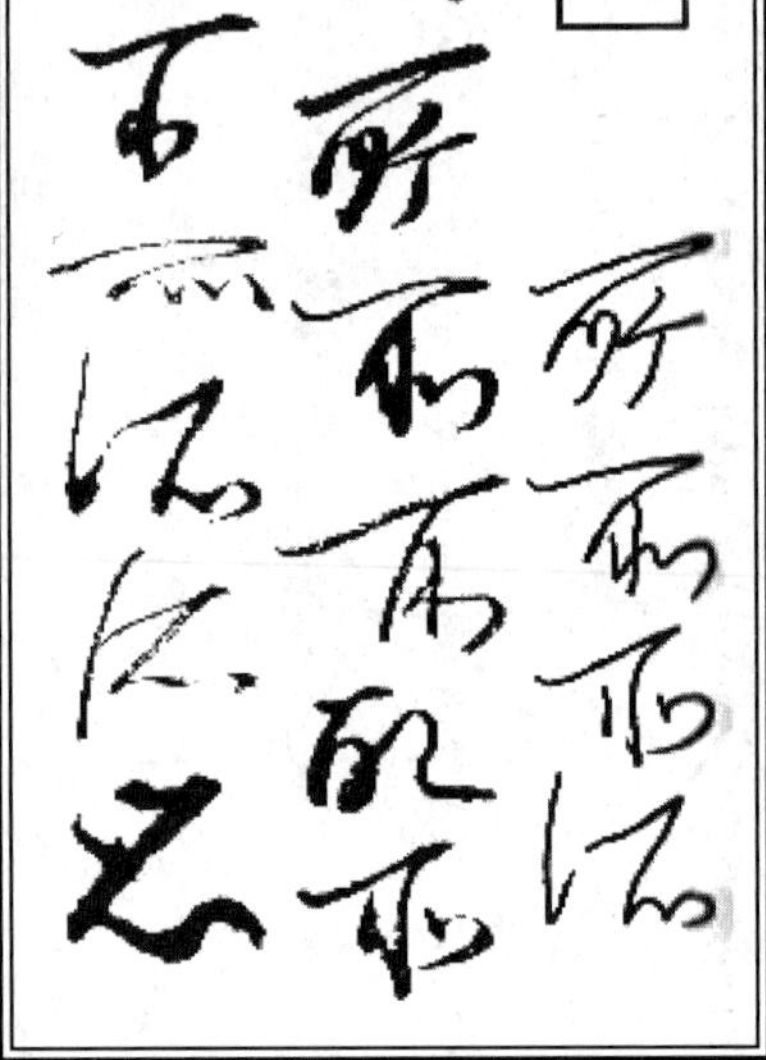

常用汉字「くずし字」㊂　所

〔一〕したまえ：「たまえ」为「給う、賜う」的命令形。「玉」字为借用字（当て字）。→～してください。

〔二〕短うし：形容词接サ变动词「す」时发生「う音便」，相当于现代日语的「短くし」。

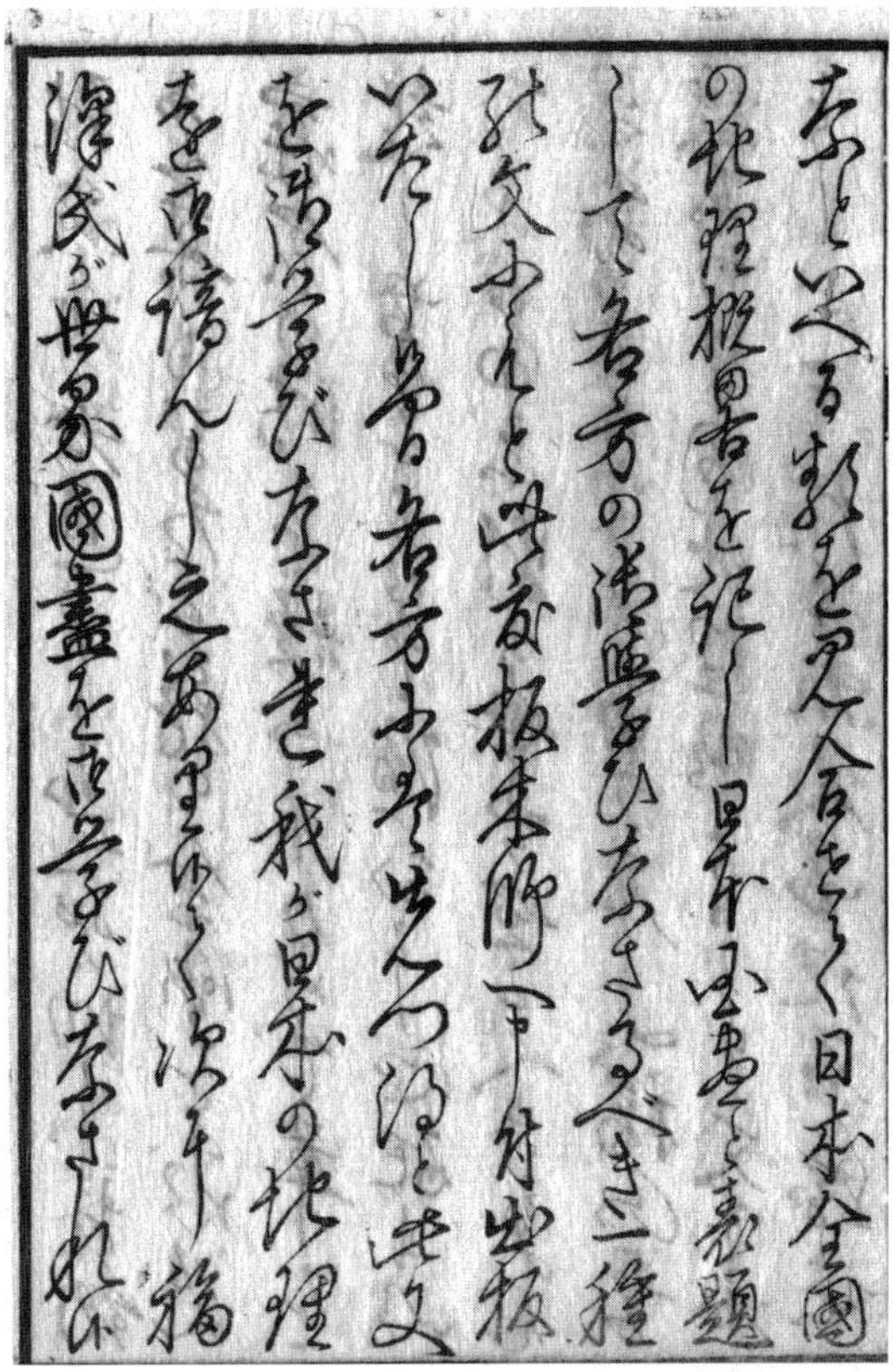

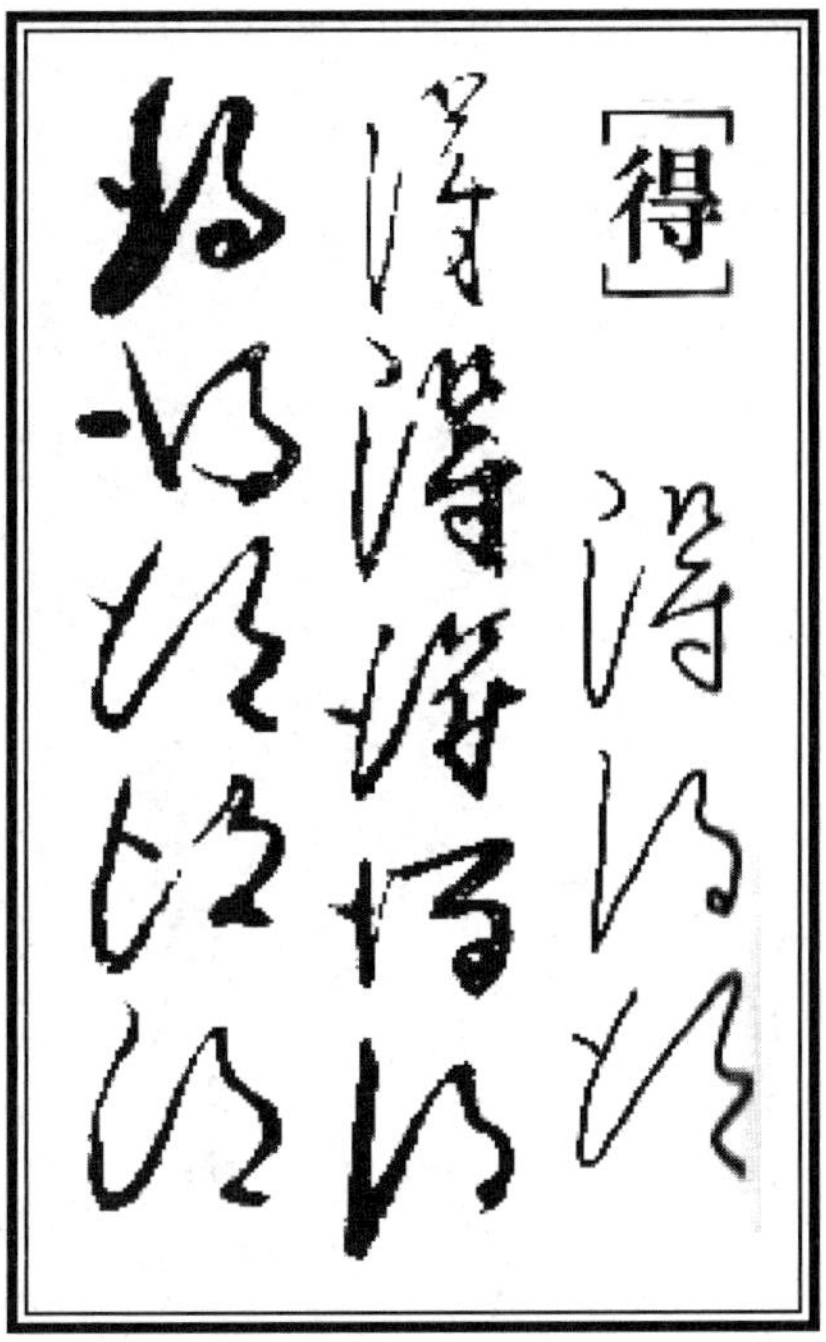

常用汉字「くずし字」㊃　得

などいえ《へ》る〔一〕類を見合せ《世》て《天》、日本全国の地理概略を記し、日本国尽《くにづくし》〔二〕と表題して《天》各方の御学びなさるべき一種の《能》文に《尔》も《毛》と此度板木師へ申付、出板《しゅっぱん》いたし候間、各方に《尔》は《盤》先ず《つ》得《とく》と〔三〕此文を御学びなされ《連》我が《可》日本の地理を《遠》御諳んじ、之あり《里》候て《天》次に《耳》〔四〕福澤氏〔五〕が《可》世界国尽を御学びなされ候

〔一〕いえる：「いう」的已然形「いえ」+完了助动词「り」的连体形「る」。→いった。

〔二〕国尽：列举日本国内各「国」的国名，并按照便于歌唱的顺序进行排列的地理书。在江户时代至明治时代初期，还通常被用作习字的字帖。

〔三〕得と：十分に、じっくりと。→篤と。

〔四〕之あり候て次に：その次に、それから。

〔五〕福澤氏：福沢諭吉。

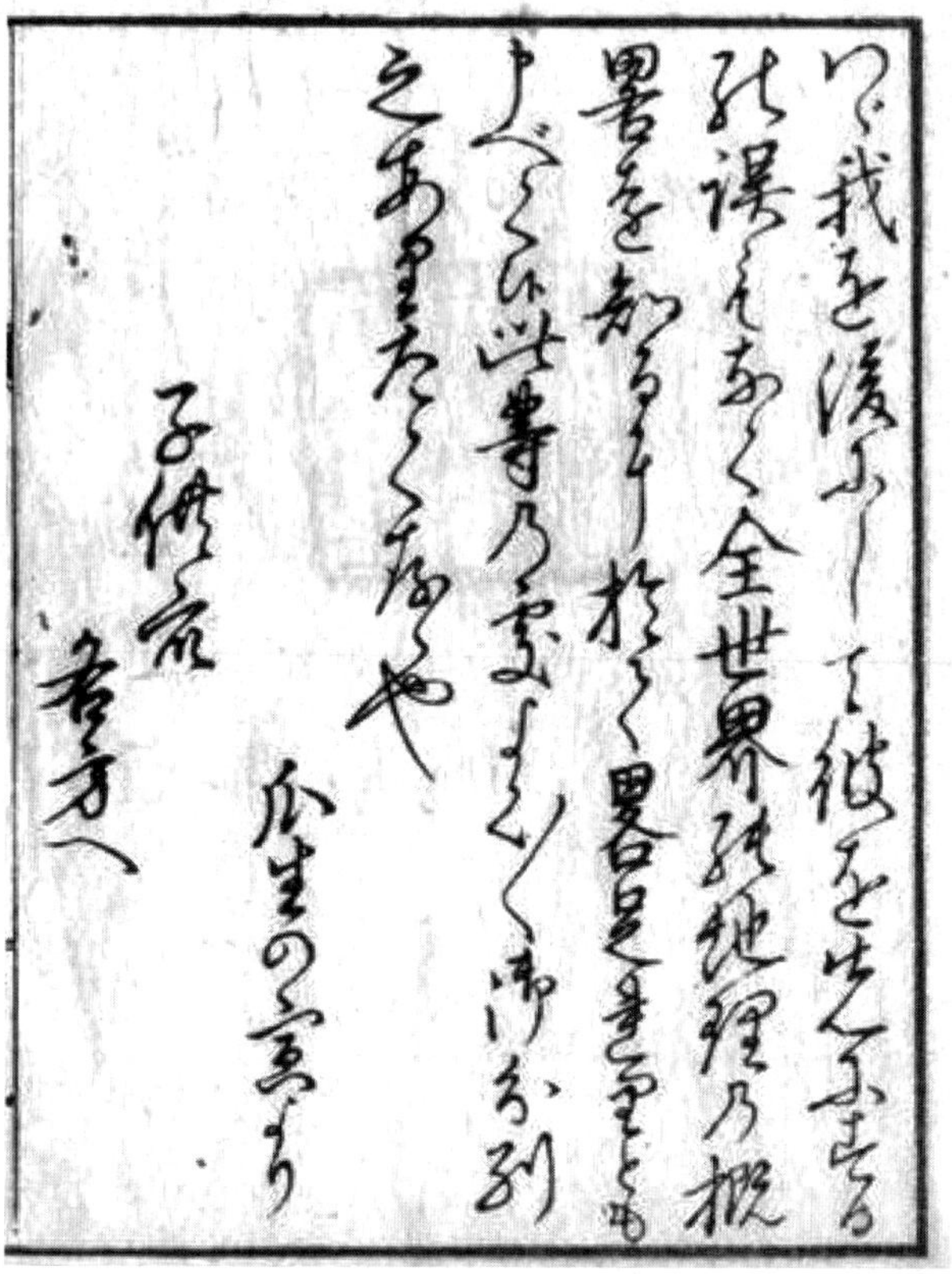

はば〔一〕、我を後に《尔》して《天》彼を先に《尔》す《春》る
の《能》誤も《毛》な《奈》く全世界の《能》地理の《乃》概
略を《遠》知るに《耳》於て《天》略《ほぼ》足れ《連》り《里》とも
申べく《久》候〔二〕。此等の《乃》處よくよく御分別《ふんべつ》
之あり《里》たく存候也〔三〕。
瓜生《うりゅう》の寅《はじむ》〔四〕より
子供衆《こどもしゅう》〔五〕各方へ

〔一〕御学びなされ候はば：学ばれれば。
〔二〕とも申べく候：～とも言えます。
〔三〕御分別之ありたく存候也：弁えて頂きたく存じます。
〔四〕瓜生の寅：人名，通常称「瓜生寅」，也称「瓜生三寅」，明治时代官僚、学者。
〔五〕子供衆：子供たち。

【最】

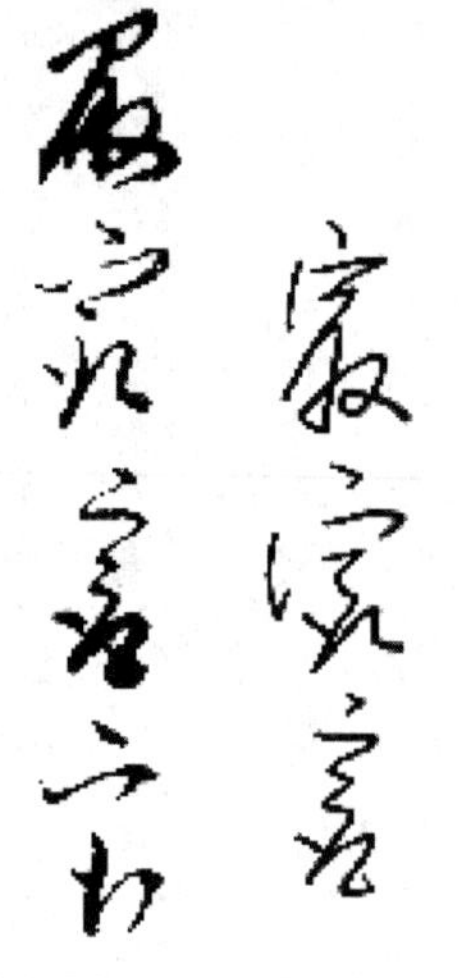

常用汉字「くずし字」㊄　最

（二一）「借家之證」（一八九九年）

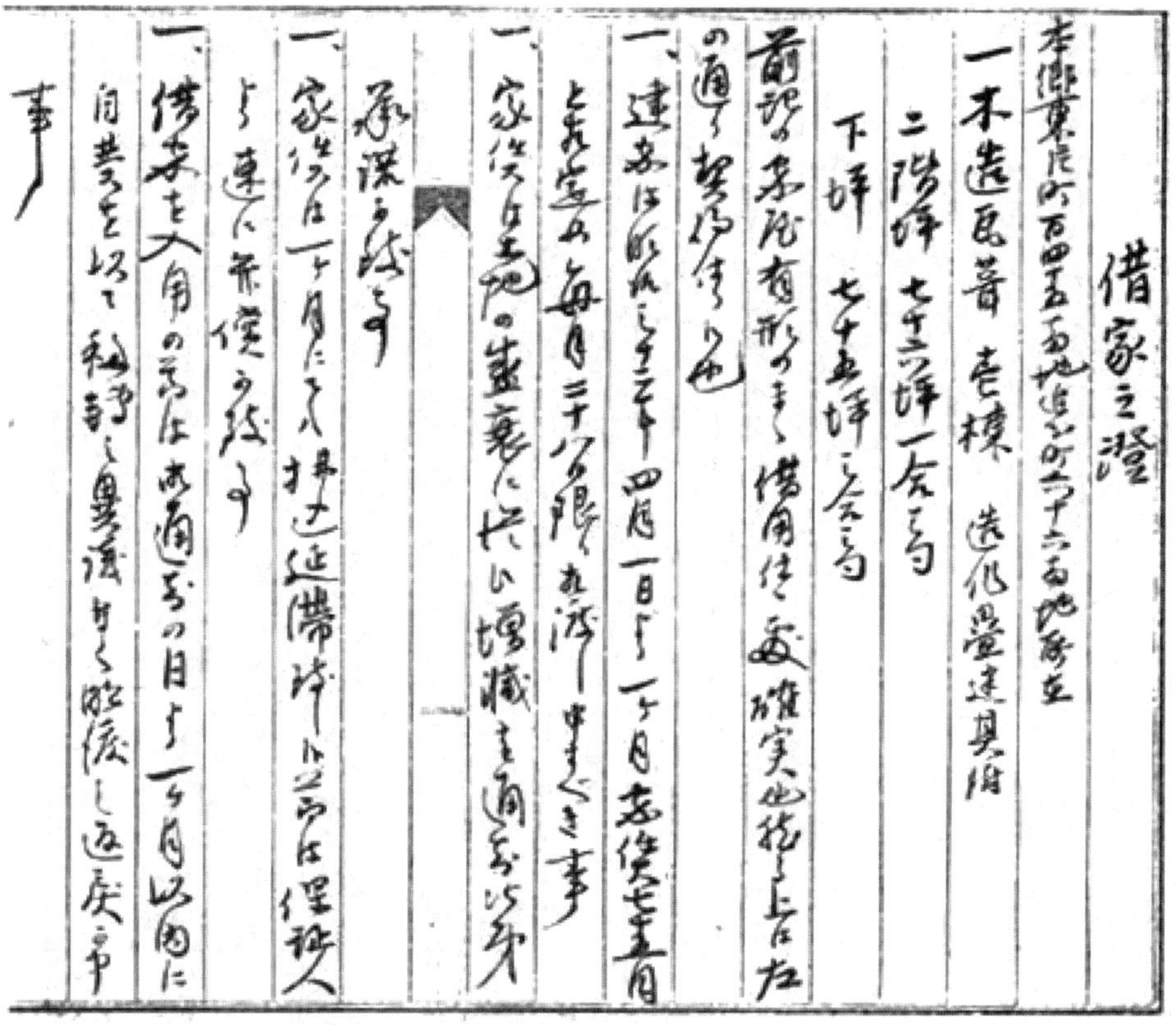
借家之證
本郷東片町百四十五番地追分町六十六番地所在
一木造瓦葺　壱棟　造作畳建具附
二階坪　七十六坪一合三勺
下坪　七十五坪三合三勺
前記の家屋有形のまゝ借用仕候處確実也然る上は左の通り契約仕り候也
一、建家は明治三十二年四月一日より一ヶ月家賃七十五円と相定め毎月二十八日限り相渡し申すへき事
一、家賃は土地の盛衰に従ひ増減を通知次第承諾可致事
一、家賃は一ヶ月にての拂込延滞致し候節は保証人より速に弁償可致事
一、借家を入用の節は御通知の日より一ヶ月以内に自費を以て移転し異議なく明渡し返戻可申事

【解读】

借家之證

本郷東片町百四十五番地追分町六十六番地所在

一　木造瓦葺　壱棟　造作《ぞうさく》・畳《たたみ》・建具《たてぐ》附《つき》

二階坪　七十六坪一合三勺《しゃく》

下坪　七十五坪三合三勺

前記の家屋有形のまま借用仕《つかまつり》候《そうろう》処《ところ》確実也。然る上は左の通り契約仕り候也。

一、建家は明治三十二年四月一日より一ヶ月家賃七十五円と相定め毎月二十八日限り相渡し申す〔一〕べき事。

一、家賃は土地の盛衰に従い《ひ》増減を《遠》通知次第承諾可致事《いたすべきこと》。

一、家賃は一ヶ月にて《天》の拂込、延滞致し候節《そうろうせつ》は保証人より速に弁償可致事。

一、借家を入用《いりよう》の節は御通知の日より一ヶ月以内に自費を以て移転し異議なく明渡し返戻可申事《へんれいもうすべきこと》〔二〕。

〔一〕相渡し申す：渡す。此处的「相」为「接頭語」，「申す」为表示谦让的补助动词。

〔二〕返戻可申事：返却しなければならないこと。

（二二）「竹添[一]領事李鴻章と対話筆記」（一八八二年）

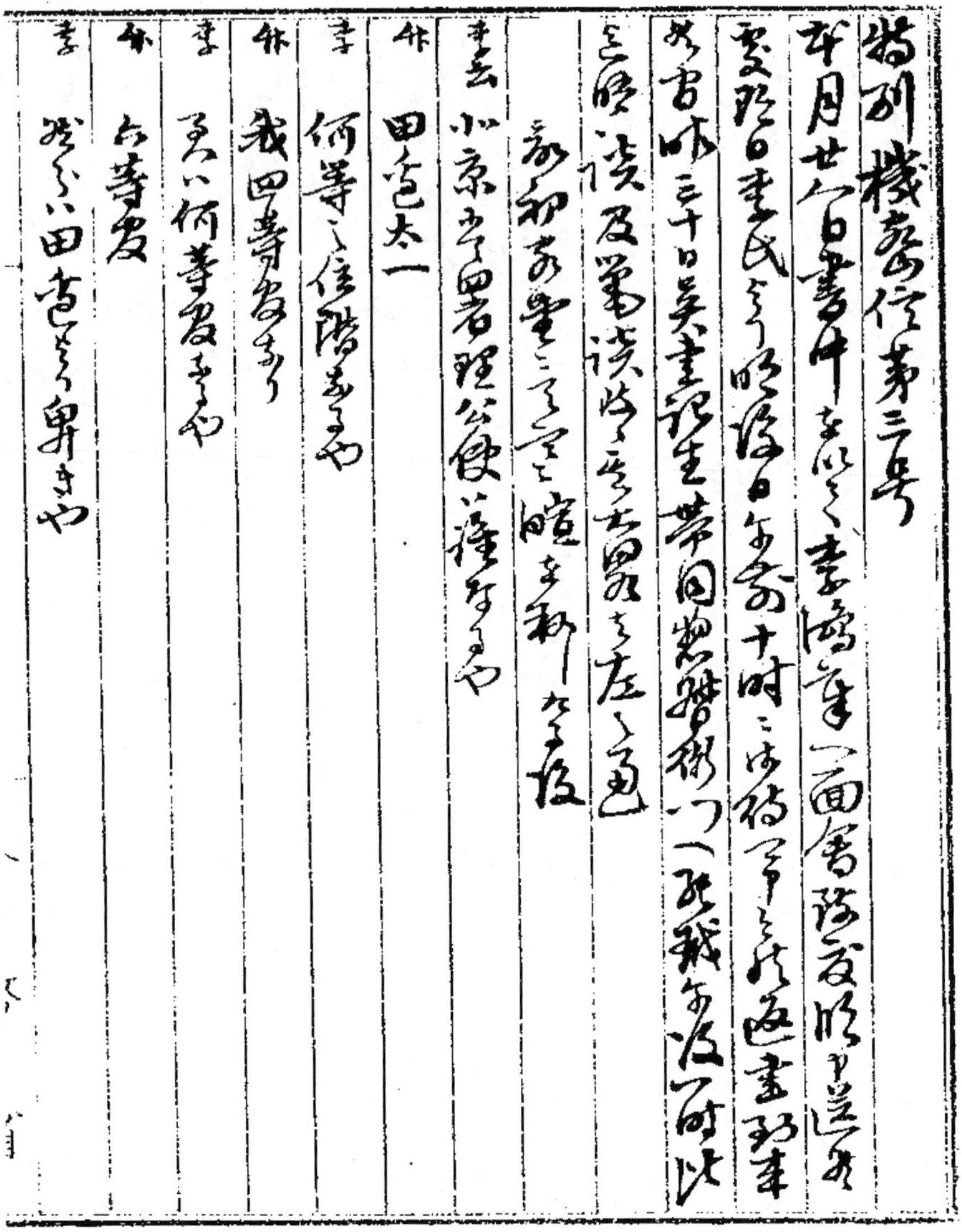

特別機密信第三号
本月廿八日書中ヲ以テ李鴻章ヘ面会[illegible]
翌[illegible]李氏ヨリ明後日午前十時ニ[illegible]
然ルニ昨三十日呉書記生帯同総督衙門ヘ[illegible]
之候談及筆談候処其大略左之通
[illegible]
李云 [illegible]
作 田邑太一
李 何等ノ役務ナルヤ
作 我四等官ナリ
李 其ハ何等官ナルヤ
作 六等官
李 然ラハ田邑ヨリ卑キヤ

［一］竹添：日本驻天津领事竹添进一郎。

【解读】

特別機密信第三号

本月二十八日書中を以て《天》李鴻章へ面會致度段《いたしたきだん》〔一〕申送候《もうしおくりそうろう》處〔二〕、即日李氏より明後日午前十時に御待可申《おまちもうすべし》〔三〕との《能》返書到来《いたしきたり》候間《そうろうあいだ》、昨三十日呉書記生帯同総督衙門へ罷越《まかりこし》〔四〕、午後一時比《ころ》迄晤談及筆談致候。其大略は《者》左之通《さのとおり》。

最初客堂にて《天》寒暄《かんけん》を叙したる後

李云　北京にて《尔天》署理公使は誰なるや。

竹　田邊太一《たなべたいち》。

李　何等之位階な《奈》るや。

竹　我四等官な《奈》り。

李　君は何等官な《奈》るや。

竹　六等官。

李　然らば田邊より卑きや。

〔一〕致度段：いたしたいこと。

〔二〕申送候處：先方へ伝えたところ。

〔三〕御待可申：お待ちする予定です。

〔四〕罷越：「罷」接动词前表示自谦或郑重。→参る。

外　然リ

李　宍戸ハ来ルヤ

外　多分来館アルベシ

李　総署ニ来候ニ付テハ井外務卿ヨリ照会ノ二氏ノ案内

此時宍戸ヲ再来ストモ云ヒ宍戸モ二氏ノ案内ナリ

外務卿ヨリ何ノ照会モ無之候

外　本国ニテ此儀ヲ原来承知セサレハ一切承諾ニ不及尤照会大人ヨリ

速ニ派遣セラレシ者ト外務卿ニ向テ照会須ク来ルヘキ者也

承リ申ス

李　夫ハ何ノ次第ニ相成ルヤ

外　甚ダ当ナルナリ

李氏　少シモ不案内ナル観付ニテ

然ハ何ノ見当ニ至リタルヤ

竹　然り。

李　宍戸《ししど》は《者》来るや。

竹　多分来航なか《奈可》るべし〔一〕。

李　黎公使之来信に《尔》據れば、井上外務卿より黎何之二氏を案内せし時、宍戸を再遣す《春》と云い《ひ》、宍戸も二氏を案内せり。閣下には外務卿より何とも通知は《者》無之哉。

竹　我国より公使を派遣する《須累》事は一切承知不致《いたさず》〔二〕。尤《もっとも》黎大人より速に派遣有之度《これありたく》と我外務卿に向て《天》慫慂相成《あいなり》たる事〔三〕は《者》承り申候《もうしそうろう》〔四〕。

李　夫れは何日比《ごろ》之報知なる《奈》や。

竹　四日前之事なり。

李氏　（少し不審なる《奈》顔付きにて《尔天》）外に何之通知有之《これあり》たるや。

〔一〕なかるべし：ないだろう。「なかる」为形容词「なし」的连体形。

〔二〕承知不致：承知致しません、承知致しておりません。

〔三〕相成たる事：なさったこと。

〔四〕承り申候：承っております。

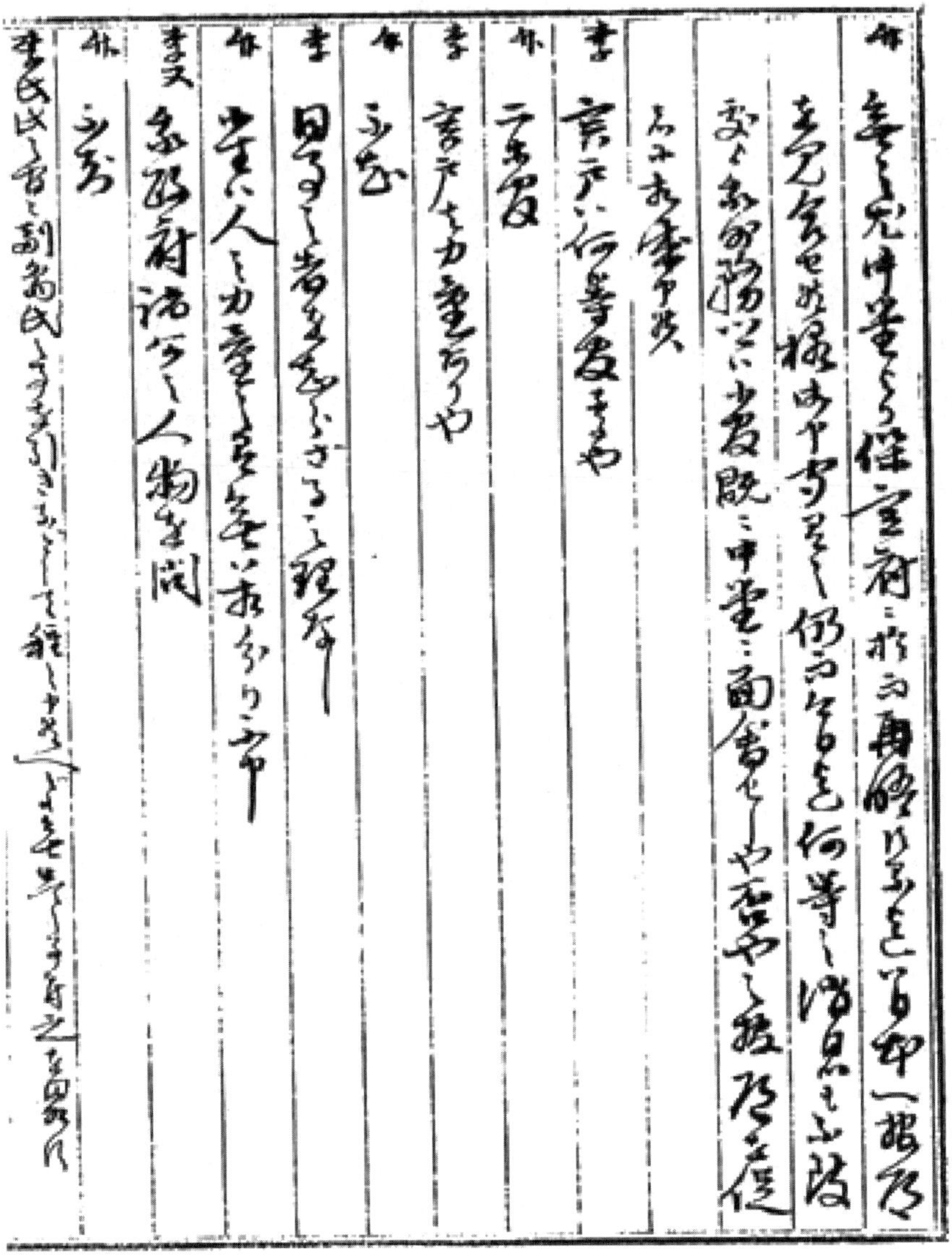

竹　無之《これなし》。尤《もっとも》中堂より保定府に於て《而》再晤す《須》る《累》迠は日本へ報道〔一〕を見合せ候様《そうろうよう》〔二〕御申聞《おもうしきかせ》〔三〕有之、仍て《而》今日迠何等之消息も不致処よ《ゟ》り、我外務卿は小官既に中堂に面會せしや否や之報道を促し《志》に《尓》相成申候《あいなりもうしそうろう》〔四〕。

李　宍戸は何等官な《奈》るや。

竹　二等官。

李　宍戸は《者》力量あ《阿》りや。

竹　不知《しらず》。

李　同事之者を知らざる之理なし。

竹　小生は人之力量之有無は相分り不申《もうさず》〔五〕。

李又　我政府諸公之人物を問。

竹　不知。

（李氏此之間に副島《そえじま》氏之事を引きな《奈》どして《天》種々申候《もうしそうら》え《へ》ども、無益之事に付、之を略す《須》。）

〔一〕報道：告げ知らせること。

〔二〕候様：～ますように。

〔三〕御申聞：ご告知、お告げ知らせ。

〔四〕促しに相成申候：促されました。

〔五〕不申：～致しません。

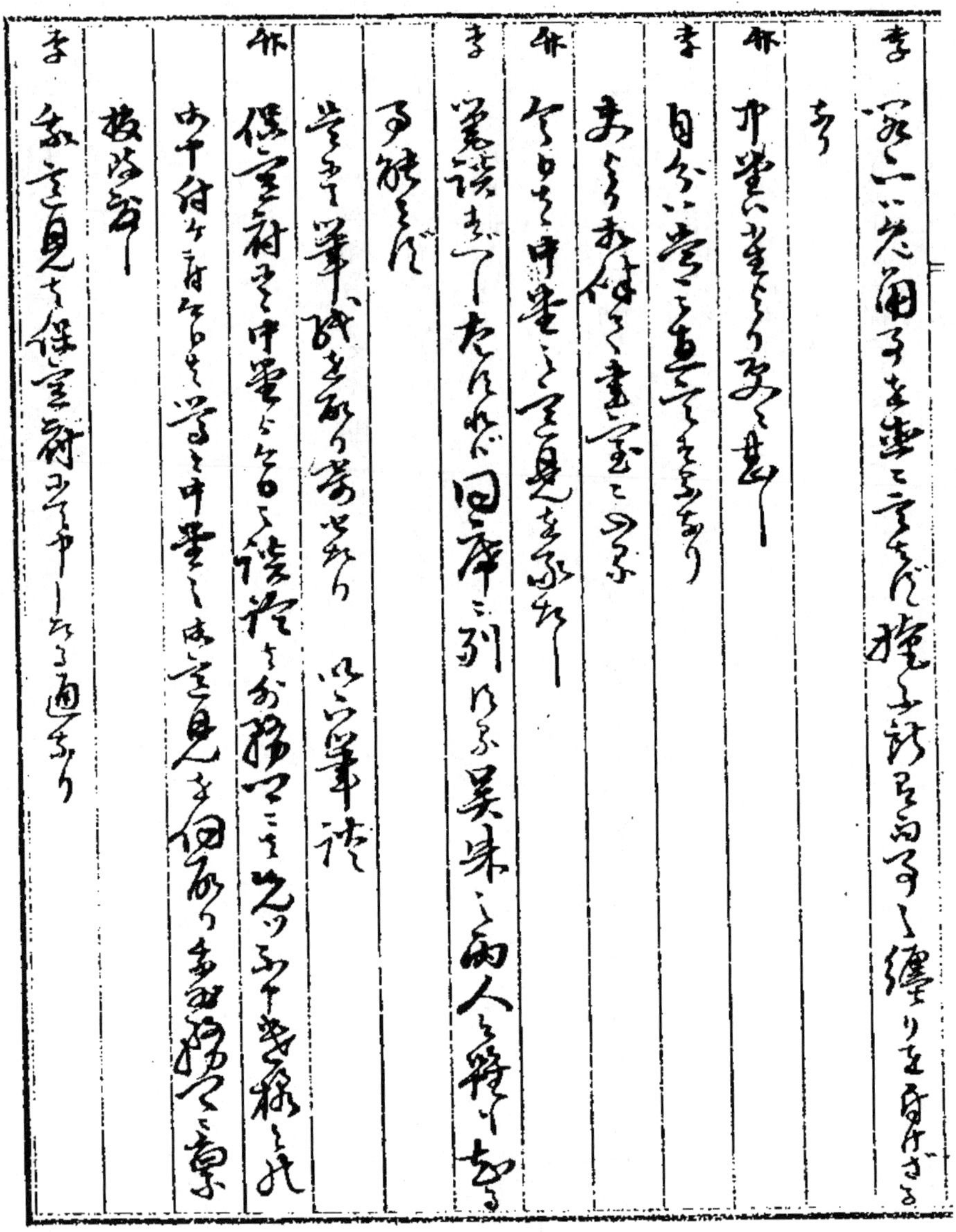

李　閣下は兎角事を直《じか》に言はず《者須》、掩《ふ》う所有て《而》、事之纏りを付けざるなり《奈》。

竹　中堂は小生より更に甚だし。

李　自分は常に直言するな《春累奈》り。

（夫《それ》より相伴て《天》書室に入る《累》）

竹　今日は《者》中堂之意見を承《うけたまわり》たし。

李　筆談す《春》べし。左す《さ須》れば〔一〕同席に列する《須累》呉、朱之両人と雖も知る事能《あた》はず《者須》。

（是にて筆紙を取り寄せたり。以下筆談）

竹　保定府にて《尓天》中堂より《ゟ》今日の談論は《者》外務卿には《者》先ず《つ》不申遣様《もうしつかわさざるよう》〔二〕との《能》御申付けに付、今日は《者》當に中堂之御意見を伺取り我外務卿に稟報致度候《いたしたくそうろう》。

李　我意見は《者》保定府にて《尓天》申したる通なり《奈》。

〔一〕左すれば：そうすれば、とすれば。

〔二〕不申遣様：申さないように、告げ知らせないように。

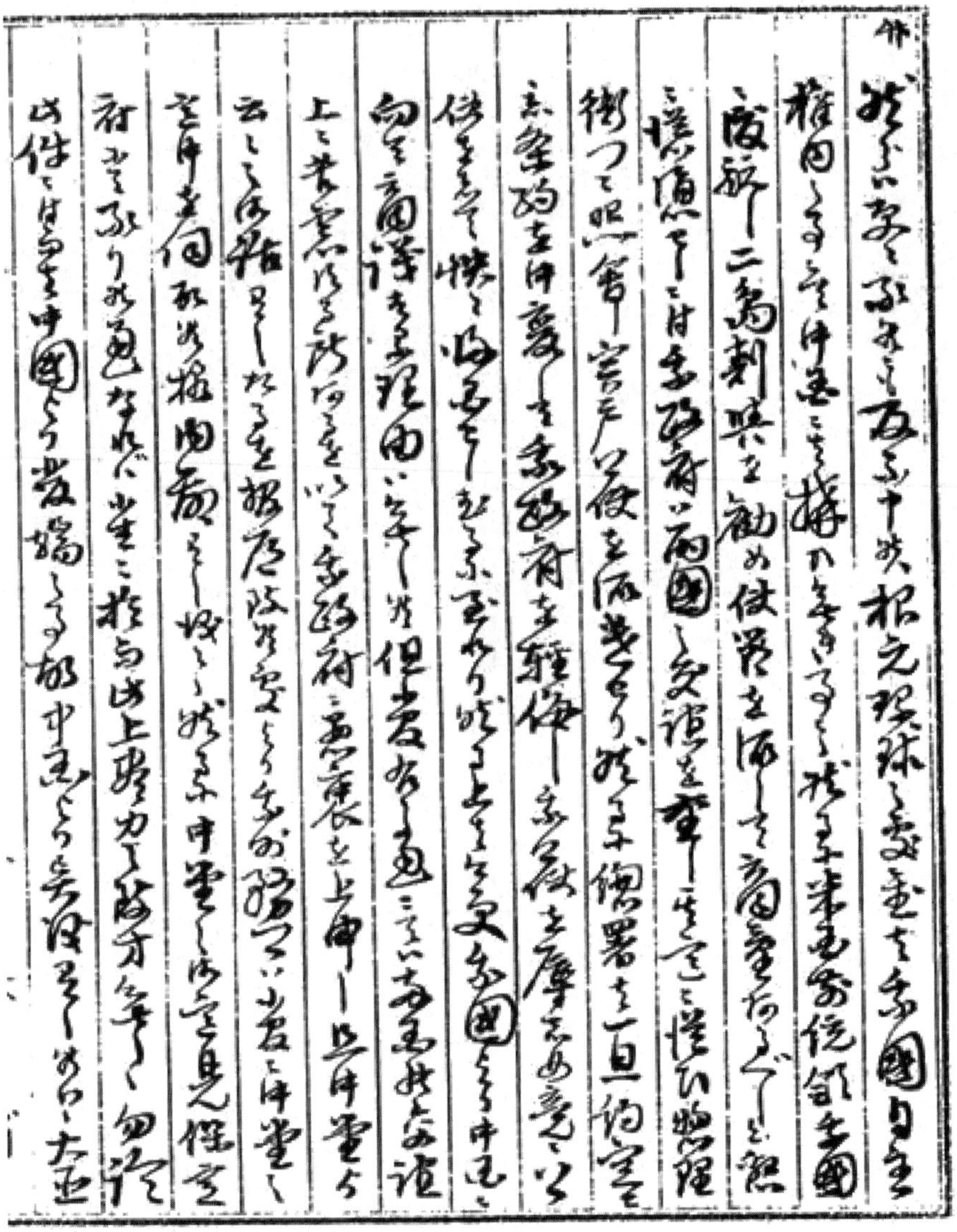

竹　然らば更に承候《うけたまわりそうろう》にも及不申候《およびもうさずそうろう》〔一〕。根元《ねもと》〔二〕琉球之處置は《者》我国自主権内之事にて《天》、中国には《者》構い《ひ》無き事に候。然るに《尔》米国前統領我国に渡航し、二島割與を勧め使節を派して《天》商量ある《阿》べしと懇《ねんごろ》に慫慂《しょうよう》せしに付、我政府は両国之交誼を重じ其意に従い《ひ》、総（惣）理衙門に照會し宍戸公使を派遣せり。然るに《尔》總署は《者》一旦約定せし《志》条約を中変して《天》、我政府を軽侮し《志》我公使を辱しめ竟に公使をし《志》て《天》怏怏帰国せしむるに《尔》至れり〔三〕。然る上は《者》今更我国より中国に向て《天》商議する《春累》理由は無之候。但小官右之通にて《天》は両国の《能》交誼上に苦慮す《須》る所あ《阿》るを以て《天》我政府に愚衷を上申し、且中堂より《ら》云々之御話有之たるを報道致候処〔四〕より、我外務卿は小官に中堂之意中を伺取候様、内命有之儀に候。然るに《尔》中堂之御意見保定府に《尔》て《天》承り候通《とおり》なれば、小生に於て《而》此上盡力之致方無之候。勿論此件に付て《而》は《者》中国より發端之事、故中国より異議有之候わ《は》ば〔五〕大臣

〔一〕承候にも及不申候：お聞きするにも及びません。
〔二〕根元：根本的に。
〔三〕～に至れり：～の状態になった。
〔四〕報道致候処：報知したところ。
〔五〕異議有之候わば：異議があれば。

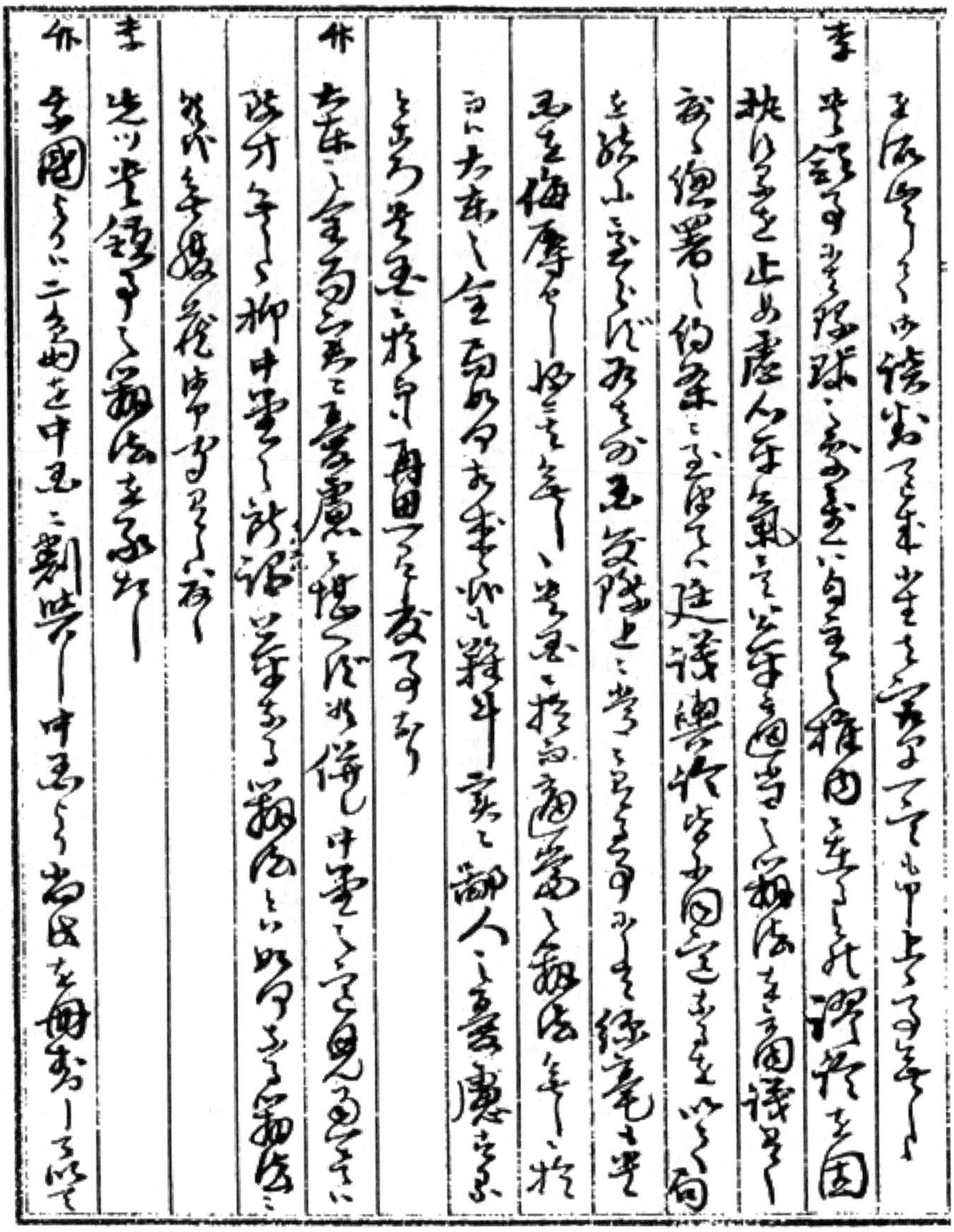

李　を派出して《天》御談判可被成《なさるべし》。小生は《者》㝡早《もはや》一言も申上候事無之候。貴領事に《尓》は《者》琉球之處置は自主之権内に在るとの《能》謬論を固執す《須》る《累》を止め、虚心平氣にて《天》公平適当之辨法を商議有之《これあり》度候《たくそうろう》〔一〕。總署之約条に至っ《津》て《天》は廷議輿論皆不同意な《奈》るを以て《天》局を結ぶに至らず《須》。右は外国交際上に常に有る事に《尓》して《天》絲毫《しごう》も貴国を侮辱せし儀《ぎ》には《者》無之候。貴国に於て《而》適当之辨法無之に於ては《而》、大東之全局如何相成候哉《あいなりそうろうや》〔二〕も難計《はかりがたく》、実に鄙人之憂慮す《春》る《累》ところ《古》、貴国に於て《而》も再思有度事《ありたきこと》〔三〕な《奈》り。

竹　大東之全局実に憂慮に堪え《へ》ず《須》候。併し中堂之意見通にて《天》は致方無之候。抑《そもそも》中堂之所謂《いわゆる》公平なる辨法とは如何なる辨法に候《そうろう》哉《や》。無腹蔵《ふくぞうなく》〔四〕御申聞有之度候《おもうしきかせこれありたくそうろう》〔五〕。

李　先ず《つ》貴領事之辨法を承《うけたまわり》たし。

竹　我国よりは二島を中国に割與し中国より尚氏を冊封して《天》以て《天》

〔一〕商議有之度候：商議してほしいです。

〔二〕相成候哉：～なるか。

〔三〕再思有度事：再度考えていただきたいこと。

〔四〕無腹蔵：心の中に包み隠すことなく。

〔五〕御申聞有之度候：言い聞かせてほしいです。「申聞」也可读作「もうしきけ」。

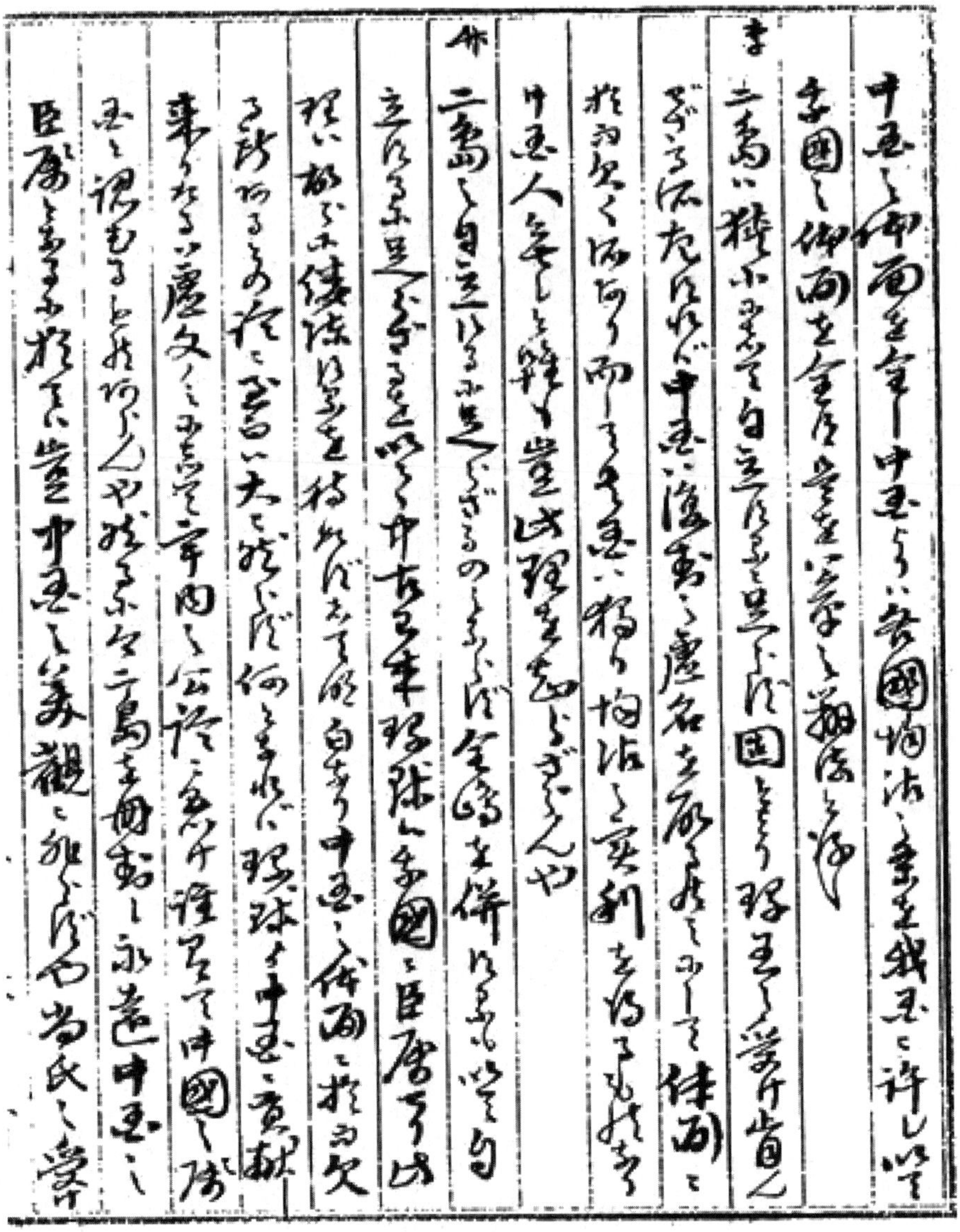

中国の体面を全《まっとう》し、中国よりは各国均沾之条を我国に許し以て《天》我国之体面を全す《須》。是を公平之辨法と存候《ぞんじそうろう》。

李　二島は狭小に《尓》し《志》て《天》自立す《須》る《累》に足らず《須》、固《も》とより琉王之受け肯《がえ》んぜざる所。左《さ》す《須》れば中国は復封之虚名を取るの《能》みに《尓》して《天》体面に於て《而》欠く所あ《阿》り。而して《天》貴国は獨り均沾之実利を得るもの《能》な《奈》り。中国 人《ひと》無し〔一〕と雖も、豈《あに》此理を知らざらんや。

竹　二島之自立す《須》るに《尓》足らざるのみな《奈》らず《須》、全嶋を併す《須》る《累》も以て自立す《須》るに《尓》足らざるを以て、中古已来《いらい》琉球は我国に臣属せり。此理は故《ことさ》らに縷陳す《須》る《累》を待たず《須》し《志》て《天》明白なり。中国の体面に於て《而》欠る所あ《阿》るとの論に至て《而》は大に然らず《須》。何とな《奈》れば〔二〕琉球より《ゟ》中国に貢献し来りたるは虚文のみに《尓》し《志》て《天》、宇内之公論に懸《か》け誰有て《天》中国之属国と認むるもの《能》あ《阿》らんや。然るに《尓》今二島を冊封し永遠中国之臣属とな《奈》るに《尓》於て《天》は豈中国之美観に非らず《須》や〔三〕。尚氏之受け

〔一〕人無し：人物がいない、有能な人がいない。

〔二〕何となれば：～どういうわけかといえば、なぜならば。

〔三〕豈…に非らずや：どうして…ではないか。

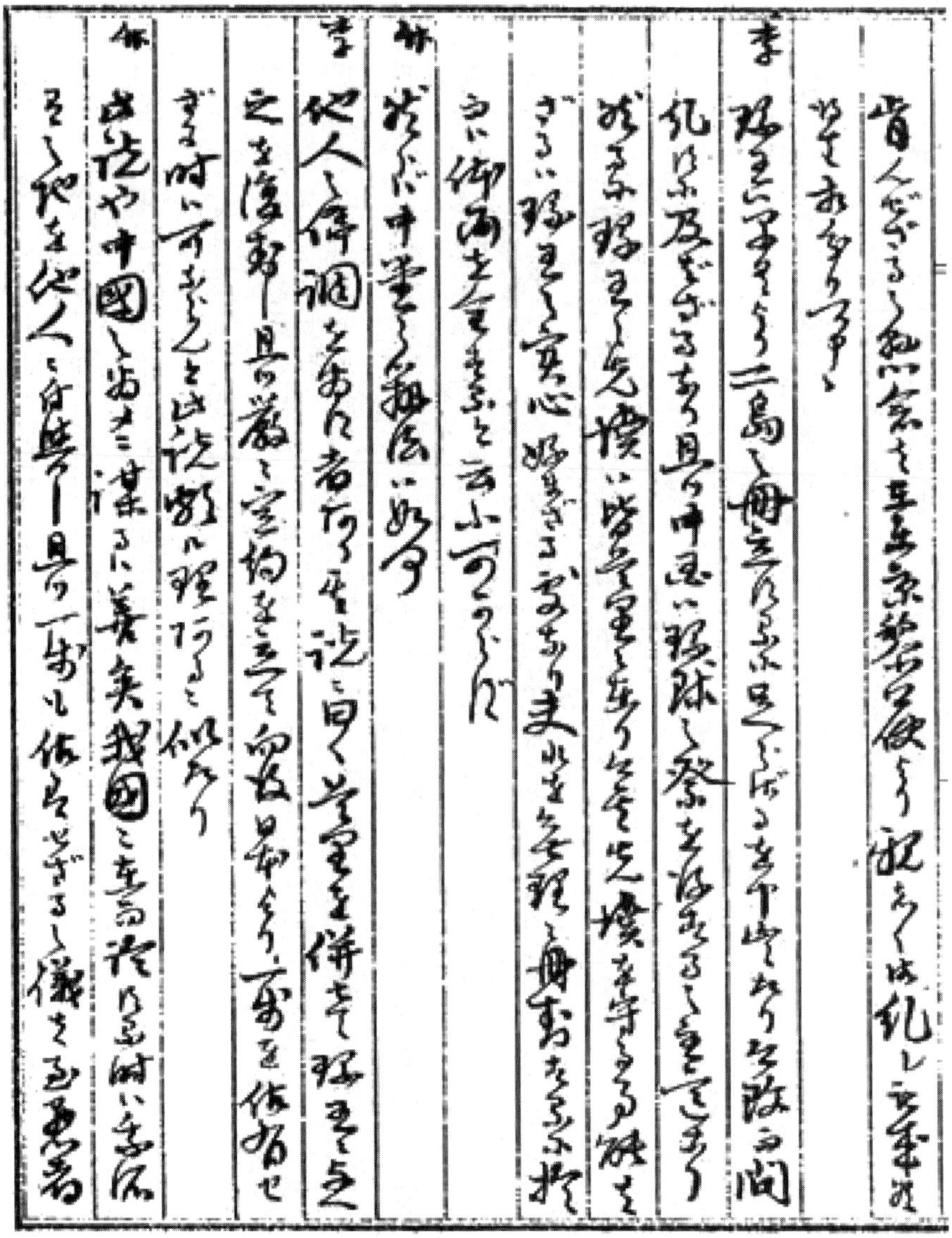

肯んざる之懸念は《者》在東京黎公使より親し《志》く〔一〕御糺《おただ》し被成候《なされそうら》得者《えば》〔二〕、相分り可申候《もうすべくそうろう》。

李　琉王は早く《具》より二島之冊立す《須》る《累》に《尓》足らざ《佐》るを申出たり。今改て《而》問《とい》糺《ただ》す《須》に《尓》及ば《者》ざるなり。且つ中国は琉球之祭を存す《春》る之主意な《奈》り。然るに《尓》琉王之先墳は皆首里に在り、今其先墳を守る事能は《者》ざるは琉王之実心好まざる処な《奈》り。夫れを無理に冊封す《春》る《累》に《尓》於て《而》は体面を全す《春》る《累》と云う《ふ》か《可》らず《須》。

竹　然らば中堂之辦法は如何。

李　他人之停調を為す《須》者あ《阿》り。其説に曰く、首里を併せて《天》琉王に与え《へ》之を復封し且つ厳に定約を立て《天》而後《しかるのち》日本より一歩を佔有せざる時は可な《奈》らんと。此説頗る理あ《阿》るに似たり〔三〕。

竹　此説や中国の為めに謀るは善矣。我国に在て《而》論ず《須》る《累》時は我所有之地を他人に付與し、且つ一歩も佔有せざる之儀は《者》至愚者

〔一〕親しく：みずから、自分で直接的に。
〔二〕被成候得者：～されたら、～したら。
〔三〕～に似たり：～ようです

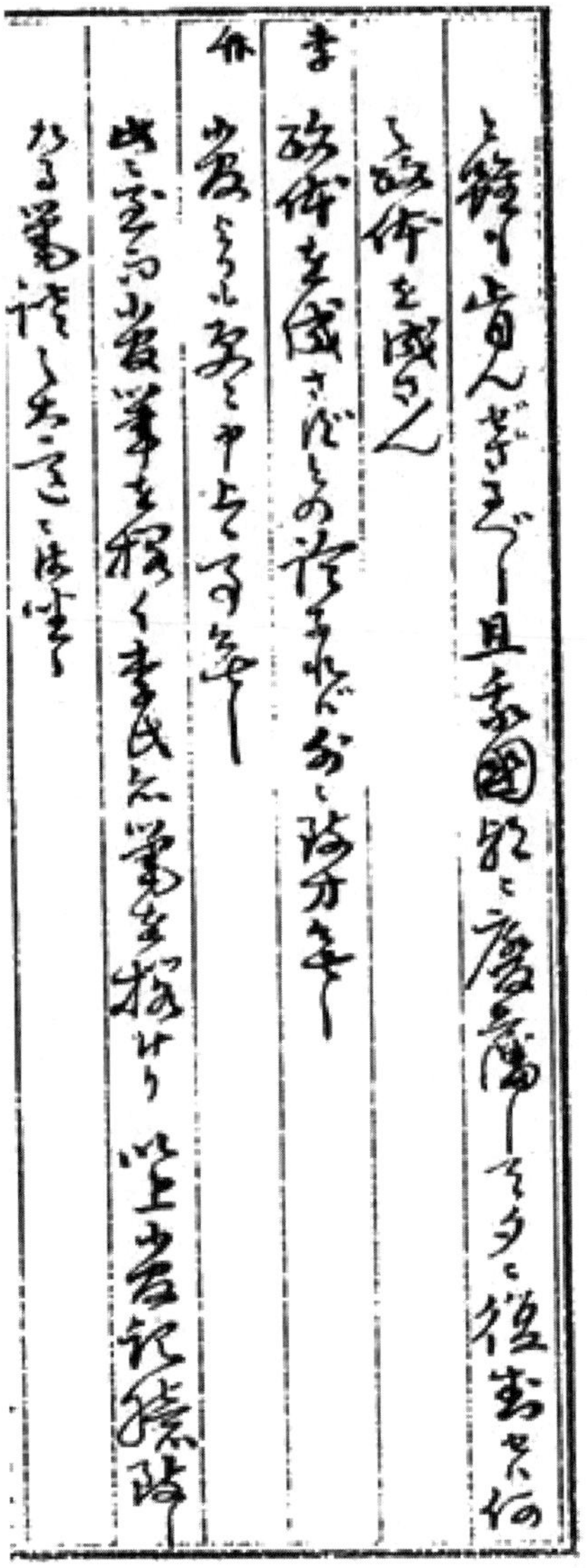

と雖も肯んぜざるべし。且我国朝に廃藩して夕《天》に復封せば何之政体を成さん。

李　政体を成さず《須》との論な《奈》れば〔一〕、外に致方無し。

竹　小官よりも更に申上候事無し。

（此に至て《而》小官筆を擱《お》く。李氏亦筆を擱けり〔二〕。以上小官記憶致したる筆談之大意に御座候。）

〔一〕なれば：だったら

〔二〕擱けり：擱いた、置いた。

第五章　汉文训读体、和汉折衷体和明治普通文的解读

汉文传入日本后，日本人为对其进行阅读并按日文语序理解其含义，发明了一套解读汉文的方法，称为『汉文训读』。简单地说，『汉文训读』就是日本人通过各种符号在汉文中表示阅读语序来解读汉文的方法。这种方法通常认为早在奈良时代就已出现。通过『汉文训读法』被解读成的日文通常称为『汉文训读文』或『训读文』。也就是说，如果把『汉文训读法』看作将汉文翻译成日文的特殊方法，『汉文训读文』可以看作是通过这种特殊方法从汉文翻译而来的日文译文。试举一例：

子曰《ク》、学《ビテ》而時《ニ》習《フ》レ之《ヲ》、不二亦《タ》説《バシカラ》一乎。有《リ》レ朋自《リ》二遠方一来《タル》、不二亦《タ》楽《シカラ》一乎。人不《シテ》レ知《ラ》而不レ慍《ミ》、不二亦《タ》君子《ナラ》一乎《ト》。

此句子中，在汉字左右侧所标的符号称为训点。其中左侧所标的「レ」「一」「二」等称为「返り点」，表示训读时的先后顺序；右侧所标的片假名称为「送り仮名」，为汉字的辅助读音。通过这些训点符号，即可将以上汉文训读成：

子曰く、学びて時に之を習う、亦た説ばしからずや。朋有り遠方より来たる、亦た楽しからずや。人知らずし

て慍みず、亦た君子ならずやと。

『汉文训读体』是模仿汉文训读方式进行写作的文体。『汉文训读体』与『汉文训读文』两者只有一字之差，可见它们有一定的关联，却是两个不同的概念。因为『汉文训读体』是一种日文文体名称，这种文体的最主要特征就是所作成的日文类似『汉文训读文』，但它并不是依据汉文训读而来，而是日本人独创的作品，不是『译文』。而『汉文训读文』则必定存在汉文原文，是一种通过汉文训读这一特殊方式从汉文翻译而来的『译文』。

汉文训读体早在镰仓时代就已经出现，如鸭长明（一一五五—一二一六）的『方丈記』所采用的文体，通常就被认为是汉文训读体。至江户时代，尤其多为汉学家所采用。在明治时代，汉学家自不待言，具有较高汉文素养的政法界、教育界、舆论界、文学界、医学界等人士常爱好使用这种文体。试举一例：

原文：朕惟《おも》うに、我が皇祖皇宗、国を肇《はじ》むること宏遠に、徳を樹《た》つること深厚なり。我が臣民、克《よ》く忠に克く孝に、億兆心を一《いつ》にして、世世厥《そ》の美を済《な》せるは、此れ我が国体の精華にして、教育の淵源、亦実に此《ここ》に存す。爾《なんじ》臣民、父母に孝に、兄弟に友に、夫婦相和《あいわ》し、朋友相信じ、恭倹己を持し、博愛衆に及ぼし、学を修め業を習い、以て智能を啓発し、徳器を成就《じょうじゅ》し、進で公益を広め、世務を開き、常に国憲を重じ、国法に遵《したが》い、一旦緩急あれば、義勇公に奉じ、以て天壌無窮の皇運を扶翼すべし。是《かく》の如きは、独り朕が忠良の臣民たるのみならず、又以て爾祖先の遺風を顕彰するに足らん。

斯《こ》の道は、実に我が皇祖皇宗の遺訓にして、子孫臣民の倶に遵守すべき所。之を古今に通じて謬《あやま》らず、之を中外に施して悖《もと》らず。朕爾臣民と倶に拳拳服膺《けんけんふくよう》して、咸《みな》其徳を一にせんことを庶幾《こいねが》う。

译文：朕惟我皇祖皇宗，肇国宏远，树德深厚。我臣民克忠克孝，亿兆一心，世世济厥美，此我国体之精华，而教育之渊源，亦实存于此。尔臣民，孝乎父母，友乎兄弟，夫妇相和，朋友相信，恭俭持己，博爱及众，修学习业，以启发智能，成就德器，进而广公益、开世务，常重国宪、遵国法，一旦缓急，义勇奉公，可以扶翼天壤无穷之皇运。如是，不独朕之忠良臣民，又足以显彰尔祖先之遗风。

斯道，实我皇祖皇宗之遗训，子孙臣民所当俱遵守。通之古今而不谬，施之中外而不悖。庶几朕与尔臣民，俱拳拳服膺，咸一其德。

这是明治二十三年（一八九〇）明治天皇发布的『教育敕語』。虽然日文原文为日本学者按日文文体撰写而成，但『汉文味』极重，如果有一定的汉文训读体解读基础，只要按汉文训读的习惯逆向调整词汇排列顺序，就比较容易将它翻译成汉文。

汉文训读体作为文语体中的一种重要文体，在明治时代被广泛应用于诏谕、政府所颁布的法规法令，以及普通的书籍、文章中。此外，汉文训读体对和汉折衷体、明治普通文等文体影响较大，掌握这一文体对其他相关文体的理解会有非常大的帮助。

汉文训读体文章结构受汉文的影响非常大，因此阅读这一文体的文书，汉文基础必不可少。另外，掌握一些常用的句型及常见语法，对快速提高阅读能力至关重要。

一、汉文训读体常见句型

㈠未《いま》だ～せず　↓まだ～していない

【例】未だ数行を読み了らず。

【译】まだ数行しか読み終わっていない。

㈡将《まさ》に～せんとす　↓今まさに～しようとしている

【例】卿等今、世界制覇の野望一応将に成らんとす。

【译】卿等は今、世界制覇の野望が一応まさに達成されようとしている。

㈢宜しく～すべし　↓～するのが良いだろう

【例】天下の政権を朝廷に奉還せしめ、政令宜しく朝廷より出《い》づべし。

【译】国家の政権を朝廷に奉還させ、政令は朝廷より出されるのがよかろう。

㈣当に(応に)～すべし　↓当然～すべきだ、当然～だろう

【例一】是れ将来編纂せらるべき読本に於て当に改良すべき点なり。

【译】これは将来編纂される予定の読本において当然改良すべき点である。

【例二】政府は応に手を下すの事なかるべし。
【译】政府は手を下す事がないだろう。

㈤**須らく～すべし**　↓～する必要がある、～しなければならない
【例】聖恩浩大須らく銘記すべき也。
【译】聖恩は浩大で銘記しなければならない。

㈥**なお～の（が）ごとし**　↓あたかも～のようだ
【例】人の智徳はなお花樹のごとく、その栄誉人望はなお花のごとし。
【译】人の智徳はあたかも花が咲く樹木のようで、その栄誉と人望はあたかも花のようである。

㈦**なんぞ（盍ぞ）～せざるや**　↓なぜ～しないのか、～すればいいのに
【例】なんぞ我を信ぜざるや。
【译】なぜ私を信じないのか。

㈧**～を以てす**　↓～によってする
【例】然れ共《ども》若し法を犯す者あらば是を取押え処置するに各《おのおの》其本国の法度《はっと》を以てすべし。
【译】しかしながらもし法を犯す者があれば、これを取押えてそれぞれその本国の法律で処置しなければな

らない。

㊈～んと欲す　↓～しようとする

【例】朕は爾等国民と共に在り、常に利害を同じうし休戚を分《わか》たんと欲す。

【译】朕はあなたたち国民と共にあり、常に利害を同じくし喜びと悲しみを共にしたい。

㊉～をして～しむ　↓～に～させる

【例】古今の人の善行は児童をして観感興起《かんかんこうき》せしむるの益あり。

【译】古今の人の善行は児童に観感興起（実際に見て感じて奮い立つこと）させるという益がある。

㊁いずくんぞ～や　↓どうして～のか

【例】いずくんぞ知らん、日本国中の人の生涯は皆な夢ならんとは。

【译】どうして知ることができようか、日本国中の人の生涯はみな夢のようなものだとは。

㊂あに(豈)～や　↓どうして～であろうか

【例】苟《いやしく》も能く此如くならば豈《あに》皇運挽回せざるあらんや。

【译】もしこのようにできれば、どうして皇運を挽回することができないということがあろうか。

㉓いわんや（況や）～をや　↓まして～はいうまでもない

【例】窃盗博徒《ばくと》、なおかつ然り、いわんや字を知る文人学者においてをや。

【译】窃盗者、賭博者でさえそうであるのだから、まして字を知る文人学者は言うまでもない。

㉔～にあらざれば～せず　↓～でなければ～しない

【例】その証書の適法なることを検認したる上にあらざれば、日本においてその効用を致さしむることを得ず。

【译】その証書が適法であることを検認した上でなければ、日本においてその効用を持たせることができない。

㉕蓋し　↓（かなりの確信をもって推量する意を表す）思うに、確かに、おおかた、多分

【例】世界交通の道　便にして、西洋文明の風　東に漸し、到る処草も木も此風に靡かざるはなし。蓋《けだ》し西洋の人物、古今に大に異るに非ずと雖ども、其挙動の古に遅鈍にして今に活発なるは、唯交通の利器を利用して勢に乗ずるが故のみ。

【译】世界の交通の道は便利で、西洋文明の風は東に進み、至るところ草も木もこの風になびかないことはない。思うに西洋の人物は古代と現在に大した違いはないが、その活動が古代は遅鈍で、今は活発なのは、ただ交通の機関を利用してその勢いに乗じるからである。

㉖なんなんとす　↓まさにそうなろうとする

【例】折から初秋の日は暮るるになんなんとして流しの上は天井まで一面の湯気が立て籠める。

【译】折りしも初秋の日は暮れようとして流しの上は天井まで一面の湯気が立て籠める。

㉗べけんや　↓～できようか（いや、～できない）

【例】汝らなんぞ我と共にゆくべけんや。

【译】あなたたちはどうして私と共に行くことができようか。

㉘能わず　↓することができない

【例】文法を知らざれば、書を読みて、その義理を解する事能わず。

【译】文法を知らなければ、本を読んで、その意味を理解することができない。

㉙然れば（しかれば、されば）　↓そうであるから、それゆえ

【例】哲学史を人類文明史の一部と見るも不可なし。然れば哲学は吾人の生活全体の他部分と疎からざる関係を有するものなり。

【译】哲学史を人類文明史の一部と見るのもできないことはない。だから哲学は私たちの生活全体の他部分と密接な関係を持つものである。

㉚然らば（しからば、さらば）　↓そうならば、そうであれば

【例】然らば独乙《ドイツ》帝国の編纂事業は守成策と統一策を兼ねたるものと云うことを得べし。

【译】そうであればドイツ帝国の編纂事業は守成策と統一策を兼ねたものということができるだろう。

㈡**然れども（しかれども、されども）**　↓そうではあるが、しかしながら

【例】然れども茲に述べざる可らざるは意志と人格との別なり。

【译】しかしながらここに述べなければならないのは意志と人格との違いである。

㈢**而して（然して）**　↓そうして、そして、それから、しかし

【例】用人の権、君上これを操り、而して大臣これを輔弼《ほひつ》し、議院の関与を得ず。

【译】用人の権は君上が操り、そして大臣はこれを補佐し、議院は関与してはいけない。

㈢**至りて**　↓非常に、きわめて、いたって

【例】爾は至りて偉大なり。

【译】あなたは極めて偉大である。

㈣**にして**　↓～で、～であって

【例】月日は百代の過客《かかく》にして行きかう年も又旅人なり。

【译】月日は永遠の旅人であり、来ては過ぎゆく年もまた旅人のようなものである。

㉕ **～ずんば**　↓もし～でないならば、もし～しないならば

【例】其れ三宝に帰せずんば、何を以てか枉《まが》れるを直さむ。

【译】もし三宝（仏・法・僧のこと）に帰さないならば、何を以て曲ったものを直すのだろうか。

㉖ **なくんば（なくば）**　↓もし～なければ

【例一】若し交通機関なくんば謀叛する者は計をなし事を挙ぐるの暇あり。

【译】もし交通機関がなければ謀叛する者は計画を立て事を挙げる時間の余裕がある。

【例二】喰いて害なくば颯々《さっさ》と喰うもまた可なり。

【译】食べて害がなければさっさと食べても構わない。

㉗ **なかりせば**　↓なかったならば

【例】おのれに確たる基盤なかりせば、いずこに立脚して自然の諸力を導こうというのか。

【译】もし自分自身に確かな基盤がなければ、どこに立脚して自然の諸力を導こうというのか。

㉘ **～する所となる**　↓～に～される

【例】地球の隅々に起りたる事件は、即時に人の知る所となる。

【译】地球の隅々に起った事件は、即時に人々に知られる。

㉙**なんすれぞ（何為れぞ）**　→どうして

【例】何すれぞ汝等は彼を信ぜざりしや。

【译】どうしてあなたたちは彼を信じなかったのか。

㉚**～はなんぞや（何ぞや）**　→～はどういうわけか、～はなぜか

【例】今朝此くも早く此こに来りしは何ぞや。

【译】今朝こんなに早くここに来たのはどういうわけか。

㉛**是《これ》を以て**　→これで。表示原因、理由、手段、方法、材料等，相当于汉文的『以是』。

【例】是を以て観れば其国の置かれし状况は理解しがたきもなし。

【译】これで観ればその国の置かれている状况は理解しがたいこともない。

㉜**是《ここ》を以て**　→したがって、それゆえに。表示原因、理由，相当于汉文的『是以』。

【例】人みな党《たむら》あり、また達《さと》れるもの少なし。是《ここ》を以て或は君父に順わずして、乍《たちま》ち隣里に違《たが》う。

【译】人はみな仲間を集め群れをつくりたがり、人格者は少ない。それゆえに君主や父親にしたがわなかったり、近隣の人ともうまくいかない。

二、汉文训读体常见语法

（一）动词连体形 +体言

现代日语动词后接体言（名词、代词）时，可直接用动词的连体形，而且现代日语动词的连体形与终止形是相同的。而包括汉文训读体在内的日文文言文中，与现代日语不同，许多动词的连体形和终止形是不同的，动词后接体言时必须用连体形。如「到達す」「離る」「与う」「求む」「しむ」「らる」等动词或助动词的连体形分别是「到達する」「離るる」「与うる」「求むる」「しむる」「らるる」。

㈠此手続きの終局に於て或る定まりたる順序数に**到達す**。（终止形）
㈡無限に多くの数より成れる場合には、決して**到達する**ことを得ず。（连体形）
㈢偖《さて》其子育ちて遂に乳を**離る**。（终止形）
㈣爾《なんじ》に**離るる**者は爾之を滅ぼす。（连体形）
㈤菜蔬のごとく我之を皆汝等に**与う**。（终止形）
㈥天は富貴を人に与えずして、これをその人の働きに**与うる**ものなり。（连体形）
㈦舟を此に繫ぎ、醃魚《えんぎょ》と麦酒《ビール》とを**求む**。（终止形）
㈧之を**求むる**者は死を**求むる**なり。（连体形）
㈨彼、我が民を我に順《したが》わ**しむ**。（终止形）

㊉汝に之れを想い起こさ**しむる**者は、一人もあること無し。（连体形）
㊁以下の定義によりて定め**らる**。（终止形）
㊂罪に定め**らるる**ことなし。（连体形）

（二）动词连体形＋の＋体言

在汉文训读体中，受汉文训读习惯的影响，日文动词的连体形接体言时，有时中间可加入「の」。汉文文法中，作为定语的动词与其后的名词之间，通常需要加入『之』字，如『教之人』『食之人』等，如果去掉这两个短句中的『之』字，意思就完全不同。汉文训读体的这一语法现象，主要受此『之』字的影响。


㊀修身処世の法を新に**するの**必要あり。

㊁一人が一人に向かいて害を**加うるの**理なくば、二人が二人に向かいて害を**加うるの**理もなかるべし。

㊂弱者の多数なるは掩《おお》うべから**ざるの**事実なり。

㊃女子に限りて其教訓を忽《おろそか》にせずと言えば、女子に限りて其趣意を厚く**教うるの**意味ならん。

㊄正道を踏み国を以て**斃《たお》るるの**精神無くば、外国交際は全《まった》かる可からず。

㊅主人に短気無法の威力なきにおいては、かの不品行の弱点を**襲わるるの**恐れあり。

㊆必ずや我国に倣うて近時の文明を与《とも》に**せしむるの**外なかる可し。

㊇我これを**捨つるの**権あり、またこれを**取るの**権あり。

(三)动词(助动词、形容词)连体形结句

动词、助动词、形容词有时可以用连体形结句。如过去助动词「き」用于表示『过去时』的句子时，原本该用终止形「き」结句，但有时也用其连体形「し」结句。这一结句方式具有表示动作的余韵，给读者留下想象空间的效果。另外，句子前面出现表示强调的「ぞ」「なむ」和表示疑问的「や」「か」等系助词时，该句子通常也用连体形结句。有时虽未出现「や」「か」，但当句子有疑问含义时，也可用连体形结句。

但也有并未出现上述情况，而以连体形结句的句子，如例㊆。

㊀曾て漫識特《マンチュスター》府にて、日曜日に「パーク」を回覧せしに、一二三の人影を見るのみなり**し**。（「し」为过去助动词「き」的连体形）

㊁木の実植え、徐福はここに、棲みつき**し**。（同上）

㊂今日は市の日に**なむ**当たり**たる**。（「たる」为完了助动词「たり」的连体形）

㊃昨日雪**か**降り**ける**。（「ける」为表示过去或咏叹的助动词「けり」的连体形）

㊄忘るる間**ぞなき**。（「なき」为形容词「なし」的连体形）

㊅優れて賢きは人に過ぎたるもの**ぞなき**。（同上）

㊆普仏の戦にては、仏国シャスポウ銃の射力は、針打銃にまさり、千歩の外までも、猶仏の銃兵に近寄ること能わ**ざりし**。是に因て…

（四）动词（助动词、形容词）已然形结句

句子前面出现表示强调的系助词「こそ」时，该句子通常用已然形结句。

㊀あれ**こそ**村の鎮守《ちんじゅ》**なれ**。（「なれ」为断定助动词「なり」的已然形）

㊁これ**こそ**偽君子の張本**なれ**。（同上）

㊂今**こそ**別れ**め**、いざさらば。（「め」为表示意志、推量的助动词「む」的已然形）

㊃世の中よ道**こそなけれ**。（「なけれ」为形容词「なし」的已然形）

㊄憎しみ**こそあれ**。（「あれ」为动词「あり」的已然形）

（五）接续助词「ば」的使用

日文文言文中，通常接续助词「ば」在表示假定条件（もし~ば）时接在动词未然形后，而表示确定条件（~ので、~から、~したら、~すると）时接在已然形后。但在明治时代的汉文训读体中，这一区分已逐渐含糊，表示假定条件的「ば」也常常与表示确定条件的「ば」一样，被接在已然形之后。

㊀若しも此輩が事を挙げて仮令い一日にても彼の政府の羈絆を脱すること**あらば**敵として向ふ所は必ず我日本人ならん。（假定条件→未然形＋ば）

㊁汝マルコを連れて共に来れ、彼は職のために我に益**あれば**なり。（确定条件→已然形＋ば）

㊂学びて思わ**ざらば**則ち罔《くら》し。（假定条件→未然形＋ば）

㊃今日に於いて聊か見る所なきにも非**ざれば**、之を我会員諸子に告ぐるは全く無益のことにも非ざるべし。（确定条件→已然形＋ば）

㊄思いて学ば**ざれば**則ち殆《あや》うし。（假定条件→已然形＋ば）

㊅此文明東漸の勢に激して之を防ぎ了る可きの覚悟**あれば**則ち可なり。（假定条件→已然形＋ば）

（六）动词＋らく

部分动词后接「らく」（或「く」）可使其名词化，有些动词可直接接终止形后，但有些动词接续并不规则。常见的有「惜しむ→惜しむらく」「疑う→疑うらく」「望む→望むらく」「老ゆ→老いらく」「恐る→恐らく」「思う→思えらく（以為《おもえ》らく）」「願う→願わく」「希《こいねが》う（冀う）→希《こいねがわ》く（冀く）」「恨む→恨むらく」「請う→請うらく」等。

㊀**疑うらく**は當時俗間に伝われる伝説に対して既に慊《あきた》らずなりし結果ならむか。

㊁**恐らく**は其の人、甚だしき愁に沈まん。

㊂**惜しむらく**は其の著書の伝わらざることを。

㊃**望むらく**は何にても我等の求むる事を我等に為し給わんことを。

㊄**願わく**は、この功徳を以て普《あまね》く一切に及ぼし我等と衆生と皆共に仏道を成ぜんことを。

㊅**冀**《こいねがわ》**く**は読衆諸氏の指教を俟って之を補正せん。

㊆又云く、五月十三日負傷者運搬演習を挙行す、**請うらく**は来観せよと。

㊇余**以為らく**、人知は世の変遷と与《とも》に開進し、商売は貿易と与に改良し、既に実業の学校を興し、商家の子弟

は商法を講し、船乗の子弟は航海を学ぶならんと。
㊈**恨むらく**は相識ることの遅かりつるを。
㊉ただ**憾むらく**はその書いまここに持せざれば汝に示す能わず。

（七）部分否定与全部否定

部分与否定词相呼应的副词，当副词后加「は」时常表示部分否定，不加「は」时常表示全部否定。如「ことごとくは（悉くは、尽くは）~ず」表示部分否定，意为『不全……』，「ことごとく~ず」表示全部否定，意为『全不……』。但也有如「かならずしも~ず」（部分否定）、「かならず~ず」（全部否定）等形态。

㊀伯樂は**常には**有ら**ず**。（部分否定）
㊁**常に**己れの利益を求め**ず**。（全部否定）
㊂**悉くは**これを滅す**勿れ**。（部分否定）
㊃**悉く皆**此法を尊信せ**ず**。（全部否定）
㊄書を読むを好めども**甚だしくは**解することを求め**ず**。（部分否定）
㊅そのこと**甚だ**易から**ず**。（全部否定）
㊆民主主義を**まったくは**否定する能わ**ず**。（部分否定）
㊇**全く**此種の思想を発見すること能わ**ざる**なり。（全部否定）
㊈国の貧弱は**必ずしも**政体のいたすところにあら**ず**。（部分否定）

㊉お互いに和睦し**必ず**同士を棄て**ず**。（全部否定）

（八）否定之否定

否定之否定也称双重否定，这一类句型来源于汉文双重否定句的训读，大多数场合表示强烈肯定。

㈠**~せざるにあらず**　↓~しないのではない　↓非不

【例】これを尊敬せざるには非ず。

㈡**~なきにあらず**　↓~がないのではない　↓非无

【例】その子孫繁盛すれば一国の益はなさずして、かえって害をなす者なきにあらず。

㈢**~にあらざるなし**　↓~でないものはない　↓无非

【例】一切諸法、仏法にあらざるなし。

㈣**~せざるなし**　↓~しないものはない　↓无不

【例】友人来り観て驚嘆せざるなし。

㈤**敢えて~ずんばあらず**　↓しないではいられない　↓不敢不

【例】ゆえにあえて言わずんばあらず。

⑥**～せざるべからず**　↓～しなければならない　↓不可不

【例】互いに相助けもって全国の独立を維持せざるべからず。

⑦**～せざるをえず**　↓せずにはいられない　↓不得不

【例】不徳の力もまた四、五世に伝えて禍《わざわい》せざるを得ず。

⑧**いまだかつて～なくんば（ずんば）あらず**　↓今までに～しなかったことはなかった　↓未尝不

【例】未だ嘗て誨《おし》うること無くんばあらず。

（九）比较和选择

㈠**～は（も）～にしかず**　↓～は（も）～に及ばない　↓不如

【例】如何なる小説の奇なるも、彼が生涯の奇なるに如かず。

㈡**～は～に如くはなし**　↓～は～するに越したことはない　↓莫如、无如

【例】佛教の真価を解せんと欲すれば、北方佛教に如くは無し。

㊂**寧ろ～とも(も)～するなかれ**　↓いっそ～するとしても～してはならない　↓宁……勿……

【例】寧ろ拙速《せっそく》に失するも、巧遅《こうち》を待つなかれ。

㊃**～せんよりは～するに如かず**　↓～するよりは～のほうがよい　↓与其……不如……

【例】斯《か》く侮辱せられんよりは死ぬるに如かず。

（十）接续词「すなわち」的主要用法

汉文训读文中常出现的接续词「すなはち」，根据所使用的汉字和上下文的内容，可做不同的解释。主要有以下几种情况：

㊀**則ち**↓　～そうすれば、その時は

【例】上和《やわら》ぎ下睦《むつ》びて、事を論《あげつら》うに諧《ととの》えば、則ち事理自ずから通ず、何事か成らざらん。

㊁**即ち**　↓すぐに

【例】乗客車降りて即ち去る。

㊂**即ち**　↓言い換えれば、とりもなおさず

【例】是即ち一国人民たる者の分限と申すものなり。

㊃**乃ち（迺ち）**　↓そこで

【例】指導部に説きて用いられず、乃ち離るる決意を固めたり。

㊄**便ち**　↓するとすぐに

【例】林は水源に尽き、便ち一山を得たり。

㊅**輒ち**《すなわ》　↓そのたびごとに、すぐに、たやすく

【例】琴罷《や》めば輒ち酒を挙げ、酒罷めば輒ち詩を吟ず。

㊆**截ち**《すなわ》　↓しながら

【例】截ち歌い截ち舞う。

三、汉文训读体常见日汉异义词

日文中的汉字词汇，有些与同形汉语词汇含义有所不同，有些则因含义不同而读音有别。在汉文训读体日文中，表示汉文所特有的含义，或表示日文所特有的含义的用法，均有可能出现，需要根据上下文内容进行判断。

如「人間」一词，汉语中通常只有『整个社会、世俗社会、民间』之含义，而没有表示社会中具体的『人、人类』的用法。而日文中这两种含义兼而有之，表示前者之含义时读作「じんかん」，表示后者之含义时读作「にんげん」。虽然现代

日语中已几乎不会出现含义为『整个社会』的「人間」一词的用法，但汉文训读体中通常两种含义的用法都会出现。如：

㈠**人間**《じんかん》事算盤を用いて決定すべきものにあらず、ただその用ゆべき場所と用ゆべからざる場所とを区別すること緊要なるのみ。

㈡礼儀作法は敬愛の意を表する**人間**《にんげん》交際上の要具なれば、苟めにも之を忽にす可らず。只その過不及なきを要するのみ。

例㈠中「人間」读作「じんかん」，意为『整个社会』，例㈡读作「にんげん」，意为『人』。在现代日语中，「人間万事、塞翁が馬」（塞翁失马，焉知非福）中的「人間」，本来正确的读法应该是「じんかん」，但现代日本人通常将它读作「にんげん」。

再如「多少」一词，在汉文中除表示数量的多少外，大多用来强调数量之多，如『多少楼台烟雨中』『花落知多少』等。但在日文中，大多情况下表示数量少，相当于日语的「少し」。汉文训读体文章中，两种情况均有可能出现，需要根据上下文进行判断。如：

㈠予はこの皮肉なる現実主義に**多少**の同情を有するものなり。

㈡あるいは貧人の憐れむべき者を見れば、その人の来歴をも問わずして**多少**の財物を給することあり。

以上句子中，例㈠表示数量之多，相当于日语的「多く」，例㈡表示数量之少，相当于「少し」。

又如「大人」一词，日文和汉文一样，除『成人』之义外，也有『地位或品德高的人』这一含义，前者读作「おとな」，后者读作「たいじん」。汉文训读体日文中，两种用法均会出现。如以下两个例句中，前者读作「たいじん」，表示德行高尚之人；后者读作「おとな」，意为成人。

㈠人は世に効益を与うる**大人**君子に向いては、直接の関係はなくとも、斯く間接の感化をうくるものなれば、尊敬の意をうしなうまじきものなり。

㈡無智の人民を集めて盛大なる政府を立つるは、子供に着するに**大人**の衣服をもってするが如し。

现将含义易混淆的常见的同形异义词举例如下（见表一七）：

表一七　常见的同形异义词

愛人	（日）恋人、深い性愛関係にある相手
	（汉）愛する人、人を愛すること　例：講学の道は敬天愛人を目的とす。
遠慮	（日）言葉や行動を慎み控えること　例：遠慮がちな性格を持つ。
	（汉）遠い将来のことを考えること　例：遠慮なくば近憂あり。
女将	（日）ジョショウ、オカミ→旅館や料理屋などの女主人
	（汉）ジョショウ　→女性の将軍
区区	（日）まちまちでまとまりがないさま
	（汉）取るに足りないさま

续表

柏	（日）カシワ　例：柏《カシワ》は落葉樹なり。	（汉）ハク、ヒノキ　例：柏《ハク》は常緑樹なり。
小人	（日）ショウニン　↓こども、入場料などで小学生以下の者	（汉）ショウジン　↓身分の低い人、度量や品性に欠けている人
大人	（日）オトナ　↓成長して一人前になった人	（汉）タイジン　↓徳の高い立派な人、地位や身分の高い人
故人	（日）亡くなった人　例：既に故人になりて久し。	（汉）古くからの友人　例：故人を訪ぬ。
人間	（日）ニンゲン　↓人　例：人間の育成を教育の基本と為す。	（汉）ジンカン　↓人の世、世の中　例：人間到る処青山あり。
是非	（日）是非とも　例：此は是非今日中に為さざる可からず。	（汉）是と非　例：得失と是非とを論ず。
丈夫	（日）ジョウブ　↓頑丈なさま、健康に恵まれているさま	（汉）ジョウフ　↓立派な男、勇気のある男
深刻	（日）事態が容易ならないところまで来ていること	（汉）考えや表現などが深いところにまで達していること

续表

新聞	（日）報道や評論を広く読者に伝達するための定期刊行物	（汉）ニュース、報道記事、新しく聞いた話
多少	（日）少ない　例：多少の誤りあるも、差し支えはなし。	（汉）多い　例：多少の楼台、煙雨の中にあり。
念書	（日）念のために作成して相手に渡しておく文書	（汉）読書すること、声を出して本を読むこと
馬鹿	（日）知能が劣り愚かなこと	（汉）アカシカの一種
百姓	（日）ヒャクショウ　↓農業に従事する人、農民	（汉）ヒャクセイ　↓庶民、民衆
真面目	（日）マジメ　↓真剣であること、誠実であること	（汉）シンメンモク　↓人や物事の本来の有様や姿
野菜	（日）人手をかけた菜	（汉）人手のかかっていない野生の菜
料理	（日）食べ物をこしらえること　例：新鮮な野菜を料理した。	（汉）物事を処理すること　例：天下の政治を料理する。

四、汉文训读体汉译举例

（一）「日清修好条規」（节选，一八七一年）

原文

大日本国と大清国は、古来友誼敦厚なるを以て、今般一同旧好を修め益邦交を固くせんと欲し、大日本国欽差全権大使従二位大蔵卿伊達、大清国欽差全権大臣弁理通商事務太子太保協弁大学士兵部尚書直隷総督部堂一等粛毅伯李、各奉したる上諭の旨に遵い、公同会議して修好条規を定め、以て双方信守し久遠替らざることを期す。其議定せし各条、左の如し。

第一条　此後、大日本国と大清国は、弥《いよいよ》和誼を敦《あつ》くし天地と共に窮まり無るべし。又両国に属したる邦士も各礼を以て相待ち聊侵越することなく、永久安全を得せしむべし。

第二条　両国好みを通ぜし上は必ず相関切す。若し他国より不公及び軽藐すること有る時、其知らせを為さば何れも互に相助け、或は中に入り程克《よ》く取扱い友誼を敦くすべし。

译文

大日本国大清国素敦友谊，历有年所，兹欲同修旧好，益固邦交，是以大日本国钦差全权大臣从两位大藏卿伊达，大清国钦差全权大臣办理通商事务太子太保协办大学士兵部尚书直隶总督部堂一等肃毅伯李，各遵所奉谕旨，公同会议，订立修好条规，以期彼此信守，历久弗渝。所有议定各条开列于左：

第一条　嗣后，大日本国大清国倍敦和谊与天壤无穷，即两国所属邦土，亦各以礼相待，不可稍有侵越，俾获永久安全。

第二条　两国既经通好，自必互相关切。若他国偶有不公及轻藐之事，一经知照，必须彼此相助，或从中善为调处，以敦友谊。

（二）「教育令」（节选，一八七九年）

原文

第一条　全国の教育事務は文部卿之を統摂す。故に学校・幼稚園・書籍館等は公立私立の別なく、皆文部卿の監督内にあるべし。

第二条　学校は小学校・中学校・大学校・師範学校・専門学校・農学校・商業学校・職工学校・其他各種の学校とす。

第三条　小学校は普通の教育を児童に授くる所にして、其学科を修身・読書・習字・算術・地理・歴史等の初歩とす。土地の情況に随いて、罫画《けがき》・唱歌・体操等を加え、又物理・生理・博物等の大意を加う。殊に女子の為には裁縫等の科を設くべし。

但已むを得ざる場合に於ては、修身・読書・習字・算術・地理・歴史の中、地理・歴史を減ずることを得《う》。

译文

第一条　全国之教育事务文部卿统摄之。故学校、幼稚园、书籍馆等无公立、私立之别，皆在文部卿监督内。

第二条　学校为小学校、中学校、大学校、师范学校、专门学校、农学校、商业学校、职工学校、其他各种学校。

第三条　小学校为授儿童普通教育之所，其学科为修身、读书、习字、算术、地理、历史等之初级课程。随地区之情况，可加图画、唱歌、体操等，亦可加物理、生理、博物等之初步内容。可为女子特设裁缝等科。但于不得已之场合，修身、读书、习字、算术、地理、历史之中，可减去地理、历史。

（三）『佳人之奇遇』（东海散士，一八八五年）

原文

東海散士、一日費府《ひふ》の独立閣に登り、仰で自由の破鐘〔欧米の民、大事ある毎に鐘を撞て之を報ず。始め米国の独立するに当て、吉凶必ず閣上の鐘を撞く。鐘遂に裂く。後人呼で自由の破鐘と云う〕を観、俯《ふせ》て独立の遺文を読み、当時米人の義旗を挙て英王の虐政を除き、卒に能く独立自主の民たるの高風を追懐し、俯仰感慨に堪へず。愾然として窓に倚《より》て眺臨す。会々二姫あり、階を繞て登り来る。翠羅面を覆い、暗影疎香白羽の春冠を戴き、軽縠の短羅を衣《き》、文華の長裾を曳き、風雅高表実に人を驚かす。

译文

东海散士一日登费府独立阁，仰观自由之破钟（欧米之民每有大事，撞钟报之。始当美国自立，吉凶必撞此阁之钟。钟遂裂，后人呼之为自由之破钟），俯读独立之遗文。当时米人举义旗，除英王虐政，卒能独立为自主之民。追怀此高风，不胜俯仰感慨。忾然倚窗眺临，偶见二姬，绕阶来登。翠罗覆面，暗影疏香，戴白羽之春冠，衣轻縠之短罗，曳文华之长裾，风雅高表，令人惊叹。

（四）「憲法発布勅語」（一八八九年）

原文

朕、国家の隆昌と臣民の慶福とを以て中心の欣栄とし、朕が祖宗に承くるの大権に依り、現在及将来の臣民に対し此の不磨の大典を宣布す。

惟うに我が祖我が宗は我が臣民祖先の協力輔翼に倚り我が帝国を肇造《ちょうぞう》し、以て無窮に垂れたり。此れ我が神聖なる祖宗の威徳と竝に臣民の忠実勇武にして国を愛し公に殉《したが》い、以て此の光輝ある国史の成跡《せいせき》を貽したるなり。朕、我が臣民は即ち祖宗の忠良なる臣民の子孫なるを回想し、其の朕が意を奉体し朕が事を奨順し、相与に和衷協同し、益々我が帝国の光栄を中外に宣揚し、祖宗の遺業を永久に鞏固ならしむるの希望を同くし、此の負担を分つに堪うることを疑わざるなり。

译文

朕以国家之隆昌及臣民之庆福为中心之欣荣，依承于朕之祖宗之大权，对现在及将来之臣民，宣布此不磨之大典。

惟我祖我宗，倚我臣民祖先之协力辅翼，肇造我帝国以垂无穷。此我神圣祖宗之威德，并臣民忠实勇武，爱国殉公，以贻此光辉国史之成迹。朕回想我臣民即为祖宗忠良臣民之子孙，其奉体朕意，奖顺朕事，相与和衷协同，同具益益宣扬我帝国之光荣于中外，使祖宗之遗业永久巩固之希望，并堪分此负担，此无疑也。

（五）『燕山楚水』（内藤湖南，一八九九年）

原文

漢口より帰りて上海に留まること僅かに四日なりしが、此間に羅振韞振玉と金石を評論し、張菊生元済、劉氏学詢と時務を論ぜしは掉尾《とうび》の佳興なりき。張氏は政変以前湘撫陳宝箴より康南海等と同じく保薦されし五人なる者の一にして、齢《よわい》三十三歳、浙江秀水県の人氏、白皙美好の丈夫なり。嘗て北京に在りし時、通芸学堂を建てて後進を導びき、能く英文に通ず。蓋し亦江浙間の俊才なり。

译文

自汉口归，留上海仅四日，此间与罗振韫振玉评论金石，与张菊生元济、刘氏学询论时务，此掉尾之佳兴也。张氏为政变前与康南海等同被湘抚陈宝箴保荐五人之一，龄三十三岁，浙江秀水县人氏，白皙美好之丈夫也。在北京时，尝建通艺学堂教导后进，能通英文。盖亦江浙间之俊才也。

（六）「大東亜戦争終結の詔書」（一九四五年）

原文

朕、深く世界の大勢と帝国の現状とに鑑み、非常の措置を以て時局を収拾せむと欲し、茲に忠良なる爾臣民に告ぐ。

朕は帝国政府をして米英支蘇四国に対し、其の共同宣言を受諾する旨通告せしめたり。抑々帝国臣民の康寧を図り、万邦共栄の楽を偕にするは、皇祖皇宗の遺範にして、朕の拳々措かざる所。曩《さき》に米英二国に宣戦せる所以も、亦実に帝国の自存と東亜の安定とを庶幾《しょき》するに出で、他国の主権を排し、領土を侵かす如きは、固より朕が志にあらず。

然るに交戦已に四歳を閲し、朕が陸海将兵の勇戦、朕が百僚有司の励精、朕が一億衆庶の奉公、各々最善を尽せるに拘らず、戦局必ずしも好転せず。世界の大勢亦我に利あらず、加之敵は新に残虐なる爆弾を使用して、頻に無辜を殺傷し、惨害の及ぶ所、真に測るべからざるに至る。而も尚交戦を継続せむか。終には我が民族の滅亡を招来するのみならず、延て人類の文明をも破却すべし。

斯の如くむば朕何を以てか億兆の赤子《せきし》を保し、皇祖皇宗の神霊に謝せむや。是れ朕が帝国政府をして、共同宣言に応ぜしむるに至れる所以なり。

朕は帝国と共に終始東亜の開放に協力せる諸盟邦に対し、遺憾の意を表せざるを得ず。帝国臣民にして、戦陣に死し、職域に殉し、非命に斃れたる者、及其の遺族に想を致せば、五内為に裂く。且戦傷を負い、災禍を蒙り、家業を失いたる者の厚生に至りては、朕の深く軫念《しんねん》する所なり。

惟うに今後帝国の受くべき苦難は、固より尋常にあらず。爾臣民の衷情も、朕善く之を知る。然れども朕は時運の趨く所、堪え難きを堪え、忍び難きを忍び、以て万世の為に大平を開かむと欲す。

朕は茲に国体を護持し、得《え》て忠良なる爾臣民の赤誠に信倚し、常に爾臣民と共に在り。若し夫れ情の激する所、濫に事端を滋《しげ》くし、或は同胞排擠、互に時局を乱り、為に大道を誤り、信義を世界に失うが如きは、朕最も之を戒む。宜しく挙国一家子孫相伝え、確く神州の不滅を信じ、任重くして道遠きを念《おも》い、総力を将来の建設に傾け、道義を篤くし、志操を鞏くし、誓て国体の精華を発揚し、世界の進運に後れざらむことを期すべし。

爾臣民、其れ克く朕が意を体せよ。

译文

朕深鉴世界大势与帝国现状，欲以非常之措置收拾时局，兹告忠良尔臣民。

朕令帝国政府对于美英中苏四国，通告受诺其共同宣言之旨矣。抑图帝国臣民之康宁、偕万邦共荣之乐，皇祖皇宗之遗范，而朕拳拳所不措也。曩所以宣战米英二国，亦实出于庶几帝国自存与东亚安定，如排他国主权、侵领土，固非朕之志也。

然交战已阅四岁，朕之陆海将兵之勇战，朕之百僚有司之励精，朕之一亿众庶之奉公，不拘各已尽最善，战局未必好转，世界大势亦于我不利。加之敌新使用残虐爆弹，而频杀伤无辜，惨害所及，真至不可测。而尚继续交战乎，终将不仅招来我民族之灭亡，延可破却人类之文明。

如斯，朕何以保亿兆之赤子，谢皇祖皇宗之神灵哉。是所以至朕令帝国政府应共同宣言矣。

朕不得不对与帝国于东亚开放始终共同协力之诸盟邦，表遗憾之意。想及帝国臣民死于战阵、殉于职域、毙乎非命者，及其遗族，五内为裂矣。且至负战伤、蒙灾祸、失家业者之厚生，朕深所轸念也。

惟今后帝国应受苦难，固非寻常。尔臣民衷情，朕善知之也。然朕欲，时运所趋，堪难堪，忍难忍，以为万世开大平矣。

朕兹护持国体，得信倚忠良之尔臣民之赤诚，常与尔臣民共在。若夫如情所激、滥滋事端，或同胞排挤、互乱时局、为误大道、失信义于世界，朕最戒之。宜举国一家、子孙相传，确信神州之不灭，念任重而道远，期倾总力于将来建设，笃道义、巩志操，誓发扬国体精华，不后世界进运。

尔臣民，其克体朕意矣。

五、和汉折衷体汉译举例

以上所介绍的候文和汉文训读体，是与汉文密切相关的文体，也可称之为汉文体。与汉文体相对应的是『和文体』，这一文体起源于日本平安时代，多用于日记、物语等体裁，常用日文平假名书写。而所谓的和汉折衷体，就是在汉文训读体的基础上混入一些『和文体』所特有的表达方式而形成的文体，这一文体通常被认为起源于日本镰仓时代，直至明治中前期被广泛采用。汉文训读体与和汉折衷体之间其实没有绝对的分界线，有些文章往往介于两者之间，很难界定是哪种文体。如果具有现代日语基础，加之掌握本书所介绍的文语体常见助动词、文语体常见用语，以及汉文训读体的常用句型和语法，这一文体的解读就相对比较容易。以下，通过汉译举例的方式对其做简单介绍。

（一）『文明论之概略』（福泽谕吉，一八七五年）

原文

議論の本位を定めざれば其利害得失を談ず可らず。城郭は守る者のために利なれども、攻る者のためには害なり。敵の得は味方の失なり。往者の便利は来者の不便なり。故に是等の利害得失を談ずるためには、先づ其ためにする所を定め、守る者のため歟《か》、攻る者のため歟、敵のため歟、味方のため歟、何れにても其主とする所の本を定めざる可らず。古今の世論多端にして互に相齟齬《あいそご》するものも、其本を尋れば初に所見を異にして、其末に至り強いて其枝末を均《ひとし》うせんと欲するに由て然るものなり。

译文

若不确立议论之本位，则不可谈其利害得失。城郭虽利于守者，但不利于攻者。敌之得则我之失。往者便利则来者不便。故为谈论此等利害得失，不可不先确定议论者之立场，为守者还是为攻者，为敌方还是为我方，无论处于何方，应先确定其主要之立场。古今舆论多端，互相龃龉，然寻其本，皆因其初所见各异，至最终则又欲强求细枝末节之一致。

（二）『東洋自由新聞社説』（中江兆民，一八八一年）

原文

吾儕《わがせい》のこの新聞紙を発兌するや、まさに以て海内三千五百万の兄弟とともに共に向上の真理を講求して、以て国家に報効するあらんと欲せんとするなり。乃《すなわ》ち尋常紙上に記載する事件の首《はじめ》において次を逐うて我儕の所見を叙述し、以てあまねく可否を江湖の君子に問んとし、ここにその目を掲するに左《さ》の数項の外に出でず。曰く自由の説、曰く君民共治の説、曰く地方分権の説、曰く外交平和の説、曰く教育、曰く経済、曰く法律、曰く貿易、曰く兵制なり。これ固より一朝一夕の能く尽す所にあらず、まさに日を積み月を累《かさ》ねてまさに始て自ら尽して余りなきことを得べし。今や第一号を発するに臨み、先づ吾儕社名の義を取る所の自由の説を述べて以て端を啓くという。

译文

吾侪发兑此报，正欲以此与海内三千五百万兄弟共同讲求向上之真理，以报效国家。乃于寻常报上所载事件之首，逐次叙述我侪之所见，以遍问可否于江湖之君子。兹揭其要目，不外乎如下数项。曰自由之说，曰君民共治之说，曰地方分权之说，曰外交平和之说，曰教育，曰经济，曰法律，曰贸易，曰兵制。此固非一朝一夕所能尽，当日积月累，始可得自尽无余。今临发行第一号，先述吾侪社名所取义之自由说，以启端绪。

六、明治普通文汉译举例

至日本明治时代中后期，出现了被称为『普通文』的日文文体，且被广泛使用。这一文体是在和汉折衷体的基础上，进一步加入一些如『讲述体』『俗文体』等日文口语体的要素，以及一些西洋语言要素后所形成的。在言文一致运动的推动下，由明治普通文进一步发展后所形成的就是言文一致体，因此，明治普通文可以说是与现代日文口语体最接近的文语体。

明治普通文与上述和汉折衷体之间其实也没有整齐划一的界线，两者比较相似，或者可以说明治普通文是一种明治时代形成的进化了的和汉折衷体。明治普通文中所使用的词汇和语法，仍与汉文训读体、和汉折衷体有密切的关系；所使用的词汇仍以汉字词汇居多，动词句结尾时多用动词终止形或动词加助动词的形式，名词句结尾时多用「なり」或「たり」，动词的连体形具有体言之功能。这些都是包括汉文训读体、和汉折衷体在内的明治时代文语体的重要特征。如果具备汉文训读体、和汉折衷体的解读能力，这一文体的阅读就相对比较容易。以下，通过汉译举例的方式对其做简单介绍。

（一）「将来の日本」（德富苏峰，一八八六年）

原文

余をして人情の重んずべきを知らしめ、己れを愛し、人を愛し、国を愛することを知らしめ、真理の線路を走り、正を踏んでおそれざることを知らしめたるは、みななんじの教育にこれよるなり。余がこの冊子を著述したるはまったくなんじの教育したるところのものを発揮したるなり。しかして、余が著述を世に公にするは、これをもって始めとなす。余はいささかこれをもってなんじの老境を慰《い》し、なんじの笑顔を開くの着歩なりと信ず。ゆえに余は謹んでこの冊子を余が愛しかつ敬する双親《そうしん》の膝下《しっか》に献ず。

译文

使余知应当重人情，使余知爱己、爱人、爱国，使余知走真理路线、持正而不畏，皆因汝之教育。余著述此册子，皆为发挥汝之所教。而余将著述公之于世，此为首次。余深信此将稍慰汝之老境，令汝绽露笑颜。故余谨将此册子献给余所爱所敬之双亲膝下。

（二）「美的生活を論ず」（高山樗牛，一九〇一年）

原文

古の人曰えらく、人は神と財とに兼ね事《つか》うること能わず。されば生命の為に何を食い、何を飲み、また身体の為に何を衣《き》むと思い労《わず》らう勿れ。生命は糧よりも優り、身体は衣よりも優りたるものならずやと。人若し吾人の言をなすに先だちて、美的生活とは何ぞやと問わば、吾人答えて曰わむ、糧と衣よりも優りたる生命と身体とに事うものの是れ也と。

译文

古人曰：『人不能兼事神与财，故勿操心为生命以何为食，以何为饮，为身体以何为衣。生命不胜于食粮乎，身体不优于衣物乎。』若有人先于吾人所言询问：『何为美的生活？』吾人将答曰：『侍奉胜于食粮和衣物的生命和身体是也。』

（三）「清国巡遊所感」（嘉纳治五郎，一九〇二年）

原文

予は予定の如く、去る七月日本を発して清国巡遊の途に上《のぼ》り、去月中旬に至りて帰朝せり。かくて北清に於いては北京天津に遊び、揚子江付近に於いては上海より湖北湖南に至り、安徽江蘇浙江の諸省に渉りて旅行せり。其間《そのかん》北京政府の親王、大臣、各省の総督巡撫其他教育に関係ある重《おも》なる人々に面会し、旧来の学校の情況を視、又新設諸学校の実況を視、暇あれば名所旧跡を探り、古代の建築物を覧、又近来の経営に係る建築物等をも観たり。然れども此行《このこう》に費《ついや》せる日子《にっし》短少にして、其見聞固より未だ普《あまね》からず。故に清国各種の問題に就きて、予の意見を定むるが如きは容易に為し難き所なり。此《か》くの如きは今より後、博く内外人の著述を覧、又清国に就きて経験豊富なる人士の説をも聴き、予の親しく見聞したる所と比較対照し、数年の後に及ばば予の意見も定むることを得べし。併《しかし》ながら予の視察は概略に過ぎざれども、亦今日に於いて聊《いささ》か見る所なきにも非されば、之を我会員諸子《しょし》に告ぐるは全く無益のことにも非ざるべし。

译文

余按预定于今年七月自日本出发踏上巡游清国之途，于上月中旬返回日本。如此，于北清游览了北京、天津，于长江流域附近，自上海至湖北、湖南，并游览了安徽、江苏、浙江诸省。其间，见了北京清政府之亲王、大臣、各省总督巡抚及其他有关教育之重要人物，参观了以往的和新设的各类学校，闲时还探访了名胜古迹，观看了古代的建筑，还看了有关近来建造的建筑物。然而，由于此行所费时间较短，其见闻难免浅陋。因此，有关清国的各种问题，要明确表述自己的意见并非容易之事。此类问题，须今后博览国内外人士的著述，并倾听对清国有丰富经验之人士的谈话，再与自己亲眼所见之内容相比较，数年后或许才能确定自己的意见。然而，余之视察虽只不过是概略，但于今日也非聊无可读之处，因此将其介绍给会员诸君，也并非完全无益。

附章　综合练习

一、助动词辨别（标注画线部分助动词的终止形，20×1分）

㈠春風よ、眠れる山を吹きさませ。（　　）
㈡実に在りしものにあらず。（　　）
㈢義元の首を取りしかば、駿河の軍勢は逃げ走れり。（　　）
㈣前章に於て説きたる諸々の結果を応用す。（　　）
㈤政治家たる立場にあり。（　　）
㈥教育に関係ある重なる人々に面会す。（　　）
㈦世の中に凡人なかりせば、偉人もまた無し。（　　）
㈧朝夕慣れにし学びの窓。（　　）
㈨家族第二等親の位にあらしめなば如何。（　　）
㈩御油断召さるまじく候。（　　）
⑪其の道を以て之を得ざれば、処らざるなり。（　　）
⑫遂に其地を去らしめたり。（　　）

（二三）彼罪を犯したれども、立ち直れり。（　　）
（二四）多年の苦心は、ついに報いられたり。（　　）
（二五）敵の太刀に心を置けば、敵の太刀に心を取らるるなり。（　　）
（二六）これ和蘭翻訳書公になりぬるはじめなり。（　　）
（二七）今こそ別れめ、いざさらば。（　　）
（二八）爾の庭に居らしむる者は福なり。（　　）
（二九）我国は一歩をも譲らざる積りなり。（　　）
（三十）死ぬとも離るまじき勢で喰い下っている。（　　）

二、单词标音（20×0.5分）

（一）可成丈（　　）　（二）宜敷（　　）　（三）鳥渡（　　）
（四）抑々（　　）　（五）懇に（　　）　（六）罷る（　　）
（七）恣に（　　）　（八）遍く（　　）　（九）偏に（　　）
（十）聽て（　　）　（十一）慥に（　　）　（十二）態と（　　）
（十三）奉る（　　）　（十四）仕る（　　）　（十五）白耳義（　　）
（十六）那威（　　）　（十七）星港（　　）　（十八）桑港（　　）
（十九）平文（　　）　（二十）施福多（　　）

三、短句标音（30×1分）

(一) 可被為在候（　　）
(二) 罷越居候（　　）
(三) 奉頼上候（　　）
(四) 被為遊候（　　）
(五) 候得者（　　）
(六) 申進候（　　）
(七) 為致候（　　）
(八) 相成度候（　　）
(九) 間敷候（　　）
(十) 可被成候（　　）
(十一) 候趣（　　）
(十二) 候由（　　）
(十三) 候而者（　　）
(十四) 無御座候（　　）
(十五) 不仕候（　　）
(十六) 候得共（　　）
(十七) 可相成候（　　）
(十八) 置候（　　）
(十九) 候儀（　　）
(二十) 奉賀上候（　　）
(二十一) 可令申給候（　　）
(二十二) 可令披露給候（　　）
(二十三) 被申之由（　　）
(二十四) 不可申之旨（　　）
(二十五) 令申之間（　　）
(二十六) 不可被申之事（　　）
(二十七) 若致違犯者（　　）
(二十八) 於違犯者（　　）
(二十九) 有違犯者（　　）
(三十) 至違犯者（　　）

四、汉字识别（50×0.5分）

【文书二】

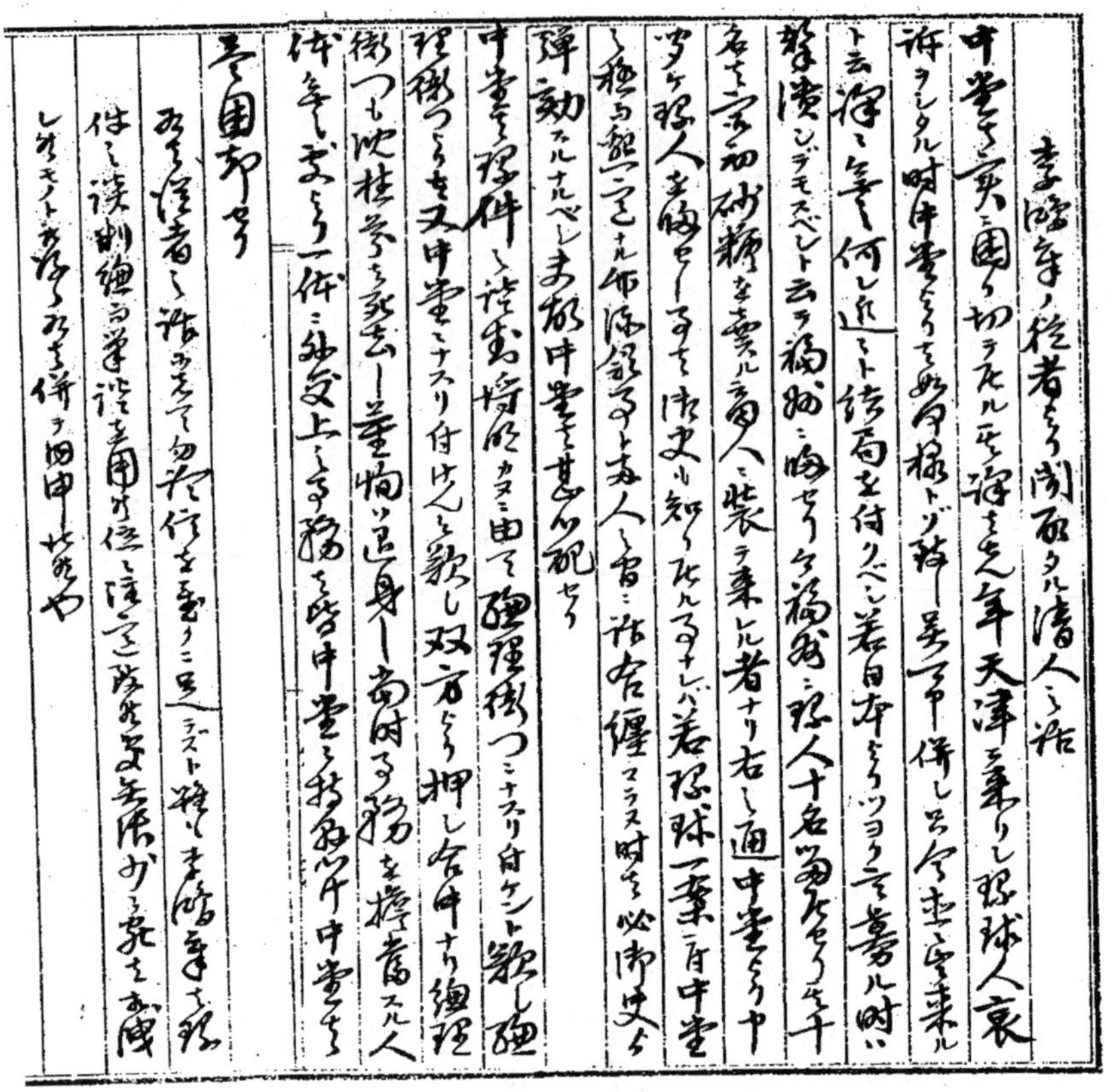

常用汉字草书㈧

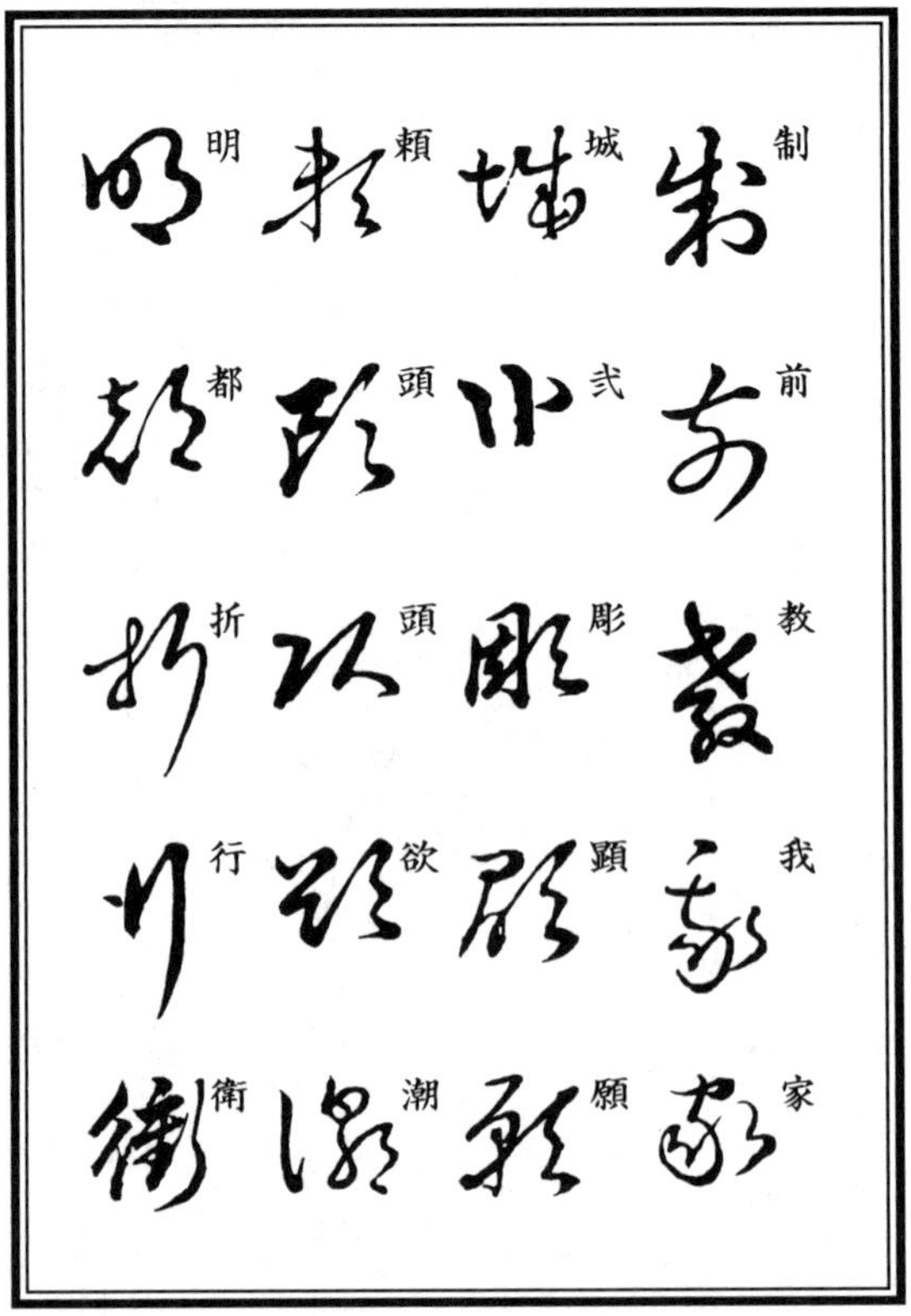

李鴻章の従者より聞取たる清人之話

中堂は実に困り切て居る。□□は先年天津に来りし琉球人哀訴をしたる時、中堂よりは如何様とぞ致し呉□□、併し只今□に出来ると云譯に無之、何れ□□と結局を付くべし。若日本よりつよく言募る時は撃潰しでもすべしと云て福州に□せり。□福州に琉人十名留居せり。其十名は□□砂糖を賣る商人に装て来れる者なり。右之通中堂より□□け琉人を帰せし事は御史も知り居る事なれば、若琉球一案に付中堂之極て□□なる竹添領事と両人之□に話合纏まらぬ時は必御史より弾劾するなるべし。夫故中堂は甚心配せり。

中堂は琉件之□□埒明かぬに由て□□□□になすり付けんと欲し、総理衙門よりは又中堂になすり付けんと欲し、双方より押し合中なり。総理衙門も沈桂芬は死去し、董恂は退身し、当時事務を擔當する人体無し處より一体に外交上之事務は皆中堂に持□け、中堂は□困却せり。

右は従者の話にして勿論信を□くに足らずと雖も、李鴻章は琉件の談判總て筆談を用候位に注意致候處、矢張少し宛は相洩れ候ものと□□□。右は併て内申□□也。

【文书二】

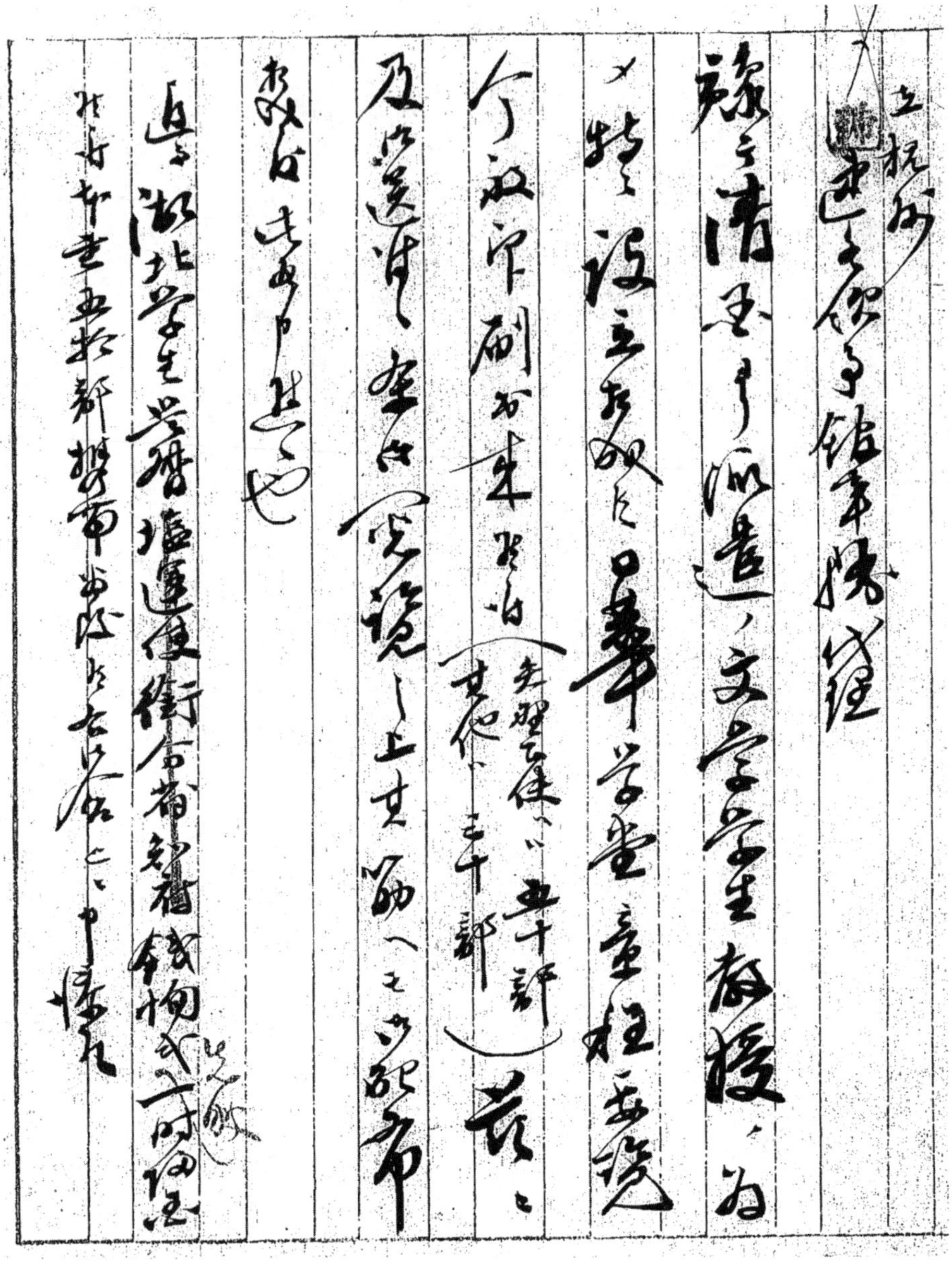
[illegible]
據ニ清国ヨリ派遣ノ文学生監督ノ為
メ特ニ設立相成候日華学堂章程要領
今般印刷出来候ニ付(先般監督ヘハ五十部 其他ヘハ二十部)差上
及御送付候条御受領ノ上其筋ヘモ御配布
被成度 右申進候也
追テ湖北学生[illegible]
[illegible]

在杭州□□領事館事務代理
豫《かね》て清国より派遣の文学学生教授の為
め、特に設立□□□□日華学堂章程要覧
今般印刷□□□に付（矢野公使へは五十部、其他は三十部）、茲に
及御送付候条、□□□之上其筋へも御配布
相成□、□□申進候也。
近々湖北学生監督塩運使銜分省知府銭恂□先般一時□□
候に付、本書五拾部携帯為致候。右□□□に申添候。

五、假名识别（30×0.5）

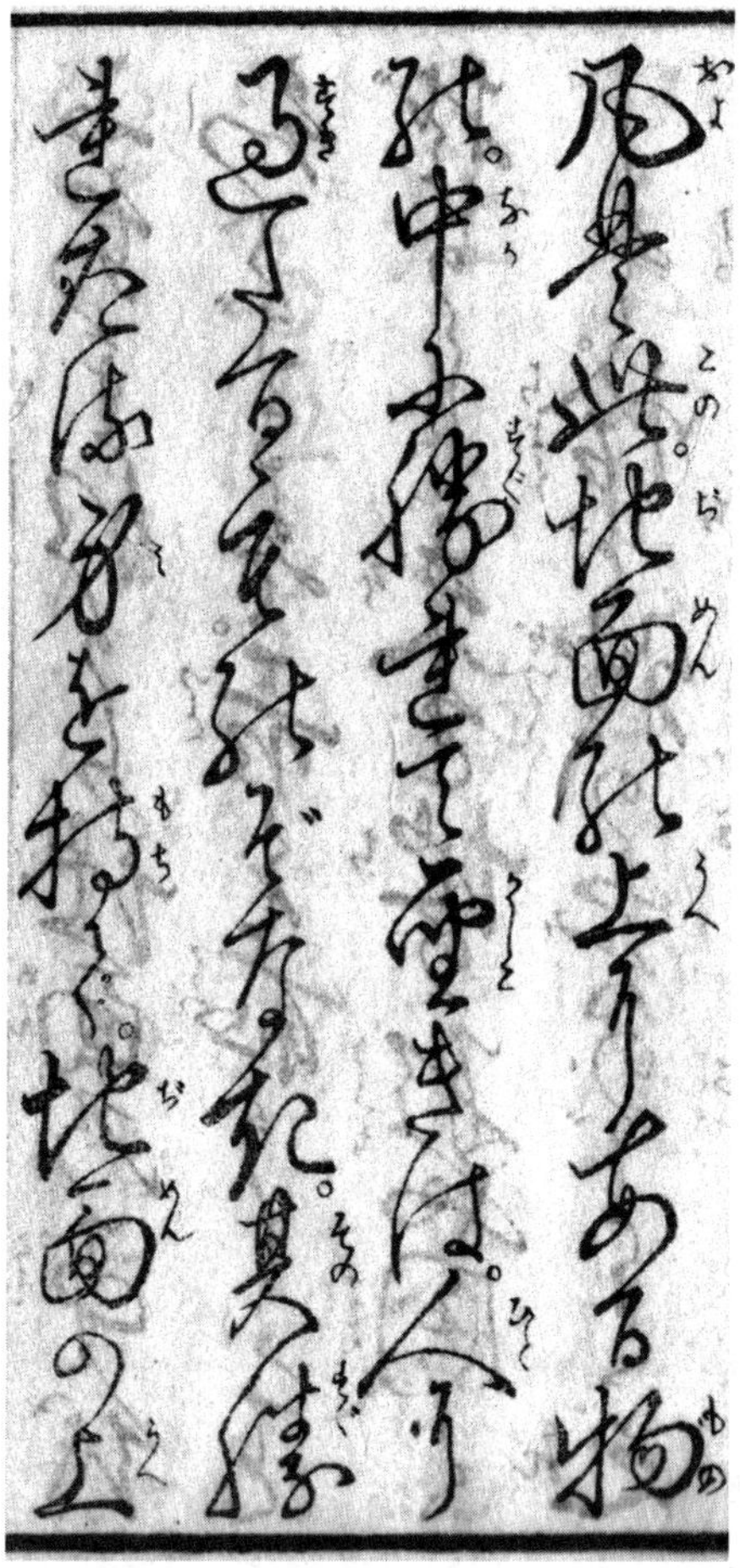

凡□此地面の上にある物
□中に勝□□聖《かしこ》きは人に
過□□□□□□。其勝
□□□身を持て地面の上

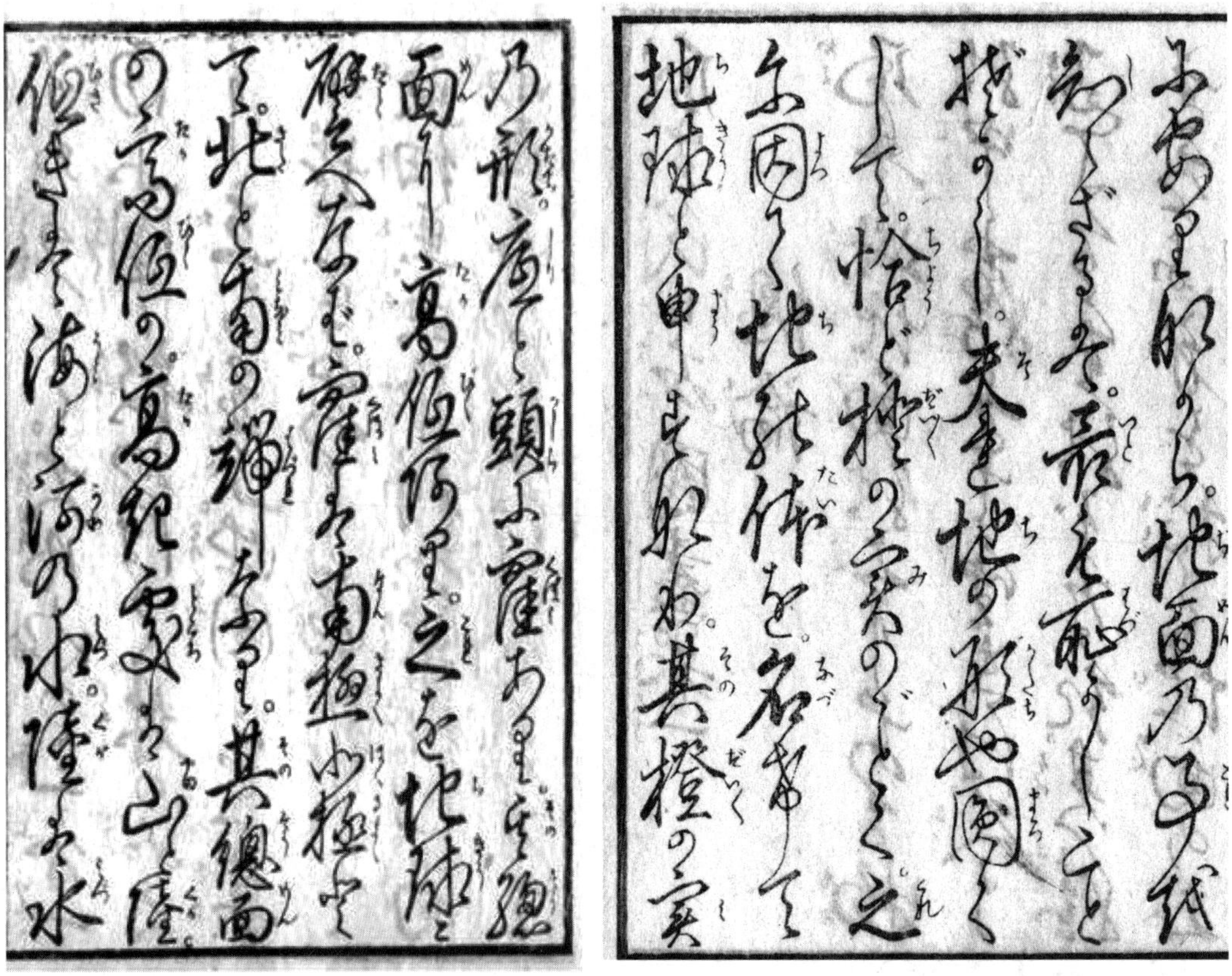

にあり□□□、地面の事□
知らざるは最□恥かしこと
□□□。夫れ地の形や圓く
して恰《ちょう》ど橙の実のごとく之
に因て地の体を名けて
地球と申□□□。その橙の実
の形、底と頭に窪あり其總
面に高低□□。之を地球と
譬えなば、窪□南極北極□
□、北と南の端なり。其總面
の高低の高き處は山陸、
低きは海と河の水、陸は水…

综合练习参考答案

一、助动词辨别（标注画线部分助动词的终止形，20×1分）

㈠り　㈡き　㈢き　㈣たり　㈤たり　㈥なり　㈦き　㈧ぬ　㈨ぬ　㈩まじ

⑪ず　⑫しむ　⑬たり　⑭らる　⑮る　⑯ぬ　⑰む　⑱しむ　⑲ず　⑳まじ

二、单词标音（20×0.5分）

㈠可成丈（なるべくだけ）　㈡宜敷（よろしく）　㈢鳥渡（ちょっと）

㈣抑々（そもそも）　㈤懇に（ねんごろに）　㈥罷る（まかる）

㈦恣に（ほしいままに）　㈧遍く（あまねく）　㈨偏に（ひとえに）

㈩軈て（やがて）　⑪慥に（たしかに）　⑫態と（わざと）

⑬奉る（たてまつる）　⑭仕る（つかまつる）　⑮白耳義（ベルギー）

⑯那威（ノルウェー）　⑰星港（シンガポール）　⑱桑港（サンフランシスコ）

⑲平文（ヘボン）　⑳施福多（シーボルト）

三、短句标音（30×1分）

①可被為在候（あらせらるべくそうろう）
②罷越居候（まかりこしおりそうろう）
③奉頼上候（たのみあげたてまつりそうろう）
④被為遊候（あそばせられそうろう）
⑤候得者（そうらえば）
⑥申進候（もうしすすめそうろう）
⑦為致候（いたさせそうろう）
⑧相成度候（あいなりたくそうろう）
⑨間敷候（まじくそうろう）
⑩可被成候（なさるべくそうろう）
⑪候趣（そうろうおもむき）
⑫候由（そうろうよし）
⑬候而者（そうらいては）
⑭無御座候（ござなくそうろう）
⑮不仕候（つかまつらずそうろう）
⑯候得共（そうらえども）
⑰可相成候（あいなるべくそうろう）
⑱置候（おきそうろう）
⑲候儀（そうろうぎ）
⑳奉賀上候（がしあげたてまつりそうろう）
㉑可令申給候（もうさしめたまうべくそうろう）
㉒可令披露給候（ひろうせしめたまうべくそうろう）
㉓被申之由（もうさるるのよし）
㉔不可申之旨（もうすべからざるのむね）
㉕令申之間（もうさしむるのあいだ）
㉖不可被申之事（もうさるべからざるのこと）
㉗若致違犯者（もしいはんをいたさば）
㉘於違犯者（いはんにおいては）
㉙有違犯者（いはんあらば）
㉚至違犯者（いはんにいたりては）

四、汉字识别（50×0.5分）

【文书一】

李鴻章の従者より聞取たる清人之話

中堂は実に困り切て居る。其譯は先年天津に来りし琉球人哀訴をしたる時、中堂よりは如何様とぞ致し呉可申、併し只今直に出来ると云譯に無之、何れ追々と結局を付くべし。若日本よりつよく言募る時は撃潰しでもすべしと云て福州に帰せり。今福州に琉人十名留居せり。其十名は寂初砂糖を賣る商人に装て来れる者なり。右之通中堂より申聞け琉人を帰せし事は御史も知り居る事なれば、若琉球一案に付中堂之極て懇意なる竹添領事と両人之間に話合纏まらぬ時は必御史より弾劾するなるべし。夫故中堂は甚心配せり。

中堂は琉件之談判埒明かぬに由て総理衙門になすり付けんと欲し、総理衙門よりは又中堂になすり付けんと欲し、双方より押し合中なり。総理衙門も沈桂芬は死去し、董恂は退身し、当時事務を擔當する人体無し處より一体に外交上之事務は皆中堂に持懸け、中堂は益困却せり。

右は従者の話にして勿論信を置くに足らずと雖も、李鴻章は琉件の談判總て筆談を用候位に注意致候處、矢張少し宛は相洩れ候ものと被存候。右は併て内申仕候也。

【文书二】

在杭州速水領事館事務代理

豫て清国より派遣の文学学生教授の為め、特に設立相成候日華学堂章程要覧今般印刷出来候に付（矢野公使へは五十部、其他は三十部）、茲に及御送付候条、御閲覧之上其筋へも御配布相成度、此段申進候也。

近々湖北学生監督塩運使銜分省知府銭恂氏先般一時帰国候に付、本書五拾部携帯為致候。右御含迄に申添候。

五、假名识别（30×0.5分）

凡そ此地面の上にある物の中に勝れて聖きは人に過たるものぞなき。其勝れたる身を持て地面の上にありながら、地面の事を知らざるは最も恥かしことぞかし。夫れ地の形や圓くして恰ど橙の実のごとく之に因て地の体を名けて地球と申すなり。その橙の実の形、底と頭に窪あり其總面に高低あり。之を地球と譬えなば、窪は南極北極とて、北と南の端なり。其總面の高低の高き處は山陸、低きは海と河の水、陸は水…

常用汉字草书㊈

常用汉字草书㊉

附录一　文语体动词、形容词、形容动词活用表

种类	基本形（例）	词干	未然形	连用形	终止形	连体形	已然形	命令形
四段动词	歌ふ	うた	は	ひ	ふ	ふ	へ	へ
カ变动词	来《く》	（く）	こ	き	く	くる	くれ	こ こよ
サ变动词	す	（す）	せ	し	す	する	すれ	せよ
ナ变动词	死ぬ	し	な	に	ぬ	ぬる	ぬれ	ね
ラ变动词	あり	あ	ら	り	り	る	れ	れ
上一段动词	見る	（み）	み	み	みる	みる	みれ	みよ
下一段动词	蹴る	（け）	け	け	ける	ける	けれ	けよ
上二段动词	過ぐ	す	ぎ	ぎ	ぐ	ぐる	ぐれ	ぎよ

续表

种类	基本形（例）	词干	未然形	连用形	终止形	连体形	已然形	命令形
下二段动词	出づ	い	で	で	づ	づる	づれ	でよ
形容词ク活用	よし	よ	く から	く かり	し	き かる	けれ	かれ
形容词シク活用	をかし	をか	しく しから	しく しかり	し	しき しかる	しけれ	しかれ
形容动词ナリ活用	賑やかなり	賑やか	なら	なり に	なり	なる	なれ	なれ
形容动词タリ活用	堂々たり	堂々	たら	たり と	たり	たる	たれ	たれ

注：形容词和形容动词的部分活用形有左右两个，右侧称「本活用」，通常不可接助动词；左侧称「補助活用」，可接助动词。

附录二　文语体助动词活用表

接续	种类	基本形	未然形	连用形	终止形	连体形	已然形	命令形
未然形	被动 尊敬 可能 自发	る	れ	れ	る	るる	るれ	れよ
		らる	られ	られ	らる	らるる	らるれ	られよ
	使役 尊敬	す	せ	せ	す	する	すれ	せよ
		さす	させ	させ	さす	さする	さすれ	させよ
		しむ	しめ	しめ	しむ	しむる	しむれ	しめよ
	否定	ず	ず、ざら	ず、ざり	ず	ぬ、ざる	ね、ざれ	ざれ
	推量	む（ん）	○	○	む（ん）	む（ん）	め	○
		むず（んず）	○	○	むず（んず）	むずる（んずる）	むずれ（んずれ）	○
		まし	ましか（ませ）	○	まし	まし	ましか	○
	否定推量	じ	○	○	じ	じ	じ	○
	希望	まほし	まほしく まほしから	まほしく まほしかり	まほし	まほしき まほしかる	まほしけれ	○

续表

接续	种类	基本形	未然形	连用形	终止形	连体形	已然形	命令形
连用形	过去	き	せ	○	き	し	しか	○
		けり	けら	○	けり	ける	けれ	○
	完了	つ	て	て	つ	つる	つれ	てよ
		ぬ	な	に	ぬ	ぬる	ぬれ	ね
		たり	たら	たり	たり	たる	たれ	たれ
	推量	けむ （けん）	○	○	けむ （けん）	けむ （けん）	けめ	○
	希望	たし	たく たから	たく たかり	たし	たき たかる	たけれ	○
终止形	推量	らむ （らん）	○	○	らむ （らん）	らむ （らん）	らめ	○
		べし	べく べから	べく べかり	べし	べき べかる	べけれ	○
		めり	○	めり	めり	める	めれ	○
		らし	○	○	らし	らし	らし	○
	否定推量	まじ	まじく まじから	まじく まじかり	まじ	まじき まじかる	まじけれ	○
	传闻推定	なり	○	なり	なり	なる	なれ	○

续表

接续	种类	基本形	未然形	连用形	终止形	连体形	已然形	命令形
连体形 体言	断定	なり	なら	なり に	なり	なる	なれ	なれ
		たり	たら	たり と	たり	たる	たれ	たれ
其他	完了	り	ら	り	り	る	れ	れ
	比况	ごとし	ごとく	ごとく	ごとし	ごとき	○	○

附录三　现代假名使用法与历史假名使用法对照表

現代仮名遣い	歴史仮名遣	例
い	い	石　報いる　赤い　意図　愛
	ゐ	井戸　居る　参る　胃　権威
	ひ	貝　合図　費やす　思ひ出　恋し
う	う	歌　馬　浮かぶ　雷雨　機運
	ふ	買ふ　吸ふ　争ふ　危ふい
え	え	柄　枝　心得　見える　栄誉
	ゑ	声　植ゑる　絵　円　知恵
	へ	家　前　考へる　帰る　救へ
へ	へ	西へ進む
お	お	奥　大人　起きる　お話　雑音
	を	男　十日　踊る　青い　悪寒
	ほ	顔　氷　滞る　直す　大きい
	ふ	仰ぐ　倒れる

续表

現代仮名遣い	歴史仮名遣	例
を	を	花を見る
か	か	蚊　紙　静か　家庭　休暇
	くわ	火事　歓迎　結果　生活　愉快
が	が	石垣　学問　岩石　生涯　発芽
	ぐわ	画家　外国　丸薬　正月　念願
じ	じ	初め　こじあける　字　自慢　術語
	ぢ	味　恥ぢる　地面　女性　正直
ぢ	ぢ	縮む　鼻血　底力　近々　入れ知恵
ず	ず	鈴　物好き　知らずに　人数　洪水
	づ	水　珍しい　一つづつ　図画　大豆
づ	づ	鼓　続く　三日月　塩漬け　常々
わ	わ	輪　泡　声色　弱い　和紙
	は	川　回る　思はず　柔らか　琵琶（びは）
は	は	我は海の子　又は
ゆう	ゆう	勇気　英雄　金融
	ゆふ	夕方
	いう	遊戯　郵便　勧誘　所有
	いふ	都邑（といふ）

续表

現代仮名遣い	歴史仮名遣	例
いう（ゆうと読む）	いふ	言ふ
おう	おう	負うて　応答　欧米
	あう	桜花　奥義　中央
	あふ	扇　押収　凹凸
	わう	弱う　王子　往来　卵黄
	はう	買はう　舞はう　怖うございます
こう	こう	功績　拘束　公平　気候　振興
	こふ	劫（こふ）
	かう	咲かう　赤う　かうして　講義　健康
	かふ	甲乙　太閤（たいかふ）
	くわう	光線　広大　恐慌　破天荒
ごう	ごう	皇后
	ごふ	業　永劫（えいごふ）
	がう	急がう　長う　強引　豪傑　番号
	がふ	合同
	ぐわう	轟音（ぐわうおん）

续表

現代仮名遣い	歴史仮名遣	例
そう	そう	僧　総員　競走　吹奏　放送
	さう	話さう　浅う　さうして　草案　体操
	さふ	挿話
ぞう	ぞう	増加　憎悪　贈与
	ざう	象　蔵書　製造　内臓　仏像
	ざふ	雑煮
とう	とう	弟　統一　冬至　暴投　北東
	たう	峠　勝たう　痛う　刀剣　砂糖
	たふ	塔　答弁　出納
どう	どう	どうして　銅　童話　運動　空洞
	だう	堂　道路　葡萄（ぶだう）
	だふ	問答
のう	のう	能　農家　濃紺
	のふ	昨日
	なう	死なう　危なうございます　脳　苦悩
	なふ	納入

续表

現代仮名遣い	歴史仮名遣	例
ほう	ほう	奉祝　俸給　豊年　霊峰
	ほふ	法会
	はう	葬る　包囲　芳香　解放
	はふ	はふり投げる　はふはふの体　法律
ぼう	ぼう	某　貿易　解剖　無謀
	ぼふ	正法
	ばう	遊ばう　飛ばう　紡績　希望　堤防
	ばふ	貧乏
ぽう	ぽう	本俸　連峰
	ぽふ	説法
	ぱう	鉄砲　奔放　立方
	ぱふ	立法
もう	もう	もう一つ　啓蒙（けいもう）
	まう	申す　休まう　甘う　猛獣　本望
よう	よう	見よう　ようございます　用　容易　中庸
	やう	八日　早う　様子　洋々　太陽
	えう	幼年　要領　童謡　日曜
	えふ	紅葉

续表

現代仮名遣い	歴史仮名遣	例
ろう	ろう	楼 漏電 披露
	ろふ	かげろふ ふくろふ
	らう	祈らう 暗う 廊下 労働 明朗
	らふ	候文 蝋燭（らふそく）
きゅう	きゆう	弓術 宮殿 貧窮
	きう	休養 丘陵 永久 要求
	きふ	及第 急務 給与 階級
ぎゅう	ぎう	牛乳
しゅう	しゆう	宗教 衆知 終了
	しう	よろしう 周囲 収入 晩秋
	しふ	執着 習得 襲名 全集
じゅう	じゆう	充実 従順 臨終 猟銃
	じう	柔軟 野獣
	じふ	十月 渋滞 墨汁
	ぢゆう	住居 重役 世界中
ちゅう	ちゆう	中学 衷心 注文 昆虫
	ちう	抽出 鋳造 宇宙 白昼

续表

現代仮名遣い	歴史仮名遣	例
にゅう	にゅう	乳酸
	にう	柔和
にゅう	にふ	埴生（はにふ）　入学
ひゅう	ひう	日向（ひうが）
びゅう	びう	誤謬（ごびう）
りゅう	りゅう	竜　隆盛
	りう	留意　流行　川柳
	りふ	粒子　建立
きょう	きよう	共通　恐怖　興味　吉凶
	きやう	兄弟　鏡台　経文　故郷　熱狂
	けう	教育　矯正　絶叫　鉄橋
	けふ	今日　脅威　協会　海峡
ぎょう	ぎよう	凝集
	ぎやう	仰天　修行　人形
	げう	今暁
	げふ	業務

续表

現代仮名遣い	歴史仮名遣	例
しょう	しよう	昇格　承諾　勝利　自称　訴訟
	しやう	詳細　正直　商売　負傷　文章
	せう	見せう　小説　消息　少年　微笑
	せふ	交渉
じょう	じよう	冗談　乗馬　過剰
	じやう	成就　上手　状態　感情　古城
	ぜう	饒舌（ぜうぜつ）
	ぢやう	定石　丈夫　市場　令嬢
	でう	箇条
	でふ	一帖（いちでふ）　六畳
ぢょう	ぢやう	盆提灯（ぼんぢやうちん）
	でう	一本調子
ちょう	ちよう	徴収　清澄　尊重
	ちやう	腸　町会　聴取　長短　手帳
	てう	調子　朝食　弔電　前兆　野鳥
	てふ	蝶（てふ）
にょう	によう	女房
	ねう	尿

续表

現代仮名遣い	歴史仮名遣	例
ひょう	ひよう	氷山
	ひやう	拍子　評判　兵糧
	へう	表裏　土俵　投票
びょう	びやう	病気　平等
	べう	秒読み　描写
ぴょう	ぴよう	結氷　信憑性
	ぴやう	論評
	ぺう	一票　本表
みょう	みやう	名代　明日　寿命
	めう	妙技
りょう	りよう	丘陵
	りやう	領土　両方　善良　納涼　分量
	れう	寮　料理　官僚　終了
	れふ	漁　猟

附录四　变体假名一览表

	安	阿	愛	悪	亜
あ					

续表

假名	字母					
い	以					
	伊					
	移					
	意					
	異					
う	宇					

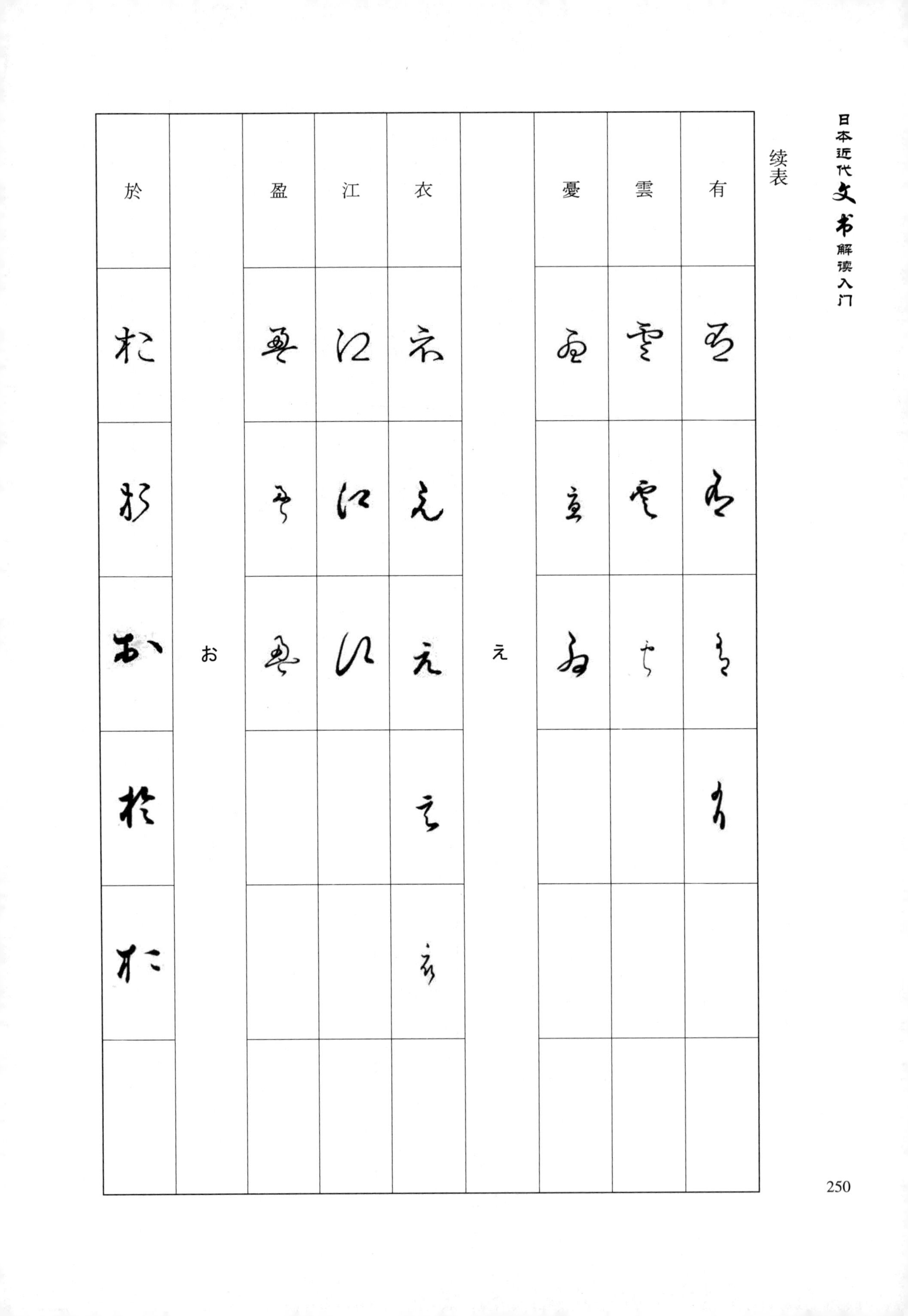

续表

假名	字母
	有
	雲
	憂
え	衣
	江
	盈
お	於

续表

か	加	可	閑	我	駕	其他
						 嘉
						 歌
						 家
						 佳
		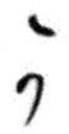				 賀
						 香

き	幾

续表

起	支	其他		久	具	其他		計
		木				倶		
		喜				九		
		貴	く			求	け	
		期				供		
		記						
		祈						

续表

こ	个	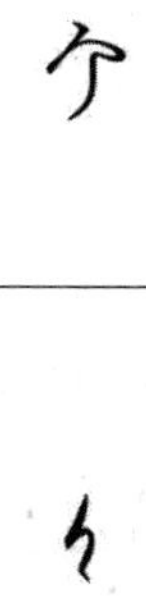
	遣	
	希	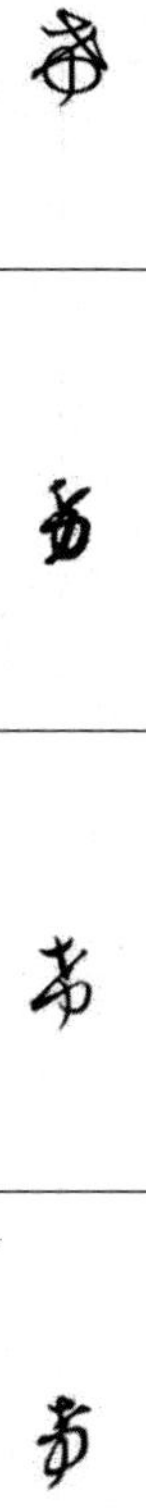
	氣	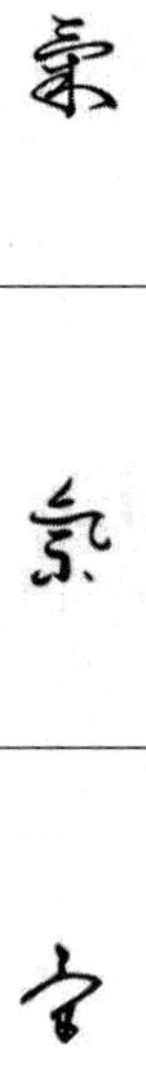
	其他	 稀  化
	己	
	古	
	故	

续表

假名	其他	左	佐	散	沙	其他	假名	之
さ	許					乍	し	
	許					狭		
	期					差		
	胡					斜		
	子							
	興							

续表

其他	寿	須	春	寸		其他	新	志
数						四		
数						師		
爪					す	思		
						事		
						斯		

续表

假名	字母						
せ	世						
	勢						
	其他	瀬	瀬	聲	聲		
そ	曾						
	楚						
	所						
	處				蘇		

续表

た	太						
	多						
	堂						
	其他	當	當	田	田		
ち	知						
	遅						
	其他	地	千	智	致		

续表

つ	川						
	徒			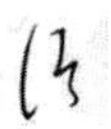			
	其他	 津	 津	 都	 都	 都	 都
て	天						
	亭						
	帝						
	其他	 手	 而	 傳	 低	 弖	

续表

と	止						
	登						
	土						
	其他	東	度	斗	砥	戸	等
な	奈						
	那						
	其他	南	名	難	菜		

续表

假名	字母						
に	仁						
	尔						尒
	其他	丹	耳	尼	兒	二	而
ぬ	奴						
	其他	怒	努	駑			
ね	祢						

续表

の	年					
	其他	子	音	根	寝	念	熱
	乃					
	能					
	農					
	其他	濃	廼	野(墅)		
は	波					

续表

者						
盤						
其他	八	葉	半	芳	破	羽
ひ						
比						
飛						
悲						
其他	日	非	妣	火		
ふ						
不						

续表

假名	字母	1	2	3	4	5	6
	其他	布	婦	風			
へ	部						
	遍						
	弊						
	其他	幣	倍	邊			
ほ	保						
	本						

续表

其他		末	万	麻	満	其他		美
奉						馬		
穂						馬		
寶	ま					真	み	
						真		

续表

其他	無	无	武		其他	見	三
 牟					 身		
 牟					 身		
 舞				む	 微		
 舞					 微		
 夢					 民		
 夢							

续表

め	女						
	其他	 免	 免	 馬	 馬	 面	 面
も	毛						
	母						
	裳						
	茂						
	其他	 物	 蒙	 聞			

续表

や	也						
	夜						
	其他	屋	屋	屋	耶	耶	埜
ゆ	由						
	遊						
よ	与						

续表

余	其他		良	羅	其他		利	里
	夜				落			
	夜				蘭			
	代	ら				り		
	代							

续表

理	其他		留	流	類	累		禮
	梨							
	梨							
	李	る					れ	
	李							
	離							

续表

連		呂	路	其他		和	王
				侶			
				露			
	ろ			露	わ		
				楼			
				楼			
麗				妻			

续表

假名	字母	1	2	3	4	5
ゐ	為					
ゐ	井					
ゐ	其他	遺	委	委	居	
ゑ	恵					慧
ゑ	衛					
を	遠					
を	越					
を	其他	平	平	緒	緒	尾

参考文献

相关书籍

[1] 瓜生三寅．瓜生氏日本国盡 [M]．東京：名山閣，1872．
[2] 小林鉄次郎．小学入門図解 [M]．東京：小林鉄次郎，1877．
[3] 安井乙熊．女日用文 [M]．東京：集英堂，1882．
[4] 宮本茂任．修身初訓 [M]．福岡：連璧書楼製本会社，1882．
[5] 田中義廉．小学読本 [M]．高田芳太郎，翻刻．東京：［出版者不明］，1883．
[6] 福知清次郎．日用文読本 [M]．福井：福井書店，1896．
[7] 塩井正男．中学日本文典 [M]．東京：六盟館，1897．
[8] 藤沢直枝．西洋歴史梗概 [M]．東京：吉川弘文館，1902．
[9] 山田孝雄．漢文訓読によりて伝えられたる語法 [M]．東京：宝文館，1935．
[10] 山田孝雄．五十音図の歴史 [M]．東京：宝文館，1938．
[11] 当字外来語辞典編修委員会．当字外来語辞典 [M]．東京：柏書房，1997．

[12] 福沢諭吉．福翁自伝[M]．富田正文，校訂．東京：慶應義塾，2000．
[13] 佐藤春夫記念会．新編図録 佐藤春夫——多様・多彩な展開[M]．新宮：新宮市立佐藤春夫記念館，2008．
[14] 福沢諭吉．学問のすすめ[M]．伊藤正雄，校注．東京：講談社，2012．
[15] 古田島洋介．文語文入門　漢文訓読体の地平[M]．東京：吉川弘文館，2016．
[16] 小林正博．古文書解読力[M]．東京：柏書房，2016．
[17] 苅米一志．日本史を学ぶための古文書・古記録訓読法[M]．東京：吉川弘文館，2017．
[18] 林英夫．おさらい古文書の基礎[M]．東京：柏書房，2018．
[19] 林英夫．入門古文書小字典[M]．東京：柏書房，2018．
[20] 林英夫．古文書のよみかた[M]．東京：柏書房，2018．
[21] 山田勝．日本史文書・書物の秘密[M]．東京：水王舎，2018．
[22] 吉田豊．古文書手習い[M]．東京：柏書房，2018．

其他资料

[1] アジア歴史資料センター（https://www.jacar.go.jp）．
[2] 青空文庫（https://www.aozora.gr.jp）．
[3] 国立教育政策研究所明治期教科書デジタルアーカイブ（https://nierlib.nier.go.jp）．